Gesichter des Lebens

Ethik Klassen 7/8

Landesausgabe

Gesichter des Lebens

Ethik Klassen 7/8

Herausgegeben von Martina Wentzkat & Wolfgang Luutz

Militzke

Herausgeber: Martina Wentzkat & Dr. Wolfgang Luutz

Autoren:

Kapitel 1 Dagmar Möller-Bartelmann
Kapitel 2 Michaela Schmidt
Kapitel 3 Dominik Fehrmann
Kapitel 4 Dr. Wolfgang Luutz
Kapitel 5 Dr. Wolfgang Luutz
Kapitel 6 Jana Paßler
Kapitel 7 Corina Boß & Evelyn Georgiew
Kapitel 8 Eckhard Gruen

Besuchen Sie die Militzke Verlag GmbH auch im Internet unter: http://www.militzke.de

1. Auflage

Lektorat / Korrektorat: Eveline Luutz / Julia Vaje
Umschlag: Ralf Thielicke unter Verwendung eines Fotos: © goccedicolore / Fotolia.com
Layout und Satz: Ralf Thielicke, Iris Trauzettel, Thomas Butsch
Druck und Binden: Schaper, International Print Management, Köln, gedruckt in EU
ISBN: 978-3-86189-551-0

Die letzte Jahreszahl bezeichnet das Erscheinungsjahr dieser Auflage.
2019 2018 2017

Das bedeuten die Symbole: * Das Wort wird im Glossar erklärt

A Aufgabe Ü Übung Q Quelle P Projekt ↗ Tipp, Hinweis

1 Erkenntnis, Wirklichkeit, Medien

René Magritte (1898–1967)

A

1. *Halte zuerst schriftlich deine spontanen Einfälle und Gedanken zu dem 1935 entstandenen Bild des Malers René Magritte fest.*
2. *Beschreibe dann mündlich, was du auf dem Bild siehst.*
3. *Welche Botschaft lässt sich aus dem Bild erschließen?*
4. *Tauscht euch in Kleingruppen über die verschiedenen Deutungen aus.*
5. *Gib dem Bild einen Titel (Den Originaltitel findest du im Anhang, S. 223).*

1.1 Quellen der Erkenntnis

Was wissen unsere Sinne?

Wenn ich durch das Fenster schaue, den blauen Himmel betrachte, die Sonne als warm empfinde und der leisen Musik lausche, die im Hintergrund spielt, dann nehme ich etwas „wahr".

Doch stimmt das wirklich? Ist diese Wahrnehmungswelt die gleiche für alle Menschen? Und wie steht es mit anderen Lebewesen? Sehen, fühlen, riechen, hören alle anderen ebenso wie ich?

Viele Tiere können wesentlich weniger als der Mensch wahrnehmen, andere dagegen verfügen über uns völlig fremde Sinne. Man denke nur an die Ultraschallortung der Fledermäuse und Delfine oder den Magnetsinn der Vögel.

Wenn Wissenschaftler untersuchen, wie unsere *Sinnes-wahr-nehmung* die Umwelt repräsentiert, konzentrieren sie sich oft auf den *Sehsinn* als den in unserer Zeit dominanten. 70 bis 80 % unserer Wahrnehmung wird vom Sehsinn beeinflusst. Er ist der detailreichste der Sinne und meistens auch recht zuverlässig. Doch nicht immer! Der eine Mensch sieht z.B. am Loch Ness ein Ungeheuer, der andere nur einen Baumstamm.

A

1. *Tauscht euch darüber aus, was ihr auf diesen Bildern seht. Seid ihr euch z.B. sicher, dass die beiden Frauen Angst haben und dass die Männer nur scherzen? Und sind die Personen tatsächlich unterschiedlich groß, wie die Zeichnung es suggeriert?*

Sinneswahrnehmungen auf dem Prüfstand

Optische Täuschungen verblüffen uns immer wieder. Beispielsweise glauben wir einen nahen Bekannten in der Menge entdeckt zu haben, müssen dann jedoch beim Näherkommen feststellen, dass es sich um einen uns völlig Unbekannten handelt. Dies zeigt, dass es einen Unterschied geben kann zwischen dem, was wir sehen, und dem, wie die Wirklichkeit beschaffen ist.

Gibt es nur eine richtige Sichtweise, wenn es um die Wahrnehmung der Wirklichkeit geht? Oder hängt das, was wir sehen, nicht immer auch von uns selbst, von unserer Sicht auf die Dinge, ab?

Der Philosoph Ludwig Wittgenstein (1889–1951) geht solchen Fragen nach. Er hat dafür verschiedene Kippfiguren entwickelt.

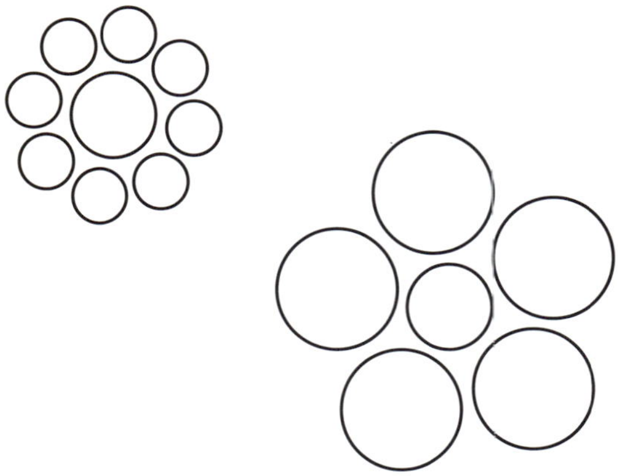

Kippfiguren nach Wittgenstein

A

1. *Schätzt, welcher der beiden Mittelkreise in der Zeichnung oben größer ist. Messt dann nach, ob ihr richtig gesehen habt.*
2. *Was habt ihr auf den Kippbildern zuerst gesehen? Tauscht euch darüber aus. Gibt es hier überhaupt eine richtige und eine falsche Sichtweise?*
3. *Tragt in einem Brainstorming zusammen, wovon abhängig ist, was ich sehe, höre oder spüre. Bezieht in eure Überlegungen die Abbildungen auf den Vorseiten (8 und 9) mit ein.*

Unsere Sinneswahrnehmungen können uns nicht nur täuschen, sondern sind auch selektiv. Was wir sehen und hören (übersehen und überhören), ist von unseren Interessen abhängig.

Q

Experiment in der Fernsehshow „clever! – Die Show, die Wissen schafft"

Das Experiment ist einfach, aufschlussreich und tückisch. Jedem Versuchsteilnehmer wird ein einminütiger Videoclip gezeigt, in dem sich Studenten, drei im weißen und drei im schwarzen Dress, Basketbälle zuwerfen. Die Aufgabe besteht darin, die Pässe des weißen Teams zu zählen. Das ist nicht ganz einfach, denn die Spieler laufen durcheinander, und es sind zwei Bälle im Spiel.

35 Sekunden vergehen, bis von rechts eine Figur im Gorillakostüm ins Bild stapft. Sie begibt sich mitten ins Getümmel, dreht sich zur Kamera, klopft sich auf die Brust, entfernt sich nach links. Doch war da tatsächlich etwas? Während der „Gorilla" jedem unbeteiligten Beobachter geradezu „ins Auge springt", sieht die Hälfte der konzentriert zählenden Probanden nur, was sie sehen sollen: Werfer und Bälle, keinen Gorilla.

(Nach GEO Wissen. Erkenntnis Weisheit Spiritualität, H. 29, Hamburg 2002, S. 106)

A

1. *Welche Folgerung lässt sich aus dem Experiment für das, was wir „wahr"-nehmen, ziehen?*
2. *Finde Beispiele dafür, dass auch Hör-, Geruchs-, Geschmacks- und Tastsinn sich täuschen lassen können.*
3. *Schildere eine Situation aus deinem persönlichen Leben, die die Wirkung emotionaler Faktoren auf die Wahrnehmung belegt.*

Die menschliche Wahrnehmung ist
- stimmungs- und erfahrungsabhängig (wir sehen Menschen, die uns sympathisch sind, durch eine rosarote Brille)
- auf Ergänzung hin angelegt (aus Bruchstücken entsteht ein vollständiges Bild)
- kontextabhängig (das jeweilige Bezugssystem entscheidet, was wir sehen, wie wir etwas sehen)
- konstruktiv (z.B. immer auf der Suche nach einem Sinn oder einer uns bekannten Form)
- paradox (ein und dieselbe Information kann zu sich widersprechenden Deutungen führen)
- selektiv (was wir sehen, ist abhängig von unseren Wünschen und Interessen)

Woher kommt unser Wissen?

Der Begriff „Erkenntnis“ bezeichnet sowohl das Ergebnis (das Erkannte) als auch den Prozess des Erkennens (den Erkenntnisakt). Das Erkannte bezeichnet man auch als *Wissen*, wenn es allgemein anerkannt und nachprüfbar ist.

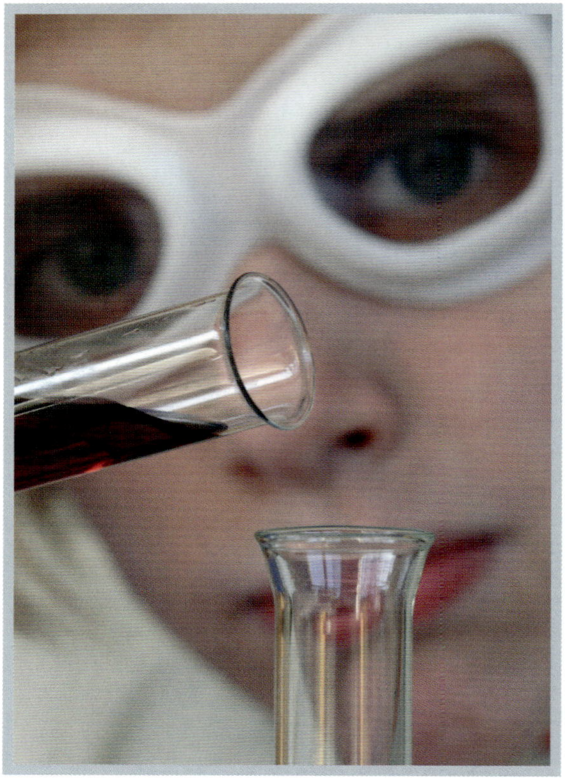

A

1. Benennt in einem Brainstorming die Quellen eures Wissens und diskutiert die Frage ihrer Zuverlässigkeit.

Wie erwirbt der Mensch sein Wissen?

Q

Ich muss damit beginnen, das Wissen, das ich bereits zu haben glaube, einer Prüfung zu unterziehen. Darüber kann ich wenigstens drei Fragen stellen:

1. Woher stammt mein Wissen, wie habe ich es erfahren?
2. Wie weit kann ich mir dieses Wissens sicher sein?
3. Wie kann ich es erweitern, verbessern oder gegebenenfalls durch zuverlässigeres Wissen ersetzen?

Es gibt Dinge, die weiß ich, weil andere sie mir erzählt haben. [...] Ich erfuhr von meinen Klassenkameraden auf dem Schulhof, dass die Glasmurmeln teurer sind als Tonmurmeln. Ein Freund, der ein großer Frauenheld war, erzählte mir später, dass man, wenn man sich zwei Mädchen nähert, zuerst mit dem weniger schönen sprechen sollte, um die Aufmerksamkeit des anderen zu gewinnen. [...]

Q

Es gibt andere Dinge, die ich weiß, weil ich sie in der Schule gelernt habe. Aus den verschwommenen Erinnerungen an den Geografieunterricht weiß ich, dass die Hauptstadt von Honduras den erstaunlichen Namen Tegucigalpa trägt. Meine oberflächlichen Geometriestudien überzeugten mich davon, dass die kürzeste Verbindung zwischen zwei Punkten eine Gerade ist [...].

„Hand mit reflektierender Kugel" (1935), M.C. Escher (1898–1972)

Aber ich weiß auch viele Dinge aus eigener Erfahrung. So habe ich zum Beispiel erfahren, dass man sich mit Feuer verbrennen kann oder dass Wasser nass macht. [...] Und ich erfuhr, was Glück ist, als mich ein Mädchen küsste. [...]

In manchen Fällen kann ich einige rationale (verstandesmäßige) Gewissheiten erreichen, die mir als Kriterium dienen, um meine Kenntnisse zu vertiefen: so zum Beispiel, dass zwei Dinge, die einem dritten gleichen, sich auch untereinander gleichen. [...] Die Vernunft ist nicht etwas, das mir die anderen erzählen und sie ist auch nicht das Ergebnis meines Lernens oder meiner Erfahrung, sondern ein kritisches intellektuelles Verfahren. Ich benutze es, um die Nachrichten, die ich erhalte, die Studien, die ich betreibe, oder die Erfahrungen, die ich mache, zu organisieren, indem ich bestimmte Dinge akzeptiere – zumindest vorläufig, in Erwartung besserer Argumente –, andere dagegen nicht. Dabei versuche ich immer, meine Annahmen untereinander in Einklang zu bringen. Und die erste Anstrengung der Vernunft in diese Richtung ist der Versuch, meinen rein persönlichen und subjektiven Standpunkt mit einem objektiveren oder intersubjektiven (zwischen verschiedenen Personen anerkannten) Standpunkt in Harmonie zu bringen – einem Standpunkt, von dem aus jedes andere rationale Wesen die Wirklichkeit betrachten kann.

(Fernando Savater: Die Fragen des Lebens. Campus, Frankfurt/M. 2007, S. 40f.)

A

1. *Gebt den einzelnen Textabschnitten verschiedene sinntragende Überschriften.*
2. *Erklärt anhand eines Beispiels, wie der Mensch die verschiedenen Quellen seines Wissens nutzen kann.*
3. *Erläutert, welche Aufgabe Savater der Vernunft im Erkenntnisprozess zuspricht.*
4. *Zieht Parallelen zwischen der Darstellung des Erkenntnisprozesses bei Savater und dem Bild des Künstlers M.C. Escher. Schreibt einen kurzen Text dazu.*

Antworten der philosophischen Erkenntnistheorie

Eine sehr alte philosophische Disziplin, die Erkenntnistheorie, versucht auf Fragen nach Ursprung und Grenzen des menschlichen Wissens eine Antwort zu geben. Es gibt in der Philosophiegeschichte zwei erkenntnistheoretische Hauptströmungen, die sich in ihren Lösungsansätzen grundsätzlich unterscheiden: den Rationalismus und den Empirismus.

Der Rationalismus

Klassischer Vertreter des *Rationalismus* (von lat. ratio: Vernunft, Verstand) ist der französische Philosoph René Descartes (1596–1650).

Er schlägt in seinem Werk „Meditationen über die Erste Philosophie" vor, alles, was wir in der Welt vorfinden – die Sinneswahrnehmungen, die Wirklichkeit der Außenwelt, selbst die Existenz Gottes – prinzipiell in Zweifel zu ziehen. Durch den Zweifel will er zur höchstmöglichen Gewissheit gelangen.

Indem er alles, was außerhalb des Menschen liegt, anzweifelt, kommt er schließlich zu seinem Innersten, zum Denken. Dadurch, dass ich in der Lage bin, über mein Denken nachzudenken, habe ich die Gewissheit, dass ich existiere. So kommt er zu der ebenso berühmten wie anfechtbaren Folgerung: „Ich denke, also bin ich."

Nach Descartes vermag der Mensch allein durch Anwendung seiner Vernunft sicheres Wissen über die Dinge der Welt zu erlangen.

Das Wachsbeispiel

Betrachten wir diejenigen Gegenstände, von denen man für gewöhnlich annimmt, sie von allen würden am deutlichsten begriffen, d.h. Körper, die wir betasten und sehen, und zwar nicht Körper im allgemeinen [...] vielmehr irgendeinen Körper im besonderen, z.B. dieses Stück Wachs. Vor kurzem erst hat man es aus der Wachsscheibe gewonnen, noch verlor es nicht ganz den Geschmack des Honigs, noch blieb ein wenig zurück von dem Dufte der Blumen, aus denen es gesammelt worden; seine Farbe, Gestalt, Größe liegen offen zutage, es ist hart, auch kalt, man kann es leicht anfassen, und schlägt man mit dem Knöchel darauf, so gibt es einen Ton von sich, kurz – es besitzt alles, was erforderlich scheint, um irgendeinen Körper ganz deutlich erkennbar zu machen.

Doch sieh! Während ich noch so rede, nähert man es dem Feuer, – was an Geschmack da war, geht verloren, der Geruch verschwindet, die Farbe ändert sich, es wird unförmig, wird größer, wird flüssig, wird warm, kaum mehr lässt es sich anfassen, und wenn man darauf klopft, so wird es keinen Ton mehr von sich geben. Bleibt es denn noch dasselbe Wachs? Man muss zugeben – es bleibt, keiner leugnet es, niemand ist darüber anderer Meinung. [...]

Was an ihm also war es, das man so deutlich erkannte? Sicherlich nichts von dem, was im Bereich der Sinne lag; denn alles, was unter den Geschmack, den Geruch, das Gesicht, das Gefühl oder das Gehör fiel, ist ja jetzt verändert, und doch es bleibt – das Wachs. [...]

Was aber ist dieses Wachs, das sich nur denkend begreifen lässt? Nun dasselbe, das ich sehe, das ich betaste, das ich mir bildlich vorstelle, kurz, dasselbe was ich von Anfang an gemeint habe; aber – wohlgemerkt – seine Erkenntnis ist nicht Sehen, nicht Berühren, nicht Einbilden und ist es auch nie gewesen, wenn gleich es früher so schien, sondern sie ist eine Einsicht einzig und allein des Verstandes, die entweder, wie früher, unvollkommen und verworren, oder, wie jetzt, klar und deutlich sein kann, je nachdem ich mit größerer oder geringerer Aufmerksamkeit auf ihre Bestandteile achte. [...]

Doch da sehe ich zufällig vom Fenster aus Menschen auf der Straße vorübergehen, von denen ich ebenfalls, genau wie vom Wachse, gewohnt bin zu sagen: ich sehe sie, und doch sehe ich nichts als die Hüte und Kleider, unter denen sich ja Automaten verstecken könnten! Ich urteile aber, dass es Menschen sind. Und so erkenne ich das, was ich mit meinen Augen zu sehen vermeinte, einzig und allein durch die meinem Denken innewohnenden Fähigkeiten zu urteilen.

(René Descartes: Meditationes. Meiner, Hamburg 1959, S. 53f.)

A

1. *Schildert den Gang des Experiments mit dem Wachs oder gebt es in Form einer kommentierten grafischen Darstellung wieder.*
2. *Wie beurteilt Descartes die Sinneswahrnehmungen?*
3. *Was erkennt er klar und deutlich? Woher stammen all unsere Erkenntnisse?*
4. *Sehe oder denke ich das Bienenwachs? Begründet eure Meinung!*

Ü

5. *Ein „Descartes-Spiel“: Notiere einen Satz, dessen Wahrheit für dich zweifelsfrei feststeht. Diese Sätze werden nun in der Klasse zur Diskussion gestellt. Ziel ist es, möglichst viele der zunächst für sicher gehaltenen Wahrheiten fragwürdig erscheinen zu lassen. Sieger ist, wem es am Ende nach Abstimmung in der Klasse am besten gelungen ist, „seine“ Wahrheit gegen alle skeptischen Einwände zu verteidigen.*

Der Empirismus

Die Gegenposition zum Rationalismus, den *Empirismus* (von lat. empiricus = der Erfahrung folgend), entwickelte der englische Philosoph John Locke (1632–1704).

Für ihn gibt es keine angeborenen Bewusstseinsinhalte, sondern nur solche, die aus der Sinneserfahrung stammen. Diese unterteilt er in äußere und innere Wahrnehmungen.

Äußere Wahrnehmungen

Q

Nehmen wir also an, der Geist sei, wie man sagt, ein unbeschriebenes Blatt ohne alle Schriftzeichen, frei von allen Ideen; wie werden ihm diese dann zugeführt? [...] Woher hat er all das *Material* für seine Vernunft und für seine Erkenntnis? Ich antworte darauf mit einem einzigen Worte: aus der *Erfahrung*. Auf sie gründet sich unsere gesamte Erkenntnis, von ihr leitet sie sich schließlich her. Unsere Beobachtung, die entweder auf äußere sinnlich wahrnehmbare Objekte gerichtet ist oder auf innere Operationen des Geistes, die wir wahrnehmen und über die wir nachdenken, liefert unserm Verstand das gesamte *Material* des Denkens. Dies sind die beiden Quellen der Erkenntnis, aus denen alle Ideen entspringen, die wir haben oder naturgemäß haben können. [...]

Wenn ich sage, die Sinne führen sie [die Wahrnehmung] dem Geist zu, so meine ich damit, sie führen von den Gegenständen der Außenwelt her dem Geist dasjenige zu, was in demselben jene Wahrnehmungen hervorruft. Diese wichtige Quelle der meisten unserer Ideen, die ganz und gar von unseren Sinnen abhängen und durch sie dem Verstand zugeleitet werden, nenne ich *Sensation*.

(John Locke: Ein Versuch über den menschlichen Verstand. Meiner, Hamburg 2006, S. 107f.)

A

1. *Locke sagt, dass der Geist ein „unbeschriebenes Blatt" (lat. tabula rasa) sei. Man spricht auch vom „Wachstafelmodell" der Erkenntnis. Erkläre, was Locke darunter versteht.*
2. *Charakterisiere die erste Quelle der Erkenntnis, die Locke „Sensation" nennt, mit eigenen Worten.*

Ü

3. *„Nichts ist im Verstand, was nicht vorher in den Sinnen gewesen wäre." (Locke)*
   „Nichts ist im Verstand, was nicht zuvor in den Sinnen war – außer dem Verstand selbst." (Leibniz)
   Vergleiche die Aussage von Locke mit der seines Zeitgenossen, dem deutschen Philosophen Gottfried Wilhelm Leibniz (1646–1716).

Innere Wahrnehmungen

Q

Die andere Quelle, aus der die Erfahrung den Verstand mit Ideen speist, ist die Wahrnehmung der Operationen des eigenen Geistes in uns, der sich mit den ihm zugeführten Ideen beschäftigt.

Diese Operationen statten den Verstand, sobald die Seele zum Nachdenken und Betrachten kommt, mit einer anderen Reihe von Ideen aus, die durch Dinge der Außenwelt nicht hätten erlangt werden können. Solche Ideen sind: *wahrnehmen, denken, zweifeln, glauben, schließen, erkennen, wollen* und all die verschiedenen Tätigkeiten unseres eigenen Geistes. Indem wir uns ihrer bewusst werden und sie in uns beobachten, gewinnen wir von ihnen für unseren Verstand ebenso deutliche Ideen wie von Körpern, die auf unsere Sinne einwirken. Diese Quelle von Ideen liegt ausschließlich im Innern des Menschen, und wenn sie auch kein Sinn ist, da sie mit den äußeren Objekten nichts zu tun hat, so ist sie doch etwas sehr Ähnliches und könnte füglich als *innerer Sinn* bezeichnet werden. Während ich im ersten Fall von Sensation rede, so nenne ich diese Quelle *Reflexion*, weil die Ideen, die sie liefert, lediglich solche sind, die der Geist durch eine Beobachtung seiner eigenen Operationen gewinnt.

(John Locke: Ebenda. S. 107f.)

A

1. *Charakterisiert die von Locke beschriebene zweite Quelle der Erkenntnis.*
2. *Veranschaulicht den Zusammenhang von Sensation und Reflexion in einem kommentierten Schaubild.*

Ü

3. *Stell dir vor, du bist Moderator in einer philosophischen Talkshow. Descartes und Locke sind eingeladen. Du hast ca. 30 Sekunden Zeit für jeden Philosophen, um seine Erkenntnistheorie vorzustellen. Was würdest du sagen? Mache dir vorher Notizen!*

A

4. *Wie würde Locke selbst das im Rätsel dargestellte Problem lösen?*

Lockes Rätsel

1.2 Der Wahrheit auf der Spur

Jeder Mensch hat das Bedürfnis nach Erkenntnissen, auf die man sich in seinem Handeln verlassen kann. Ein solches Wissen bezeichnen wir auch als „wahr“.

Aber was ist Wahrheit? Seit mehr als zwei Jahrtausenden bemüht die Philosophie sich um eine Klärung des Wahrheitsbegriffs. Man könnte meinen, die Wahrheitsfrage sei längst endgültig beantwortet. Aber weit gefehlt: Die Diskussion darüber ebbt nicht ab.

Ein 4-Ecken-Gespräch über die Wahrheit

A

1. *Bringt in den vier Ecken des Klassenzimmers die Zitate über die Wahrheit an.*
2. *Entscheide dich für eine Aussage, die dich besonders anspricht oder auch provoziert.*
3. *Überprüfe mithilfe der Fünf-Finger-Denkmethode (siehe S. 35), ob diese Aussage wirklich stimmt.*

Schwierigkeiten mit der Wahrheit

Obwohl wir alle die Wahrheit in Erfahrung bringen wollen, wissen wir doch, wie schwierig sich die Suche nach ihr manchmal gestaltet.

Nehmen wir das Beispiel eines Verkehrsunfalls:

Beim Einparken auf dem Parkplatz eines Möbelkaufhauses sind zwei Pkw, ein grüner Kleinwagen und ein großer schwarzer Kombi, aufeinandergestoßen. Der herbeigerufene Polizist versucht den Tathergang objektiv zu rekonstruieren:

Die in Tränen aufgelöste Fahrerin des Kleinwagens behauptet, schon vor der Parklücke gestanden und vorschriftsmäßig links geblinkt zu haben, als plötzlich links neben ihr der Kombi auftauchte.

Dessen Fahrer bestreitet aber, dass die Frau geblinkt hat. Er droht sofort mit seinem Rechtsanwalt, falls er kein Recht bekomme.

Ein Zeuge meint, gesehen zu haben, dass sich der Mann in die Parklücke drängeln wollte, ist sich seiner Sache aber nicht sicher.

Für einen weiteren Zeugen ist die Schuldfrage klar, weil aus seiner Sicht Frauen sowieso nicht einparken können.

Was wird aus diesem Beispiel ersichtlich?
Die Wahrheitsfindung erweist sich als schwierig, weil

- die menschlichen **Meinungen** über das Geschehene auseinander gehen,
- die Wahrheit durch **Macht** behindert wird,
- sie durch **Vorurteile** verdeckt und
- von der **Lüge** bedroht wird.

1. *Setzt euch anhand des obigen Beispiels mit möglichen Schwierigkeiten, die bei der Wahrheitsfindung auftreten, auseinander. Nutzt dafür die Begriffe Meinung, Macht, Vorurteil und Lüge als Anhaltspunkte.* A
2. *Gebt mit eigenen Worten wieder, worin sich das bloße Meinen vom Wissen unterscheidet.*

Wissen und Vorurteil

Unser Wissen über die Welt liegt in Form von Aussagen vor. Menschen treffen Aussagen über Gegenstände (z.B. „der Stuhl steht im Klassenzimmer“), Eigenschaften (z.B. „das Pferd ist braun“) oder Handlungen (z.B. „Paul hat gut gearbeitet“). Solche Aussagen nennt man auch *Urteile*. Nicht selten jedoch urteilen Menschen über bestimmte Sachverhalte oder andere Menschen aufgrund eines ersten Eindruckes, vom Hörensagen und ohne genaue Kenntnisse. Man spricht dann von einem *Vorurteil*.

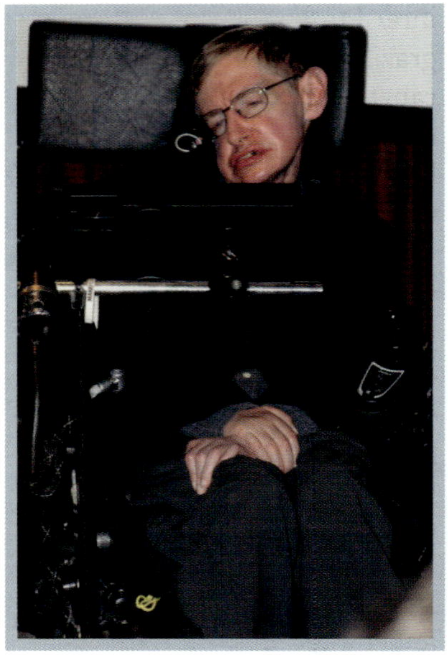

Vorurteile im Alltag

Ü

1. Schaut euch das Foto an und beantwortet schriftlich folgende Fragen:

- *Was vermutet ihr, ist der dargestellte Mann: a) intelligent/intellektuell gehandicapt, b) hat er Kinder/keine Kinder, c) ist er beruflich erfolgreich/weniger erfolgreich ...?*
- *Schlagt anschließend im Bildverzeichnis des Lehrbuches nach, um wen es sich handelt und informiert euch über die Lebensgeschichte des Mannes.*
- *Haltet abschließend fest: Welche einseitigen oder gar falschen Urteile waren in euren Köpfen?*

(Nach ZDPE 2/2005, S. 119)

Vorurteile fallen nicht vom Himmel. Sie sind stets menschengemacht. Sie vergröbern und vereinseitigen. Jeder von uns kennt solch negative Vorurteile, etwa über Blondinen, Polizisten, Ostdeutsche oder Behinderte.

Andererseits gibt es aber auch Vorurteile, die sich positiv auf unser Verhalten auswirken können. Wir sagen, dass meine Freundin/mein Freund mich nie belügen würde, hören uns voller Vertrauen ihre/seine Meinung an. Wir gehen zum Arzt, weil wir glauben, dass er uns helfen wird.

Sind Vorurteile vielleicht gar nicht vermeidbar?

Der gepackte Koffer

Der Schauspieler Peter Ustinov stellt eine auf den ersten Blick überraschende Behauptung auf:

> Gewisse Vorurteile hat jeder Mensch, [...] sonst könnte er nicht einmal seine Koffer packen.

(Sarah Weik: Die Macht des Vorurteils. Die Welt, 25.7.2009, S. W1)

A

2. Interpretiert die Äußerung Peter Ustinovs.

3. Sucht nach weiteren Beispielen für die negative wie positive Bedeutung von Vorurteilen für die Bewältigung des eigenen Lebens.

Böse Vorurteile

Vorurteile hat jeder und manche sind ja auch ganz nett, so z.B., dass Dicke gemütlich sind. Aber es gibt auch richtig böse Vorurteile, die anderen Menschen das Leben schwer machen.

Specki

Ayse ist eine sehr gute Schülerin. Sie ist freundlich, hilfsbereit und ein wenig pummelig. Sie selbst leidet unter ihrer Pummeligkeit und wäre gern so schlank und grazil wie Alina, die in ihrer Freizeit im Ballett tanzt. Ayses Mitschüler mögen sie gern, denn sie erklärt sehr geduldig die Matheaufgaben und hilft schon einmal, den richtigen Lösungsweg zu finden.

Dennoch hat sie keine Freundin, mit der sie viel unternimmt, denn Ayses Großmutter ist sehr krank und wird von der Familie zu Hause betreut. Nach Schulschluss muss Ayse nach Hause, damit ihre Mutter zur Arbeit gehen kann und jemand für die kranke Großmutter und ihre jüngere Schwester da ist.

Seit Kurzem jedoch fürchtet sich Ayse vor der Schule und mag gar nicht mehr gern hingehen.

Kevin und Alex haben ihr den Namen „Specki" angehängt, den seither auch andere Mitschüler nachplappern. Alles begann damit, dass Ayse sich weigerte, Kevin die Hausaufgaben einfach abschreiben zu lassen. Sie bestand darauf, ihm den Rechenweg zu erklären. Doch davon wollte Kevin nichts wissen.

„Was bildest du Türkenspeck dir eigentlich ein? Sei froh, wenn ich von dir Fettschwamm überhaupt etwas will", hatte er Ayse entgegengeschleudert. Der Hassausbruch hatte Ayse überrascht und sie so sehr gekränkt, dass sie zu weinen begann. Das hatte Kevin noch mehr angestachelt.

„Specki, Türkenspeck, Specki, Türkenspeck ...!", schrie er ihr nach und am nächsten Tag schon hing ihr dieser Name wie ein Stein um den Hals, ein Stein, den sie seither nicht mehr los wird und den sie nicht ertragen kann.

A

1. *Legt dar, mit welcher Art von Vorurteilen Ayse zu kämpfen hat und woraus diese resultieren.*
2. *Tauscht euch darüber aus, was in Ayse vorgeht und warum ihr der Name „Specki" wie ein Fels auf der Seele lastet.*
3. *Macht Vorschläge, wie Ayse geholfen werden kann.*

P

4. *Arbeitet in der Gruppe Vorschläge zur Überwindung von Vorurteilen aus. Entwerft dazu eine Mindmap.*

Macht und Wahrheit

Wer die Macht hat, setzt sich manchmal über die Wahrheit hinweg. Aber auch derjenige, der es mit den Mächtigen der Welt zu tun bekommt, muss beim Aussprechen der Wahrheit mitunter vorsichtig sein.

Nathan der Weise

In diesem Drama von Lessing (1729–1781) stellt der muslimische Sultan Saladin dem Juden Nathan die heikle Frage, ob das Judentum, das Christentum oder der Islam die wahre Religion sei. Nathan antwortet mit der Ringparabel: Ein Vater hat seinen drei Söhnen drei Ringe vererbt, von denen zwei eine Kopie sind, sodass die Söhne nun den einzig echten Ring nicht mehr erkennen können. Sie befragen daraufhin einen Richter, der folgenden Rat gibt:

Drei gleichwertige Ringe

Q

Hat von Euch jeder seinen Ring von seinem Vater:
So glaube jeder sicher seinen Ring
Den echten. – Möglich; dass der Vater nun
Die Tyrannei des *e i n e n* Rings nicht länger
In seinem Hause dulden wollen! – Und gewiss;
Dass er euch alle drei geliebt, und gleich
Geliebt: indem er zwei nicht drücken mögen,
Um einen zu begünstigen. – Wohlan!
Es eifre jeder seiner unbestochnen
Von Vorurteilen freien Liebe nach!
Es strebe von euch um die Wette,
Die Kraft des Steins in seinem Ring
an Tag
Zu legen! komme dieser Kraft mit
Sanftmut
Mit herzlicher Verträglichkeit, mit
Wohltun,
Mit innigster Ergebenheit in Gott
Zu Hilf!

(Gotthold Ephraim Lessing: Nathan der Weise. Reclam, Stuttgart 1986, S. 75)

A

1. *Erläutert, warum Nathan mit Recht „der Weise" genannt wird. Überlegt dabei, was passiert wäre, wenn Nathan den „wahren" Ring herausgefunden oder er die Antwort verweigert hätte.*
2. *Wir alle sind mitunter der Macht anderer Menschen ausgeliefert. Zeigt an Beispielen aus eurem persönlichen Umfeld, in welchen Situationen es euch schwergefallen ist oder ihr sogar ganz darauf verzichtet habt, anderen die „ungeschminkte" Wahrheit zu sagen.*

Wahrheit in der Politik

Carl Friedrich von Weizsäcker (1912–2007), Philosoph und Naturwissenschaftler, hat sich in einem Artikel mit dem Wahrheitsanspruch in der Politik auseinandergesetzt:

Gründe, die Wahrheit nicht zu sagen

Q

Im Kampf um die Macht kann man die Wahrheit nicht sagen. Was heißt das? Die volle Wahrheit kann ohnehin niemand sagen, aus drei einander folgenden Gründen.

Erstens weiß niemand die volle Wahrheit.

Zweitens, soweit er sie weiß, würde niemand sie verstehen, wenn er sie ausspräche; eigentlich kann er selbst sie nicht sagen.

Drittens, soweit er sie aussprechen kann und sie verständlich wäre, ist sie so schmerzhaft, dass die Menschen instinktiv vermeiden, sie zu hören.

Das Problem der Politik beginnt auf der vierten Stufe. Wahrheit, die gehört wird, ist noch immer so schmerzhaft, dass sie die Hörenden in ihrer Mehrzahl gegen den Sprechenden aufbringt. Deshalb muss, wer in seinem Kampf um die Macht auf die Zustimmung vieler angewiesen ist, auch noch vermeiden, ihnen die Wahrheit der vierten Stufe zu sagen.

In der fünften Stufe wird dosierte Wahrheit eine Waffe im Machtkampf. Diese Waffe ist scharf, denn: der Kampf um die Macht wird letztlich durch die Wahrheit entschieden.

(Carl Friedrich von Weizsäcker: Wahrnehmung der Neuzeit. dtv, München 1985, S. 314f.)

A

1. *Gebt mit eigenen Worten die drei Gründe wieder, warum nach Auffassung Weizsäckers Menschen nicht die volle Wahrheit sagen (können).*
2. *Welches Problem veranlasst Politiker, im Kampf um die Macht nicht die volle Wahrheit zu sagen? Beschreibt den Teufelskreis, in dem Politiker stecken.*
3. *Begründet Weizsäckers These, dass „dosierte Wahrheit" im Kampf um die Macht zugleich eine scharfe Waffe darstellt.*

Wahrheit und Lüge

Alle Religionen und Kulturen kennen ein grundsätzliches Lügenverbot. Doch ist es wirklichkeitsfremd zu glauben, dass das Lügenverbot immer eingehalten werden kann. Lügen werden einerseits in vielen Situationen als Kavaliersdelikt toleriert. Andererseits hängt das Verhältnis der Menschen zueinander entscheidend davon ab, ob man sich vertrauen kann. Lügen zerstören dieses Vertrauen und damit auch die Grundlage des Zusammenlebens.

Was ist eine Lüge?

Q

Eine Lüge
ist eine Aussage, von der ein Sender (Lügner) weiß oder vermutet, dass sie unwahr ist, und die er dennoch in der Absicht äußert, der Empfänger möge sie trotzdem glauben. Dies geschieht zumeist, um einen Vorteil zu erlangen oder um einen Fehler bzw. eine verbotene Handlung zu verdecken und so der Kritik oder Strafe zu entgehen. Von „Unwahrheit" spricht man, wenn die Aussage an sich nicht korrekt ist, der Sender das aber nicht weiß, sondern angenommen hat, die Tatsache sei wahr. Gelogen wird aus Höflichkeit, aus Scham, aus Angst, Furcht, Unsicherheit oder Not (*Notlüge*), um die Pläne des Empfängers zu vereiteln oder zum Schutz der eigenen Person, anderer Personen oder von Interessen (z.B. Privatsphäre, wirtschaftliche oder rechtliche Interessen).

(Frei nach http://de.wikipedia.org/wiki/Lüge; Zugriff: 31.5.2011)

Sprüche zur Lüge

A

1. *Wähle einen Spruch aus und schreibe dazu einen Kommentar. Diskutiert die Kommentare in der Klasse.*
2. *Finde weitere Redensarten und Sprüche zum Thema Lüge und Wahrheit.*

Ü

3. *Mach folgendes Gedankenexperiment: Stell dir vor: a) eine Welt mit ständigen, von allen praktizierten Lügen, b) eine Welt, in der alle immer die Wahrheit sagen.*
   Schildere die Konsequenzen für das Zusammenleben, die sich aus a) und b) ergeben.

Eine Typologie der Lüge

Es gibt eine ganze Flut alltäglicher Formen der Täuschung und Lüge. Die „Typologie der Lüge“ vermittelt einen ordnenden Überblick.

Q

1. Die *wohlwollende Lüge* unterscheidet sich von der *bevormundenden Lüge* dadurch, dass sie sich neben der Rücksicht auf eine ernstzunehmende Schwäche des Belogenen auch auf die Vermutung seines Einverständnisses stützt. Wer den anderen in wohlwollender Absicht belügt, maßt sich nicht an, besser zu wissen, worin sein Glück liegt [...], sondern lügt aus der Annahme, der andere wolle in einer solchen Situation der Schwäche lieber belogen werden, als die Wahrheit zu hören. Wer fürchtet von anderen durch Lügen in ein „Paradies der Dummen“ verbannt zu werden, kann [...] unerwünschten Rücksichten damit die Grundlage entziehen.

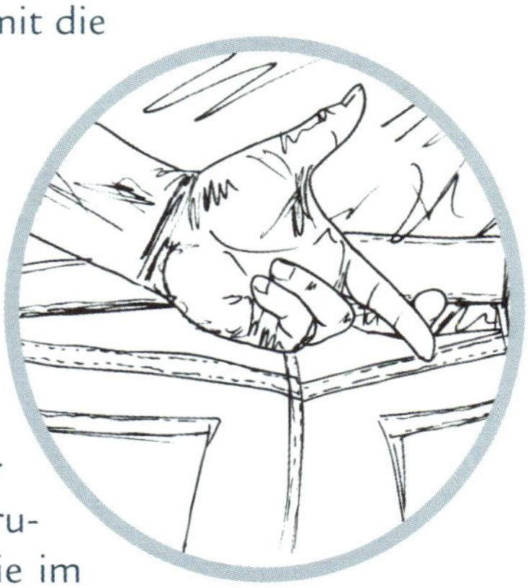

2. Die *Lüge aus Notwehr* orientiert sich nicht am individuellen Gefühl der Bedrohung, sondern am gleichen Prinzip der Freiheit. Nicht jede Beeinträchtigung meiner Freiheit durch andere rechtfertigt Abwehrmaßnahmen, entscheidend ist die Vereinbarkeit meiner Freiheit mit der Freiheit der anderen. Der Mörder auf der Suche nach seinem Opfer, die Ladendiebin oder der Schwarzfahrer können sich nicht auf Notwehr berufen, wenn sie lügen, um Sanktionen zu vermeiden, die im Sinne aller gerechtfertigt sind. Hier geht es nur um die Vermeidung individueller Nachteile, also um eine *Lüge aus Eigennutz*. Aus Notwehr handeln diejenigen, die einen ungerechtfertigten Angriff auf ihre Freiheit abwehren wollen.

3. *Die Lüge zum Schutz der Privatsphäre* setzt voraus, dass andere kein Recht darauf haben, den fraglichen Sachverhalt zu erfahren. Das ist immer dann der Fall, wenn die anderen von diesem Sachverhalt selbst nicht betroffen sind. [...] Nur was nicht in den Bereich von Treueversprechen und alltäglicher, eingelebter Kooperation fällt, kann als Privatsphäre der Kommunikation entzogen und durch Lügen geschützt werden. Eine Lüge, die den anderen im Feld der gemeinsamen Angelegenheiten täuscht, ist eine *Lüge aus Untreue*.

(Simone Dietz: Die Kunst des Lügens. Rowohlt, Reinbek 2003, S. 142f.)

A

1. *Findet euch in Gruppen zusammen und wendet euch jeweils einem der drei Lügentypen zu. Jede Gruppe sucht nach erläuternden Stichworten für den Lügentyp im Text und findet dafür treffende Beispiele. Stellt eure Arbeitsergebnisse anschließend den anderen Gruppen zur Verfügung.*
2. *Versucht, eine Unterscheidung in „zulässige“ Lügen und „unzulässige“ Lügen vorzunehmen. Sind überhaupt klare Grenzziehungen möglich? Begründet eure Annahme.*

Vom Umgang mit Wahrheit und Lüge

Die Philosophin Simone Dietz fragt, ob wir einen unbedingten moralischen Anspruch auf Wahrheit haben:

Q

Zwar hat keiner ein unbedingtes Recht auf die Wahrhaftigkeit der anderen. Wohl aber gibt es einen berechtigten moralischen Anspruch darauf, von anderen nicht verletzt, geschädigt und in seiner Selbstbestimmung unzulässig behindert zu werden. In diesem Sinn besteht wohl ein berechtigter moralischer Anspruch, von anderen nicht boshaft belogen zu werden.

(Simone Dietz: Der Wert der Lüge. Montis, Paderborn 2002, S. 45)

Lügen – ja oder nein?

Die handelnden Personen in den folgenden drei Fällen stehen vor schwierigen Entscheidungen.

Eltern beruhigen

Lena möchte in den Ferien mit ein paar Freunden eine Bergbesteigung in den Alpen unternehmen. Ihre Eltern halten das – Lenas Meinung nach zu Unrecht – für viel zu gefährlich. Um ihre Eltern nicht zu beunruhigen, erzählt sie ihnen, dass sie davon Abstand genommen hat.

Den nahenden Tod verschweigen

Die Mutter von Peter ist an Knochenkrebs erkrankt und liegt im Krankenhaus. Bei einem Gespräch mit dem behandelnden Arzt wurde ihm mitgeteilt, dass seine Mutter nur noch wenige Monate zu leben hat. Sie selbst weiß noch nichts davon. Sie fragt Peter, ob sie todkrank sei.

Einen falschen Fahrer benennen

Jürgen wurde geblitzt, er war zu schnell gefahren. Er muss als Führerscheinneuling mit drei Punkten in Flensburg und einer „Nachschulung" rechnen, die ihn etwa 600 Euro kosten würde. Er bittet seinen Vater, sich als Fahrer auszugeben, damit das Familieneinkommen geschont wird, weil dann nur 100 Euro fällig wären.

A

1. *Bearbeitet die drei Fälle arbeitsteilig in Gruppen. Nutzt dafür die Methode der Fallanalyse (siehe S. 113). Stellt dann „euren" Fall der Klasse vor:*
   - › *Erklärt, worin der Konflikt in der jeweiligen Geschichte besteht.*
   - › *Entwickelt mögliche Handlungsalternativen für die Beteiligten.*
   - › *Begründet eure eigene Entscheidung, warum Lügen im konkreten Fall erlaubt bzw. nicht erlaubt ist.*
2. *Zieht ein Resümee: Beschreibt so genau wie möglich Situationen, in denen Lügen moralisch gerechtfertigt/nicht gerechtfertigt sind. Bezieht in eure Überlegungen auch den Standpunkt von Simone Dietz mit ein.*

Die Wahrheit an den „Kopf knallen"?

Egal, ob wir uns in der Schule, in der Familie oder im Freundeskreis bewegen: Immer hängt unser Zusammenleben auch davon ab, *wie* wir etwas sagen. Der Anspruch auf Wahrheit sollte nicht mit ruppigen Umgangsformen, mit Unhöflichkeit verwechselt werden.

Ohne Höflichkeit geht nichts im Leben

Q

Wenn wir die Geduld verlieren und unsere Meinung dem Anderen einfach „an den Kopf knallen", dann berufen wir uns gern auf unsere Ehrlichkeit. Das Höfliche, das unsere Worte begleiten könnte, wird indes oft als Fratze verachtet. Dabei ist sie eine Gabe, welche die Weisen durchaus schätzen. Ohne Höflichkeit, die ja nicht im Gegensatz zur Aufrichtigkeit unserer Worte stehen muss, sondern die eine liebevolle Form für das Wahrhaftige ist, können wir gar nicht aufrichtig sein und zugleich mit anderen zusammenleben. Höflichkeit kennzeichnet die innere Bereitschaft, sich vorzustellen, wie sich Worte und Handlungen, die unsere Befindlichkeiten ausdrücken, für unser Gegenüber ausnehmen. Sicher soll man die Wahrheit sagen, aber doch nicht so, dass sie den anderen wie ein Fausthieb zu Boden schmettert, sondern so, dass sie dem Anderen hilft, sie anzunehmen. Höflichkeit ist wie ein Mantel, der dem Anderen so hingehalten wird, dass er hineinschlüpfen kann.

(Frei nach Max Frisch: Tagebuch 1946–1949. Suhrkamp, Frankfurt/M. 1973, S. 60ff.)

A

1. *Gebt mit eigenen Worten wieder, warum nach Max Frisch Höflichkeit eine Grundnorm menschlichen Zusammenlebens ist und was das für unseren Umgang mit Wahrheit bedeutet.*
2. *Führt eine Pro-Contra-Diskussion zur Frage durch: Muss man rücksichtslos sein, wenn man der Wahrheit „dienen" will?*

Wahrheitskriterien

Die Welt als solche ist weder wahr noch falsch. Sie ist, wie sie ist. Mehr oder weniger richtig können immer nur die von uns getroffenen *Aussagen* über die Welt sein.

Nehmen wir zwei Aussagen: „Tokio ist die größte Stadt der Welt". „Deutschland hat die Fußballweltmeisterschaft 2010 gewonnen." Wie können wir herausfinden, ob diese Behauptungen wahr oder falsch sind?
In der Philosophiegeschichte lassen sich verschiedene Wahrheitstheorien unterscheiden, die versuchen, darauf eine Antwort zu geben.

Korrespondenztheorien

Grundidee: Es wird die *Behauptung* mit der *Außenwelt* verglichen.
Vertreter: Thomas von Aquin (1225–1274)

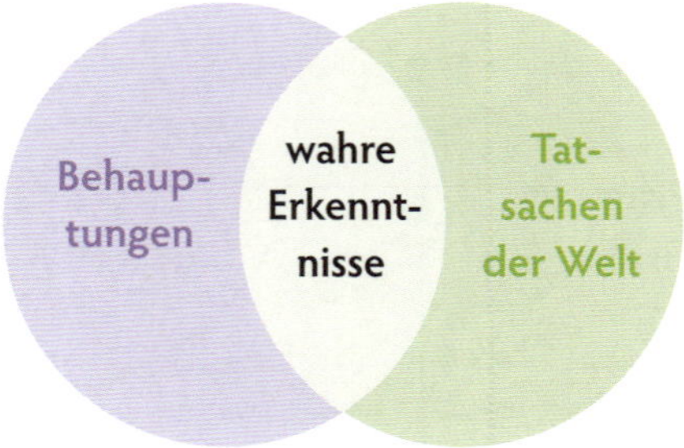

Q *Wahrheit als Übereinstimmung einer Aussage mit einer Tatsache*

Die Korrespondenztheorie ist zum einen **die** klassische Theorie der Wahrheit, zum anderen auch die Theorie, die dem ganz gewöhnlichen Alltagsverstand am einleuchtendsten erscheint: Eine Aussage ist dann wahr, wenn sie mit den Tatsachen, mit der Wirklichkeit, auf die sie sich bezieht, *übereinstimmt*, also *korrespondiert*.
Nichts ist plausibler, als festzustellen, dass der Satz „Schnee ist weiß" genau dann wahr ist, wenn Schnee weiß ist. Das lässt sich überprüfen, indem man nachsieht, ob der Schnee weiß ist.
Doch wie sieht es bei All-Aussagen* aus? Zum Beispiel:
› Alle Raben sind schwarz.
Wo ist hier jeweils die *Tatsache*? Und kann sie immer überprüft werden?

(Frei nach Handlexikon zur Wissenschaftstheorie. dtv, München 1992, S. 370f.)

A
1. *Inwiefern kommt die Korrespondenztheorie dem „gesunden Menschenverstand" entgegen?*
2. *Schlage im Glossar nach, was eine All-Aussage ist. Prüfe den damit verknüpften Einwand, der im Text gegen dieses Wahrheitskriterium erhoben wird.*
3. *Finde weitere Beispiele für Aussagen, die sich nicht durch Vergleich mit Tatsachen der Wirklichkeit auf Wahrheit überprüfen lassen.*

Konsenstheorien

Grundidee: Gültiges Wissen liegt vor, wenn sich die Beteiligten A und B über den zugrunde liegenden Sachverhalt *einigen* können.
Vertreter: Jürgen Habermas (geb. 1929)

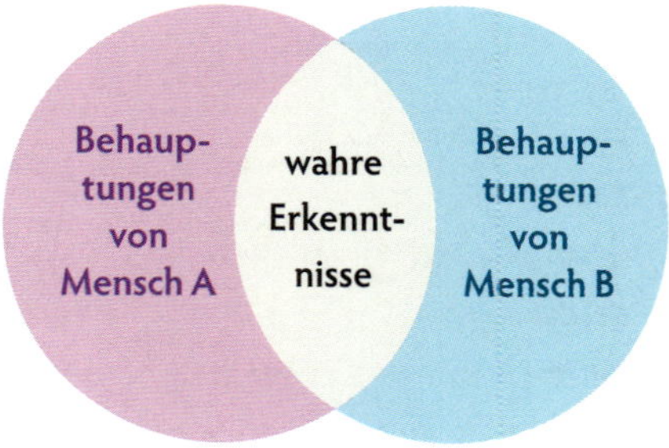

Wahrheit als Zustimmung qualifizierter Personen

Die Konsenstheorie definiert Wahrheit als *Übereinstimmung von Meinungen* verschiedener Personen. Menschen, die über eine Sache verhandeln, können der Wahrheit zumindest näher kommen, wenn sie einen Konsens* gefunden haben. Voraussetzung ist aber, dass ich von kompetenten, vernunftbegabten Gesprächspartnern ausgehe. Damit ein Satz Wahrheit beanspruchen kann, muss sich über diesen Satz allein auf Grund von Argumenten bzw. Vernunftgründen ein Konsens herstellen lassen.

So ist z.B. die Aussage, dass Kolumbus Amerika 1492 entdeckte, wahr, weil sie allgemein von Wissenschaftlern anerkannt wird.

(Frei nach Handlexikon zur Wissenschaftstheorie. dtv, München 1994, S. 374f.)

Pragmatische Theorien der Wahrheit

Grundidee: Wenn sich Aussagen in der *Praxis bewähren*, sind sie wahr.
Vertreter: William James (1842–1910)

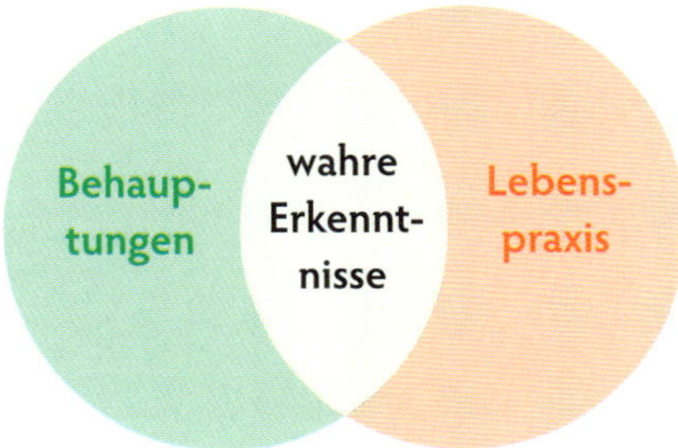

Wahrheit als Nützlichkeit in der Lebenspraxis

Die Pragmatiker meinen, man könne nur die *praktischen Konsequenzen* einer Aussage untersuchen, nie die Aussagen oder Meinungen selbst.
Wahrheit ist also etwas, was sich in der Lebenspraxis bewähren muss. Wenn also z.B. unsere Häuser stehen bleiben, dann sind die Gesetze der Statik wahr.
Was funktioniert, gilt als wahr. Das gilt auch für religiöse Ideen. Wenn sich aus der Annahme, dass Gott existiert, nützliche Konsequenzen für unser Leben ergeben, dann ist sie wahr.

(Frei nach Handlexikon zur Wissenschaftstheorie. a.a.O., S. 374f.)

1. *Wie wird in der Konsenstheorie die „Übereinstimmung“ aufgefasst?*
2. *Welche Probleme ergeben sich, wenn man z.B. hinsichtlich der Frage: „Was ist eine gerechte Lehrerin/ein gerechter Lehrer?“ zu einem Konsens* kommen will?*
3. *Wer sollte alles am Wahrheitsfindungsprozess beteiligt sein?*
   Beziehe dich auch auf die Karikatur.
4. *Gebt den Grundgedanken der pragmatischen Wahrheitstheorie wieder. Was bedeutet es, dass sich eine Aussage in der Lebenspraxis bewährt haben muss?*
5. *Sucht nach Beispielen dafür, dass eine Behauptung nützlich sein kann, aber dennoch nicht wahr sein muss.*

1.3 Wirklichkeit in der Medien-Welt

Wissen in der Mediengesellschaft

Die Welt, in der wir leben, ist geprägt durch die modernen Medien. Handy, Computer und Internet gehören heute ganz selbstverständlich zu unserem Alltag, obwohl sie vor wenigen Jahrzehnten noch gänzlich unbekannt waren.

> ***Die Funktion von Medien***
> Über Medien *vermittelt* (Medium bedeutet ursprünglich so viel wie „Mitte“, „dazwischen“) *kommunizieren* Menschen miteinander, befriedigen sie bestimmte Bedürfnisse nach sozialem Austausch und Unterhaltung, und gewinnen sie *Informationen* über die Welt.

Wissen aus zweiter Hand?

Wenn wir heute etwas wissen wollen, suchen wir oftmals zuerst im „Netz“ eine Antwort. Als Tätigkeitswort hat sich nicht zufällig „googeln“ eingebürgert. Suchmaschinen und elektronische Datenbanken stellen uns Wissen bereit. Oft verlassen wir uns auf dieses Wissen, ohne uns darüber klar zu sein, dass es sich um von bestimmten Menschen gewonnene und ins Netz gestellte Informationen handelt. Als Netzbenutzer sind wir eigentlich in keiner anderen Lage als ein Autokäufer, der ein Auto „aus zweiter Hand“ erwirbt. Unser Wissen ist möglicherweise schon durch viele Hände gegangen, vielfach „aufpoliert“ und „ausgebessert“ worden. Nicht immer erweist sich das aus Medien entnommene Wissen als zuverlässig. Eine eigene kritische Prüfung tut not.

A

1. *Lege eine Liste an. Halte für einen Tag fest, wie viel Zeit du für welche Medien (etwa Handy, Internet, Zeitung, Buch, Fernsehen, Rundfunk etc.) verwendet hast.*
2. *Welche Medien nutzt ihr vor allem, wenn ihr etwas Neues über eine Sache wissen wollt? Tauscht euch in der Klasse darüber aus.*
3. *Diskutiert in Gruppen verschiedene Möglichkeiten, die der „User“ hat, um das aus Medien stammende Wissen auf Gültigkeit zu prüfen.*

Die Macht der Bilder

Es heißt: „Ein Bild sagt mehr als tausend Worte.“ Wir sehen Bilder, wir „machen uns ein Bild“ von einer Sache und halten es dann für „objektiv“.

Besonders das *Foto* ist durch Werbung und Nachrichten zum Massenmedium geworden. Wir erwarten von Fotos, dass sie genau das wiedergeben, was im Moment des Filmens tatsächlich geschieht. Deshalb sind Bilder im Rahmen einer glaubwürdigen Berichterstattung auch so wichtig.

Allerdings bietet die moderne Technik viele Möglichkeiten, Bilder zu manipulieren. Darüber hinaus verkörpern Bilder immer nur kleine Ausschnitte aus dem Geschehen. Man weiß nie, was vor oder nach der Aufnahme passiert ist. Unserem Blick entzogen bleibt auch das, was jenseits des Bildrandes liegt.

Schönheit auf Mausklick

In einer Werbekampagne entlarvte eine Kosmetikfirma, mit welchen Tricks Schönheit „hergestellt“ werden kann: Schminke, Styling und vor allen Dingen eine intensive Bildbearbeitung am Computer.

A

1. *Erläutert, warum Bilder wichtig für unsere Information sind und welche Gefahr von ihnen ausgeht.*
2. *Informiere dich bei http://www.rhetorik.ch/Bildmanipulation über Möglichkeiten der Manipulation.*
3. *Diskutiert anhand von Beispielen die Möglichkeiten der Wirklichkeitsverzerrung durch Bilder. Bringt dazu selbst Fotos mit, z.B. aus der Werbung, aus Zeitungen oder auch aus eurem privaten Bestand. Stellt in Kleingruppen Gedanken und Gefühle zu dem jeweiligen Bild zusammen.*

Bilder analysieren

1. Was sehe ich und wie wirkt es auf mich? Welche Gefühle werden bei mir geweckt?
2. Welche Details sind auf dem Bild zu erkennen? (Farbe; Bildlicht; Raumaufteilung; Perspektive; Gegenstände; Personen mit Mimik, Gestik, Kleidung, Größe; Titel)
3. Welche Aussage entsteht durch diese Umsetzung? Welche „Wirklichkeit“ wird vermittelt?
4. Von wem stammt das Bild/wird es verwendet? Könnte die Person ein bestimmtes Interesse haben? Woran wird das deutlich?

P

4. *Teilt die Klasse in zwei Gruppen ein: Die eine macht eine Fotoreportage über eure Schule, die sie von der „Schokoladenseite“ zeigt, sodass man denkt, dass alle dort ganz begeistert sind. Die andere zeigt die Schule von ihrer schlechten Seite, so als könne man niemandem zumuten, sich dort aufzuhalten. Diskutiert im Anschluss an die Aufführung:*
   - *Mit welchen Methoden ist gearbeitet worden?*
   - *Welche Gruppe hat die Schule „richtig“ dargestellt?*

(Nach Leo Kauter: Vom Lügen, Betrügen und der Moral. Verlag an der Ruhr, Mülheim 2003, S. 80f.)

Inszenierte Wirklichkeit

Die Bilder des Fernsehens vermitteln dem Zuschauer das Gefühl, selbst dabei gewesen zu sein. Tatsächlich aber montieren Fernsehleute Teile der Wirklichkeit durch gezielte Bildauswahl, Schnittfolgen und Hintergrundmusik zu einem Ganzen, das es so in der Wirklichkeit nicht gibt.

Schafft Fernsehen Wirklichkeit?

Gerade die „Reality-Formate" des Fernsehens schaffen eine neue Wirklichkeit. Das vermeintlich „Echte-Menschen-Fernsehen" fasziniert die Zuschauer.

„Gottschalk zieht ein"

Eine Sendung mit diesem Namen wurde im Juli 2004 ausgestrahlt. Vier Tage lang lebte Thomas Gottschalk mit Frau Heins und ihren vier Kindern zusammen. Knapp vier Millionen Zuschauer schalteten ein, um zu erleben, wie der Star „wirklich" ist. In einer Vorankündigung heißt es:

Q

Rent-a-Papa

Rund um die Uhr wird er bei der Ersatzfamilie wohnen und dabei gefilmt werden; die Highlights jeder Woche taugen zu einem 60-Minuten-Quotenhit, hofft das ZDF. [...]

Der Millionär aus Malibu kümmert sich also persönlich um pubertierende Bälger, Dreckwäsche und die Sorgen der Ehefrau. Auch zur Schulnachhilfe taugt Rent-a-Papa Gottschalk, schließlich ist er studierter Lehrer und hat auch im echten Leben zwei tüchtige Kinder erzogen.

„Reality Pur" nennt das ZDF das Sendekonzept. [...] Nach ZDF-Angaben gibt es nun schon erste Bewerbungen. Es soll ein „Familien-Casting" geben, Geld für die Gastgeber aber werde nicht fließen – jeder könne ja froh sein, einen Gottschalk als fähige Haushaltshilfe zu bekommen, so Sprecher Bogenschütz.

Den Vergleich mit Big Brother indes weist das ZDF erbost zurück: Hier gehe es nicht um triviales Reality-Fernsehen – sondern um „Unterhaltung für die ganze Familie".

(SZ, 10.2.2004, S. 21)

A

1. *Echter Alltag oder Inszenierung? Nimm dazu Stellung!*
2. *Wäre es für dich selbst attraktiv, Gottschalk in deiner Familie als Ersatzvater aufzunehmen und dich filmen zu lassen? Begründe deine Meinung!*
3. *Ist der Vergleich dieser Sendung mit „Big Brother" auch aus deiner Sicht unberechtigt?*

Ü

4. *Die Gier nach Sensationen verleitet zu umstrittenen Grenzüberschreitungen. Sollen, wie in den USA diskutiert, Live-Übertragungen aus Todeszellen/Sterbezimmern/Kreißsälen ... erlaubt sein? Führt eine Umfrage (siehe S. 55) an eurer Schule oder eine Online-Befragung in eurem sozialen Netzwerk durch!*

Erfindung von Wirklichkeit

Kommunikationstheoretiker behaupten, dass auch unsere alltägliche Wirklichkeit eine *Konstruktion* des Menschen ist. Die Wirklichkeit wird von uns nicht gefunden, sondern *erfunden*. Das, was wir wahrnehmen, ist *Interpretation*. Sie hängt vom Wissen, von den Erlebnissen und Erwartungen der Menschen sowie von den Zeitumständen ab.

Die zerkratzten Windschutzscheiben

Paul Watzlawick (1921–2007) erzählt von einem Phänomen, das sich tatsächlich in der Stadt Seattle ereignet hat. Immer mehr Autobesitzer mussten feststellen, dass ihre Windschutzscheiben von kleinen Kratzern übersät waren. In der Stadt kursierten dazu zwei Theorien: Nach der einen hatten die kürzlich abgehaltenen russischen Atomtests einen radioaktiven Niederschlag verursacht, der die Kratzer bewirkte. Nach der anderen waren die langen Strecken frisch asphaltierter Autobahnen die Ursache.

Orbison Illusion

Q

In Wahrheit war es vielmehr zu einem Massenphänomen gekommen: Als sich die Berichte über pockennarbige Windschutzscheiben häuften, untersuchten immer mehr Autofahrer ihre Wagen. Die meisten taten dies, indem sie sich von außen über die Scheiben beugten und sie auf kürzeste Entfernung prüften, statt wie bisher von innen und unter dem normalen Winkel durch die Scheiben durchzusehen. In diesem ungewöhnlichen Blickwinkel hoben sich die Kratzer klar ab, die normalerweise und auf jeden Fall bei einem im Gebrauch stehenden Wagen vorhanden sind. Was sich also in Seattle ergeben hatte, war keine Epidemie beschädigter, sondern angestarrter Windschutzscheiben. Die einfache Erklärung aber war so ernüchternd, dass die ganze Episode den typischen Verlauf vieler aufsehenerregender Berichte nahm, die die Massenmedien zuerst als Sensation auftischen, deren unsensationelle Erklärung aber totgeschwiegen wird, was so zur Verewigung eines Zustands der Desinformation führt.

(Paul Watzlawick: Wie wirklich ist die Wirklichkeit? Piper, München 1978, S. 85)

A

1. *Erläutere, wie in diesem Fall die Wirklichkeit „erfunden“ wurde!*
2. *Kennst du ähnliche Fälle?*
3. *Häufig haben wir nach stressigen Situationen im Alltag, wie z.B. nach einem Streit, das Bedürfnis, die Situation mehrfach (mit Freunden oder Eltern) durchzusprechen. Stell dir eine solche Situation vor und überlege, welche Funktion die anschließenden Gespräche haben.*

Zwischen Realität und virtueller Realität

Virtuelle* Realität, kurz VR genannt (engl. virtual reality), ist eine im Rechner erzeugte dreidimensionale „künstliche Wirklichkeit“, in die der Computerbenutzer eintauchen und die er visuell und akustisch wahrnehmen kann. „Virtuelle Realitätsmaschinen“, in denen auch Tast-, Geruchs- und Geschmackssinn angesprochen werden könnten, wären der Höhepunkt dieser Entwicklung. Könnten wir dann überhaupt noch zwischen wirklicher Welt und medial erzeugter (simulierter) Welt unterscheiden? Gerade Computerspiele scheinen diesen Unterschied mehr und mehr zu verwischen.

Spielwelten oder mehr?

FarmVille ist eines der Spiele, die auf einer Seite des sozialen Netzwerks Facebook verfügbar sind.

Es geht darum, einen (virtuellen) Bauernhof wirtschaftlich zu betreiben.

Dazu werden auf einer zugeteilten Fläche zunächst Pflanzen angebaut. Die Ernte wird dann auf dem Markt verkauft. Die Einnahmen wiederum kann der Farmer nutzen, um neues Saatgut und Tiere zu erwerben oder um die Farm mit Bäumen und Häusern zu verschönern. Als Zahlungsmittel dient in dieser Parallelwelt eine eigene (Spiel-)Währung. Gutes Wirtschaften schlägt sich in der Höhe des eigenen Guthabens nieder. Allerdings kann man sein Guthaben auch dadurch ausgleichen, dass man beim Spielehersteller gegen Realgeld (US$) zusätzliche Spielwährung eintauscht.

Weiterhin gibt es die Möglichkeit, zu expandieren, also die Farm durch Zukauf von Land zu vergrößern. Zudem sind Farmnachbarn, mit denen man zusammenarbeitet oder auch konkurriert, im Spiel. Ein Ziel besteht darin, sich verglichen mit den Nachbarn als der erfolgreichere Farmer zu erweisen.

A

1. *Welche Computerspiele sind aus eurer Sicht im Moment „in“? Tauscht euch darüber aus, welches eure Lieblingsspiele sind und wie viel Zeit ihr täglich in dieser Spielwelt verbringt.*
2. *Im Spiel FarmVille soll reales Leben simuliert werden. Überprüft zunächst, welche Fähigkeiten, die für den Spielerfolg wichtig sind, in diesem Spiel besonders abgefragt werden.*
3. *Wie beurteilst du selbst den Wert dieser Simulations-Erfahrung? Kann sie uns helfen, die Welt zu begreifen und das Leben zu meistern? Verfasse dazu eine kurze Standpunktrede.*

Die Fünf-Finger-Denkmethode

M

... hat das Ziel, ein philosophisches oder ethisches Problem in umfassender Weise zu beleuchten. Man geht dabei in Denkschritten vor, arbeitet fünf Fragekreise ab.

1

Phänomenologisches Denken = Differenzierendes Wahrnehmen

Was genau hast du gesehen/gehört/erfahren? Was weißt du über ...?

Du musst: etwas differenziert beobachten, verschiedene Sichtweisen ausprobieren, eigene Vorkenntnisse oder Vorurteile in den Blick nehmen ...

2

Hermeneutisches Denken = Deuten und Verstehen

Welchen Sinn, welche Bedeutung hat ...? Was denken andere über ...?

Du musst: Texte selbst interpretieren, versuchen zu verstehen, welche Bedeutung sich dahinter verbirgt, andere Deutungen mit heranziehen ...

3

Analytisches Denken = Untersuchen und Zergliedern

Was heißt eigentlich ...? Welche Merkmale hat ...? Welche Argumente gibt es für ...?

Du musst: nachbohren, vertiefen, Begriffe klären, Argumente prüfen ...

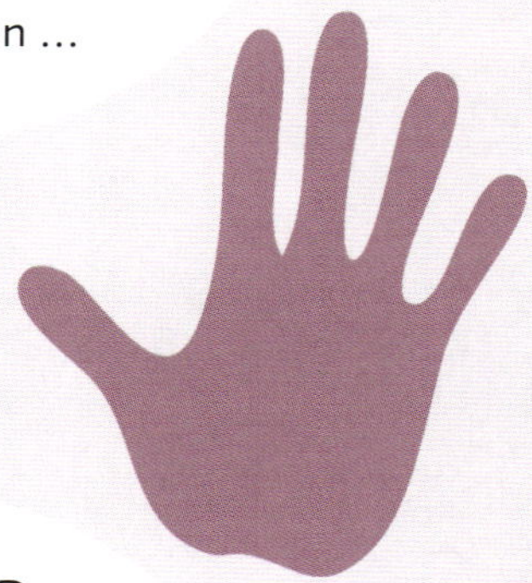

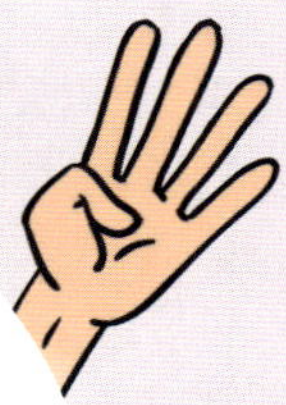

4

Dialektisches Denken = Denken in Gegensätzen

Was wäre das Gegenteil von ...? Was spricht für die Gegenposition zu ...?

Du musst: hin- und herreden, widersprechen, mit anderen über Behauptungen streiten, Vor- und Nachteile der Positionen abwägen ...

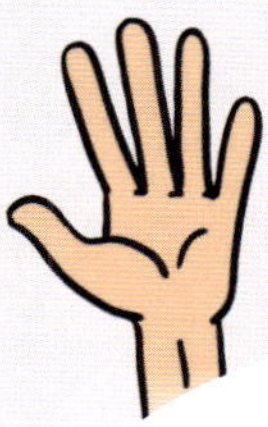

5

Spekulatives Denken = Kreatives Denken

Wie wäre es ganz anders? Welche alternativen Lösungen sind möglich?

Du musst: sinnieren, wie man etwas ganz anders verstehen könnte, Einfälle und Fantasien darstellen, neue Ideen zum Problem entwickeln

...

A

1. *Nutzt die Fünf-Finger-Denkmethode, um die Gültigkeit verschiedener philosophischer Wahrheitsauffassungen (siehe S. 28 f.) zu überprüfen.*

2 Glück und Sinn

Es gibt wohl keinen Menschen, der nicht danach strebt, in seinem Leben glücklich zu sein, das Leben zu genießen und Freude zu empfinden. Dieses Streben treibt die Menschen an. Viele Menschen wünschen sich zudem, diese Freude mit anderen zu teilen, sie anderen, zum Beispiel ihren Kindern und Enkeln, mitzuteilen, indem sie Spuren ihrer Existenz hinterlassen, um ihrem Leben dadurch einen Sinn zu verleihen.

Spuren hinterlassen

A

1. *Erläutere, was du darunter verstehst, „Spuren zu hinterlassen".*
2. *Befrage (siehe S. 55) deine Eltern und Großeltern, ob und warum es ihnen wichtig bzw. unwichtig ist, Spuren zu hinterlassen.*
3. *Lege für die Arbeit an diesem Kapitel ein Denktagebuch an, in dem du die Arbeitsergebnisse auf der einen Seite und eigene Gedanken, Erkenntnisse, aber auch Gefühle und Einsichten auf der anderen Seite niederschreibst.*

2.1 Wie man sein Glück findet

Seit der Antike gilt Glück als ein hoher Wert. Bereits Aristoteles (384–322 v.u.Z.) kam zu der Erkenntnis, dass ein gutes Leben nur ein glückliches Leben sein kann. Er schreibt:

Glück als höchstes Gut

Q

Denn das Glück erwählen wir uns stets um seiner selbst willen und niemals zu einem darüber hinausliegenden Zweck. Die Ehre dagegen und die Lust und die Einsicht und jegliche Tüchtigkeit wählen wir einmal um ihrer selbst willen – denn auch ohne weiteren Vorteil würden wir jeden dieser Werte für uns erwählen – sodann aber auch um des Glückes willen, indem wir annehmen, dass sie uns zum Glück führen. Das Glück aber wählt kein Mensch um jener Werte – und überhaupt um keines weiteren Zweckes willen.

(Aristoteles: Nikomachische Ethik. Reclam, Stuttgart 1994, S. 15)

Obwohl sich die Menschen über den hohen Wert des Glücks einig sind, herrscht über die Wege, wie es erreicht werden kann, Uneinigkeit. Typisch für die Gegenwart ist, dass viele Menschen versuchen, Glück durch den Kauf und den Besitz von Geld oder Dingen zu erlangen.

Glück und Besitz

Q

Über Diogenes (ca. 400–324 v.u.Z.) wird erzählt, dass er glücklich in einer Tonne lebte. Er verachtete allen Besitz, weil dieser die Menschen ihrer Freiheit beraube.

Eines Tages, als Diogenes gerade vor einem kärglichen Mahl aus Linsen saß, kam der Philosoph Aristippos zu ihm. Dieser führte ein unbeschwertes Leben, da er im Dienste des Königs stand und gut verdiente.

Er spottete: „Siehst du, hättest du gelernt, dem König zu dienen, müsstest du dich nicht mit einer so ärmlichen Mahlzeit begnügen!“

Diogenes warf ihm einen vernichtenden Blick zu und erwiderte: „Hättest du gelernt, dich mit einfachen Linsen abzufinden, müsstest du nicht vor dem König katzbuckeln!“

(Michel Piquemal, Philippe Lagautrière: Philo-fabelhaft. Moses, Kempen 2004, S. 46)

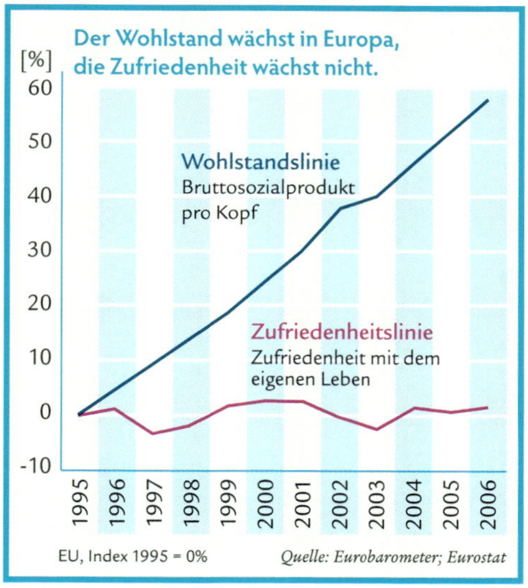

A

1. *Gib Aristoteles' Auffassung mit eigenen Worten wieder und belege sie mit Beispielen.*
2. *Diskutiert, ob Geld (Besitz) allein glücklich machen kann.*
3. *„Lies“ die Grafik und vergleiche ihre Aussagen mit Diogenes' Ansichten.*
4. *Erscheint es dir für dein Leben erstrebenswert, nichts zu besitzen und nichts zu verlangen? Schreibe Diogenes eine fiktive Mail. Nutze dazu dein Denktagebuch.*

Ich als Angelpunkt des Glücks

Wohl jeder kennt in seinem Umfeld Menschen, die immerfort nur mit sich befasst sind, deren ganzes Leben sich nur um die eigene Achse zu drehen scheint. Ihre Ich-Bezogenheit rechtfertigen sie mit honigsüßen Worten und ständig protzen sie mit ihrem Besitz und ihren Erfolgen. Doch können solche Menschen glücklich sein?

Q

Wenn jeder an sich denkt ...

„Hubert – das ist mein Onkel – sagt immer: ‚Jeder ist sich selbst der Nächste.' Stimmt doch, oder?" Charly lachte, als er das sagte. Er hatte sich gerade das größte Stück Pizza genommen. Die Stücke der anderen waren kaum halb so groß.

„Das ist doch purer Egoismus, richtig rücksichtslos und ungerecht", sagte Corinna. Sie war empört. „Zugegeben: wir denken meistens zuerst an uns, aber richtig ist das nicht."

Pit hatte sich auch über Charly geärgert, redete dem jedoch meistens nach dem Mund. Er sagte: „Und Heinrich – das ist *mein* Onkel –, der hat auch einen guten Spruch, nämlich: ‚Wenn jeder an sich denkt, ist an alle gedacht.'"

Auch Corinna lachte, sie sagte: „Stimmt, der Spruch ist gut, weil er logisch ist. Wenn jeder an sich denkt, ist wirklich an alle gedacht. Trotzdem gefällt er mir nicht wirklich." Sie bekam Unterstützung von Trixi, die Charly vorwurfsvoll anschaute. Sie sagte: „An sich denken heißt doch: sich um sich selbst kümmern. Wenn – ich betone wenn – wenn sich jeder um sich kümmert, dann gibt es für jeden jemanden, der sich um ihn kümmert, nämlich ihn selbst. Das klingt kompliziert, ist aber einfach."

Die anderen nickten, während Trixi einen Schluck Cola trank. „Aber", fuhr sie fort, „der Satz ist nicht mal halb so gut, wie ihr glaubt."

„Wieso nicht?", fragte Charly. Er fühlte sich angesprochen. „Es genügt doch, wenn jeder an sich selbst denkt."

„Genau das ist es, weshalb der Satz so doof ist."

(Helmut Engels: Blaue Schokolade. Siebert, Hannover 2007, S. 24)

A

1. *Führt ein Streitgespräch darüber, ob Egoisten glücklich sein können.*
2. *Tragt Überlegungen zusammen, warum es nicht genügt, „wenn jeder an sich selbst denkt." Findet Beispiele, die die Kritik erhärten.*

Geht die Tür zum Glück nach außen auf?

Viele Philosophen und Psychologen sind der Auffassung, dass sich Glück nur einstellen kann, wenn der Mensch eine sinnerfüllte Tätigkeit ausübt, die ihn mit seinen Mitmenschen und der sozialen Gemeinschaft, in der er lebt, verbindet. Dem Philosophen Søren Kierkegaard (1813–1855) wird der Spruch zugeschrieben:

Die Tür zum Glück geht nach außen auf.

Q

Andere und sich selbst beglücken

Menschen, die sich helfend für andere engagieren, fördern in sich die Fähigkeit zu Mitgefühl, Verständnis und eigener Zufriedenheit. Gewissermaßen ist der Profit unter anderem eine persönliche „Horizont- und Herzerweiterung". Tieferer Lebenssinn. Das Engagement für andere kann unserem Leben einen tieferen Sinn geben, und die menschliche Seele sehnt sich nach Sinn! Sinn ist ein Hauptfaktor für Erfüllung und Zufriedenheit im Leben. [...] Wie der amerikanische Glücksforscher Martin Seligmann bestätigt, ist der Einsatz der eigenen Stärken für ein höheres Ziel Voraussetzung für ein „sinnvolles Leben". Untersuchungen über die Motivationsfaktoren von Putzpersonal in Krankenhäusern haben ergeben, dass diejenigen sogar Glück bei ihrer Arbeit empfanden und mit Begeisterung und großem Engagement bei der Sache waren, die glaubten, dass sie eine sinnvolle und für die Patienten wichtige Arbeit leisteten. Der Mensch hat anscheinend ein natürliches und tiefes Bedürfnis zu geben. Und er ist froh, wenn er jemanden findet, dem er geben kann. [...] Was auch immer Sie für andere tun, Sie tun es auch für sich! Dies ist gewissermaßen ein „altruistischer Egoismus" (eine Selbstlosigkeit, die letztlich doch dem eigenen Interesse dient), der auch unabhängiger machen kann von der Anerkennung durch die Öffentlichkeit. – Sie dienen sich selbst, wenn sie anderen dienen!

(Marco von Münchhausen: Wo die Seele auftankt. Die besten Möglichkeiten, Ihre Ressourcen zu aktivieren. Campus, Frankfurt/M. 2004, S. 247–249)

A

1. *Stelle ein Beispiel aus eigenem Erleben vor, das die Überlegungen von Münchhausens bestätigt.*
2. *Halte in deinem Denktagebuch fest, was Søren Kierkegaard mit seinem Ausspruch meinen könnte. Beziehe in deine Überlegungen auch die Gedanken Marco von Münchhausens mit ein.*

2.2 Auf der Suche nach Sinn im Leben

Lebensglück und Lebenssinn stehen in einem engen Zusammenhang. Auf Dauer glücklich sein und dieses Gefühl, bei allen Problemen, immer wieder erfahren und aktivieren, kann nur derjenige, der sein Leben positiv bestätigt weiß, der also für sich selbst mindestens einen Grund kennt, so zu leben, wie er lebt.

„Hauptweg und Nebenwege" nach einem Bilddiktat zu Paul Klees*
„Hauptweg und Nebenwege" gemalt von einer Schülerin der 11. Klasse in Halle

A

1. *Notiere in deinem Denktagebuch, welche Vorstellungen und Gedanken das Bild bei dir weckt.*
2. *Tragt in einem Brainstorming zusammen, was es im Zusammenhang mit der Suche nach Sinn bedeuten könnte, „seinen Weg zu gehen".*
3. *Erläutere in diesem Zusammenhang die Begriffe „Umweg", „Abweg" und „Ausweglosigkeit".*

Woher? Wohin? Wozu?

Nicht täglich, jedoch immer einmal wieder, vor allem an Scheidewegen des Lebens und in besinnlichen Momenten, kann sich Menschen die Frage nach dem Sinn des Lebens überhaupt und des eigenen im Besonderen eindringlich stellen.

So viele Fragen

Bestimmt jemand über mein Schicksal?

Woher komme ich?

Wie sieht meine Zukunft aus?

Wie kann ich Spuren hinterlassen?

Wo gehe ich hin?

Was bleibt von mir nach dem Tod?

Q

Davon, dass etwas „Sinn macht", ist immer dann die Rede, wenn Zusammenhänge erkennbar werden, wenn also einzelne Dinge, Menschen, Begebenheiten, Erfahrungen nicht isoliert für sich stehen, sondern in irgendeiner Weise aufeinander bezogen sind. So lässt sich sagen: Sinn ist der Zusammenhang, Sinnlosigkeit demzufolge Zusammenhanglosigkeit.

(Wilhelm Schmid: Glück. Insel, Frankfurt/M./Leipzig 2007, S. 45)

A

1. *Nutzt die Graffiti-Methode, um weitere Fragen zu finden, die im Zusammenhang mit dem Sinn des Lebens gestellt werden können.*
2. *Was verstehst du unter Sinn? Notiere die Antworten auf Kärtchen und ordne sie in einer Begriffspyramide an.*

Hat das Leben einen Sinn?

Muss das Leben einen Sinn haben und muss ich den suchen und finden? Genügt es nicht, einfach zu leben, gut zu essen, eine gemütliche Wohnung und ein paar Freunde zu haben ...? Die Fragen sind uralt, die Antworten fallen verschieden aus:

Q

Für andere sorgen

„Mama, meinst du, dass das Leben einen Sinn hat?“ fragte Camilla, als sie wieder zuhause war.

„Ich glaube schon“, antwortete ihre Mutter. „Zugegeben, ich hab mir noch nicht viel Gedanken darüber gemacht. Für mich persönlich ist es eigentlich ziemlich einfach, ich hab ja deinen Vater zum Mann und dich als Tochter, das reicht mir schon aus. Mit euch bin ich glücklich und zufrieden, und das gibt mir das Gefühl, ein sinnvolles Leben zu führen.“

„Aber was bedeutet für dich dabei das Wort *sinnvoll* eigentlich?“

„Das kann ich dir nicht so schön definieren, wie ihr das in der Schule immer macht, aber so viel weiß ich jedenfalls, dass Menschen, die glücklich sind, ihr Leben auch für sinnvoll halten, während unglückliche Menschen im Leben meistens keinen Sinn erkennen.“

(Ernst Tugendhat, Celso Lopez, Ana Maria Vicuna: Wie sollen wir handeln? Reclam, Stuttgart 2000, S. 23)

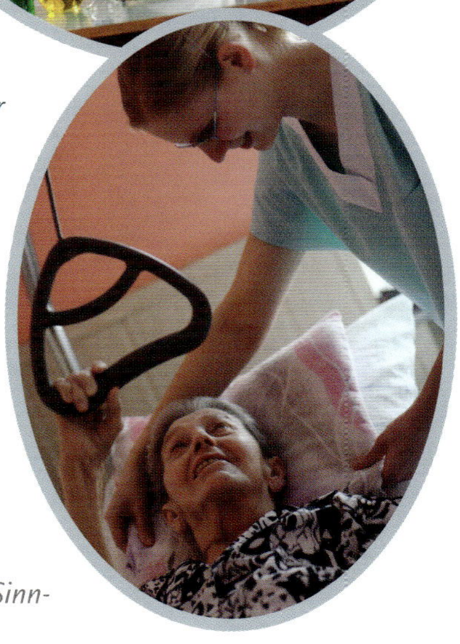

A

1. *Erläutere, was „Sinn“ für Camillas Mutter bedeutet. Wie beurteilst du ihre Ansicht?*

P

2. *Erstellt einen Fragebogen zum Thema „Sinnvolles Leben – sinnloses Leben“ und führt anschließend eine kleine Befragung (siehe S. 55) durch, bei der ihr Personen unterschiedlichen Lebensalters interviewt. Protokolliert die Ergebnisse und präsentiert sie in der Klasse.*
3. *Gestaltet anschließend Text-Bild-Collagen zum Thema „Sinnvolles Leben“.*

Eine ganz andere Antwort bietet uns der Philosoph Fernando Savater an.

Q

Leben ohne Warum

Einer der Gründe, warum Philosophen Gelächter auf sich ziehen, ist der Versuch, mit der Religion in der Suche nach einem erlösenden *Sinn des Lebens* zu konkurrieren. Schon die Frage selbst ist religiös.

Wenn jemand sagt, er suche nach dem Sinn des Lebens – oder er habe ihn gar schon gefunden! –, von welcher Art „Sinn" ist dann die Rede?

Dass etwas „Sinn" hat, sagen wir, wenn es mithilfe von etwas anderem etwas bedeutet oder einen bestimmten Zweck erfüllt. Der Sinn eines Wortes oder eines Satzes ist das, was er aussagen *will*. Der Sinn eines Signals ist, worauf es hinweisen will – die Richtung, den Rang einer Person usw. – oder wovor es uns warnen will. Der Sinn eines Gegenstandes ist, wozu er dienen soll: die Suppe zu essen, Menschen zu töten, über weite Distanzen mit jemandem sprechen zu können usw. Der Sinn eines Kunstwerkes ist, was sein Schöpfer ausdrücken möchte: eine Form der Schönheit, ein Ideal ... Der Sinn eines Verhaltens oder einer Einrichtung ist das, was es oder sie erreichen soll: Liebe, Sicherheit, Unterhaltung, Reichtum, Ordnung, Gerechtigkeit usw.

In allen Fällen ist das, was den Sinn von etwas ausmacht, die *Absicht*, die *Intention**, die dahinter steht.

Das Wesentliche am „Sinn" von etwas ist, dass er auf etwas anderes als sich selbst verweist: auf bewusste Zwecke des Subjekts. Doch wenn wir uns fragen: „Was *will* das Leben?", drehen wir uns im Kreis. Um den Sinn des Lebens zu finden, müssen wir *etwas anderes* suchen, etwas, das weder das Leben selbst noch am Leben ist, etwas *jenseits* des Lebens.

In Wirklichkeit beschäftigt sich die Suche nach einem Sinn des Lebens nicht mit dem Leben im Allgemeinen, sondern mit etwas Greifbarem: dem einzelnen menschlichen Leben und der realen Welt, in der wir leben. Bei der Frage, ob das Leben einen Sinn hat, wollen wir wissen, ob unsere moralischen Anstrengungen belohnt werden, ob es der Mühe lohnt, ehrlich zu arbeiten und den Nächsten zu achten oder ob es nicht auf das Gleiche hinausliefe, wenn wir kriminell wären – mit einem Wort: ob uns etwas jenseits und außerhalb des Lebens *erwartet* oder nur das Grab, wie es offenkundig der Fall zu sein scheint.

(Nach Fernando Savater: Die Fragen des Lebens. Campus, Frankfurt/M./New York 2000, S. 267f.)

A

1. *Warum ist die Frage nach dem Sinn des Lebens nach Savaters Meinung eine religiöse Frage? Suche die wichtigsten Stichworte aus Savaters Argumentation heraus und nutze sie für deine Erläuterung.*
2. *Savater glaubt, dass uns eigentlich nicht die Frage nach dem Sinn* ***des Lebens****, sondern die nach Sinn* ***im Leben*** *bewegt. Suche die entsprechenden Textstellen heraus und begründe, ob du ihm zustimmen kannst oder nicht.*

Arbeit oder Vergnügen als Sinn des Lebens

Menschen, die – aus welchen Gründen auch immer – ihre Arbeit verloren haben, durchleben nicht selten Sinnkrisen*. Arbeit zu haben und gebraucht zu werden, trägt entscheidend dazu bei, das eigene Leben als sinnvoll zu erleben.

Es gibt sogar Menschen, die sich nahezu ausschließlich über ihre Arbeit definieren.

Q

Arbeit als sinnstiftend

Ob Arbeit glücklich oder unglücklich macht, ist eine schwer zu entscheidende Frage. Gewiss gibt es viel abscheuliche Plackerei auf der Welt, und ein Übermaß an Arbeit ist immer recht schlimm. Dennoch bin ich der Meinung, dass auch die reizloseste Arbeit – vorausgesetzt, dass sie nicht über die Kräfte des Menschen geht – den meisten immer noch lieber ist als Müßiggang. Arbeit umschließt alle Abstufungen von bloßer Verhütung der Langeweile bis zur tiefsten Beglückung, je nach ihrer Natur und den Fähigkeiten des Arbeitenden. Die meisten Dinge, die von den Menschen verrichtet werden müssen, sind an sich nicht reizvoll, allein auch eine solche Arbeit hat gewisse große Vorzüge. Zunächst einmal füllt sie viele Stunden des Tages aus, ohne dass man sich den Kopf über ihre Verwendung zerbrechen müsste. Die meisten Leute wissen nämlich, sobald die Zeiteinteilung ihrem freien Ermessen überlassen ist, nicht recht, wie sie sich angenehm beschäftigen sollen. Was sie auch beginnen, immer stört sie der Gedanke, dass irgendetwas anderes gewiss noch angenehmer wäre. Die Fähigkeit, seine Muße klug auszufüllen, ist die letzte Stufe der persönlichen Kultur, und bislang haben sich nur wenige bis zu dieser Höhe emporgeschwungen. Zudem ist die Qual der Wahl schon unangenehm. Für Menschen ohne besonders starke Initiative ist es tatsächlich beruhigend, wenn ihnen vorgeschrieben wird, was sie mit jeder Stunde des Tages anfangen sollen, vorausgesetzt, dass das Anbefohlene nicht allzu unangenehm ist.

(Bertrand Russell: Eroberung des Glücks. Suhrkamp, Frankfurt/M. 1977, S. 143)

A

1. *Gib die Hauptgedanken Bertrand Russells mit eigenen Worten wieder und nimm Stellung dazu.*
2. *Erläutere die Mahnung, die in den Graffitis zum Ausdruck gebracht wird. Hältst du sie für berechtigt?*
3. *Welchen Stellenwert soll die Arbeit in deinem Leben einmal einnehmen? Fertige dazu einen Eintrag in dein Denktagebuch an.*

Wenn die Arbeit nicht wäre ..., das Leben könnte wundervoll sein

Jeden Morgen aufstehen, den ganzen Tag über schuften, abends zu müde sein, um noch Lust auf Unternehmungen zu haben und das alles Tag für Tag und über Jahre hinweg bis zur Rente. Gerade junge Menschen fragen sich: Soll das schon alles gewesen sein?

Hauptsache was Cooles

Anna ist 14 und geht in die 8. Klasse einer Realschule. Manchmal stellt sie sich die Frage: Was will ich einmal werden?

Ebenso wie die meisten Mitschüler weiß sie noch nicht, was sie nach der Schule eigentlich machen soll. Nur eins weiß Anna ganz sicher: Sie will später einmal nicht in einem eintönigen Beruf die Tage mühsam aneinanderreihen, sie will etwas richtig Cooles machen und ganz groß rauskommen, genau wie die Helden ihrer TV-Lieblingsserie.

Bei der Arbeit will sie sich nicht aufreiben. Sie will nur Geld verdienen, Geld, mit dem sie shoppen, sich schicke Kleider kaufen, Geld, mit dem sie abheben kann, um in den Urlaub zu fliegen, chillen ...

Was genau das für ein Job sein soll, der ihr all das ermöglicht, weiß sie nicht. Immerhin notiert Anna schon jetzt einige Grundforderungen an ihren künftigen Job:

Arbeitszeit von Montag bis Freitag

Keine Überstunden und Sonderschichten

Arbeitsbeginn nicht vor 10.00 Uhr

Arbeitsschluss spätestens 17.00 Uhr

Mindestens 1.200 Euro auf die Hand jeden Monat, sonst lebt es sich mit „Stütze" ja besser

„Das Schlaraffenland" (1567), Pieter Bruegel d.Ä. (1525–1569)

A

1. *Tragt in einem Brainstorming zusammen, was – außer Arbeit – eurer Meinung nach zu einem sinnvollen Leben dazugehört.*
2. *Sprecht darüber, wie das Verhältnis von Arbeit und anderen Lebensbereichen beschaffen sein sollte. Halte deine Gedanken im Denktagebuch fest.*
3. *Beschreibe das Gemälde und lies das Märchen vom Schlaraffenland nach.*
4. *Prüft, ob ein Leben im Schlaraffenland ein sinnvolles Leben sein kann.*

Mit Gott und in Gott Sinn finden

Sinn für das eigene Leben zu finden, ist eine Aufgabe, die jeder für sich selbst lösen muss. Es gibt keine Lösung, die für alle passt. Selbst besorgte Eltern können dies ihren Kindern nicht abnehmen. Dennoch gibt es Hilfen. Kann die Religion solch eine sein?

Q ***Wie Religionen uns helfen***

SIE

- vermitteln Orientierungen über das Ganze der Welt und den Platz des Menschen darin.
- eröffnen Hoffnungs- und Handlungsperspektiven.
- machen Belastungen tragbar.
- setzen Regeln für das menschliche Miteinander.
- zeigen, wie man mit menschlichem Fehlverhalten umgehen soll.
- sagen, wie man seine Treue und Ergebenheit gegenüber Gott bzw. einer Idee bekunden kann.

(Frei nach Marc Gellman, Thomas Hartman: Wie buchstabiert man Gott? Carlsen, Hamburg 1997, S. 11ff.)

Q ***Verantwortung für das eigene Leben abgeben***

Ich glaube, die Menschen machen es sich ganz schön einfach, wenn sie an etwas oder jemanden glauben, der ihnen genau sagt, wie sie handeln müssen und was geschieht, wenn sie sich gegen Gott wenden. Nach dem Sinn des Lebens braucht man dann nicht mehr zu fragen – total easy. Jeder trägt Verantwortung für sein Leben und kann sie nicht Gott überlassen.

(Lena, 15 Jahre)

Q ***Gott gibt Kraft***

Jahrelang bin ich wie ein streunender Hund durch die Welt gehetzt. Stets trieb mich schon bald die Langeweile weiter. Dann kam ich nach Kolkala an die Wirkungsstätte Mutter Teresas*. Aus Langeweile begann ich im Hospiz zu arbeiten, doch bald schon fand ich meine Berufung darin, diesen todgeweihten Menschen zu helfen und eine Gemeinschaft, die mich aufnahm. Hier kam ich zur Ruhe. Hier fand ich meine Aufgabe, und im alltäglichen Gespräch mit Gott finde ich die Kraft, sie zu tragen.

(Frei nach Stephan Pramme: Ferien im Elendsviertel. Das Magazin 7/8/2010, S. 108f.)

A

1. *Tragt weitere mögliche Gründe zusammen, warum Menschen den Sinn des Lebens in einer Religion bzw. im Dienst an Gott sehen könnten.*
2. *Setzt euch mit Lenas Auffassung auseinander.*

Q

Sinn

Was ist der Sinn in deinem Leben?
An was hast du dein Herz hingegeben?

Für manche ist es Bier, Schnaps und Wein,
für andere soll es Geld und Karriere sein.
Sex, Drogen, Rock'n'roll, Partys, Flirts und Trips
oder Kirche, Papst, Heilige, Maria und Kruzifix.
Esoterik, Steine, Traumfänger, Bachblüten und Tarot,
Ferrari, Porsche, BMW, Mercedes und Peugeot.

Für manche ist es Bayern München und Real Madrid,
für andre J. Lo, Robbie Williams, Schumi und Brad Pitt.
Schickes Aussehen, viel Make-
up und Brustimplantate,
Haydn, Rembrandt, Schiller,
Goethe, Napoleon Bona-
parte, Gabi, Tanja, Susanne,
Gina und Mandy,
Stereoanlage, Computer,
Fernseher oder Handy.

Nur einen Sinn gibt es, für
den sich das Leben lohnt:
Das ist Jesus Christus, der
King of Kings, Gottes Sohn.
Mit ihm im Leben hört das
Suchen auf,
denn die Antwort ist
gefunden,
Jesus nahm den Tod
in Kauf
Und hat ihn überwunden.

(Simon M.,
17 Jahre)

Jesus, hinterlegter Scherenschnitt, Schülerin 7. Klasse aus Halle

A

1. *Welche Einstellung zeigt Simon zum Sinn des Lebens? Was lehnt er ab? Welche Gründe könnte er dafür haben?*
2. *Schreibe Simon einen Brief, in welchem du ihm deine Meinung zu seinem Rap-Song darlegst.*

2.3 Sinnverluste und Sinnkrisen

Wenn alles sinnlos erscheint ...

Im Laufe eines jeden Lebens können Lebensziele, Sinngebungen und eingespielte Verhaltensmuster fraglich werden. Manchmal sind es äußere Anlässe wie Krankheit, gesellschaftliche Umbrüche oder Veränderungen der sozialen Lage, die einst selbstverständliche Ziele und Wünsche plötzlich zweifelhaft erscheinen lassen.

„Der Schrei“, Edvard Munch (1863–1944)

Q

Seltsam im Nebel zu wandern!

Leben ist Einsamsein.

Kein Mensch kennt den anderen,

jeder ist allein.

(Hermann Hesse: Vom Baum des Lebens. Insel, Leipzig 1954, S. 19)

A

1. *Tragt in einem Brainstorming mögliche Auslöser für Sinnkrisen* zusammen.*
2. *Schreibe eine Kurzgeschichte, in welcher du Erlebnisse schilderst, die zu diesem Bild bzw. Gedicht geführt haben könnten.*
3. *Sammle aus Zeitungen oder Zeitschriften Meldungen, in denen über Menschen in Grenzsituationen berichtet wird.*
4. *Vergleiche Munchs Bild und Hesses Gedicht.*

P

5. *Wovor haben junge Menschen Angst?*
   › *Erstellt hierzu einen Fragebogen.*
   › *Führt eine Befragung (siehe S. 55) unter Gleichaltrigen durch.*
   › *Präsentiert eure Ergebnisse in geeigneter Form.*

Mit Sinnkrisen umgehen

Sinnkrisen* ergeben sich nicht nur, wenn wichtige Vorhaben und Lebenspläne gescheitert sind. Sinnkrisen können auch dann eintreten, wenn ein Vorhaben, in welches ein Mensch viel Lebenszeit und -kraft gesteckt, das ihn über Jahre beschäftigt hat, plötzlich abgeschlossen ist und da nun ein „Loch klafft". Sie können sogar entstehen, wenn alle Welt das Ergebnis euphorisch feiert, das Individuum daran aber keine Freude mehr hat.

Gefahr und Chance

Ebenso wie jede Krise wirkt auch und gerade eine Sinnkrise* verunsichernd.

› Das ehemals Selbstverständliche versteht sich nicht mehr von selbst. Es ist brüchig geworden und muss nach innen (vor sich selbst) und nach außen (vor anderen) neu gerechtfertigt werden.
› Alte Lebensmuster sind (z.B. durch Krankheit) nicht mehr lebbar.
› Neue Lebensmöglichkeiten sind noch nicht erobert worden.

Im Chinesischen wird das Wort „Krise" durch eine Verbindung zweier Zeichen geschrieben: Zum einen durch das Zeichen *wei* für Gefahr und zum anderen durch *ji* für Chance.

危機

Zur Ruhe kommen

Herausfinden, was ich wirklich will

Kräfte konzentrieren

Beziehungen zu anderen Menschen ordnen

Einen Entschluss fassen und umsetzen

Das Verhältnis zu anderen in Ordnung bringen

Sich entscheiden

Eine Neu- bzw. Umorientierung vornehmen

Die Wichtigkeit von Dingen neu bestimmen

Zu seiner Entscheidung stehen

1. *Beschreibe anhand eines selbstgewählten Beispiels, warum eine Sinnkrise* eine Gefahr darstellt.* A
2. *Zeichne einen Comic oder verfasse einen Rap-Song, in welchem du zeigst, wie aus einer Krise eine Chance erwachsen kann.*

Als Hilfe kannst du die vorgegebenen oder eigne Wortkarten einbeziehen.

Suizid* – Ausdruck einer Sinnkrise*?

Im Leben eines jeden Menschen gibt es immer wieder Phasen, die in scheinbarer Sorglosigkeit vergehen, in denen das Leben leicht und einfach erscheint und solche, in denen sich die Probleme zusammenballen und ihn bedrücken. Letztere können so belastend wirken, dass die Betroffenen keinen Ausweg mehr sehen und ihr Leben selbst zu beenden versuchen.

Q

Das einzige ernste philosophische Problem

Es gibt nur ein wirklich ernstes philosophisches Problem: den Selbstmord. Die Entscheidung, ob das Leben sich lohne oder nicht [...]. Ein Selbstmord kann vielerlei Ursachen haben, und im allgemeinen sind die sichtbarsten nicht eben die wirksamsten gewesen. Ein Selbstmord wird selten aus Überlegung begangen (obwohl diese Hypothese nicht ausgeschlossen ist). Meist löst etwas Unkontrollierbares die Krise aus. Die Zeitungen sprechen dann oft von „heimlichem Kummer“ oder von „unheilbarer Krankheit“. [...]

Wenn es jedoch schwierig ist, den genauen Zeitpunkt, den winzigen Schritt anzugeben, mit dem der Geist sich für den Tod entschieden hat, so ist es leichter, aus der Tat an sich ihre Voraussetzungen zu erschließen. Sich in bestimmter Absicht, wie im Melodram, umzubringen heißt: ein Geständnis ablegen. Es heißt gestehen, dass man vom Leben überwältigt wird oder das Leben nicht begreift. [...] Es handelt sich einfach um das Geständnis, dass es „nicht lohnt“. Leben ist naturgemäß niemals leicht. Aus vielerlei Gründen, vor allem aus Gewohnheit, tut man fortgesetzt Dinge, die das Dasein verlangt. Freiwilliges Sterben hat zur Voraussetzung, dass man wenigstens instinktiv das Lächerliche dieser Gewohnheit erkannt hat, das Fehlen jedes tieferen Grundes zum Leben, die Sinnlosigkeit dieser täglichen Betätigung, die Nutzlosigkeit des Leidens.

Was für ein unberechenbares Gefühl raubt nun dem Geist den lebensnotwendigen Schlaf? Eine Welt, die sich – wenn auch aus schlechten Gründen – deuten und rechtfertigen lässt, ist immer noch eine vertraute Welt. Aber in einem Universum, das plötzlich der Illusion und des Lichts beraubt ist, fühlt der Mensch sich fremd. [...] Da alle normalen Menschen an Selbstmord gedacht haben, wird es ohne weiteres klar, dass zwischen diesem Gefühl und der Sehnsucht nach dem Nichts eine direkte Beziehung besteht.

(Albert Camus: Das Absurde und der Selbstmord. In: Ders: Der Mythos von Sisyphus. Rauch, Düsseldorf 1958, S. 9ff.)

A

1. *Lies den Text mit der 5-Schritt-Lesetechnik.*
2. *Gib mit eigenen Worten wieder, worin Camus die Gründe für eine Selbsttötung sieht.*
3. *Wie beantwortet Camus die Frage nach dem Sinn des Lebens? Suche die direkten und indirekten Argumente aus dem Text und nutze sie für die Erläuterung.*

Lebensangst

Nicht nur alte und kranke Menschen können über die Sinnhaftigkeit ihres Lebens derart ins Grübeln kommen, dass ihnen nur ein Suizid* als Ausweg erscheint. Auch junge Menschen, denen noch alle Lebenswege offenstehen, nehmen sich manchmal das Leben.

Q

Warum?

Camilla, Manuel und ihre Freunde waren auf dem Nachhauseweg. Unten am kleinen Platz machten sie wie immer vor dem Kiosk Halt, um die neuesten Illustrierten zu mustern. Die [...] reißerische Titelgeschichte einer Tageszeitung erregte ihr Interesse. Unter der fettgedruckten Überschrift „Rätselhafter Selbstmord" wurde berichtet, wie sich zwei Freundinnen gemeinsam in eine Schlucht gestürzt hatten. Sie hatten einen Brief hinterlassen, in dem sie ausdrücklich hervorhoben, dass niemand an ihrem Selbstmord schuld sei. Außerdem forderten sie für den Fall eines bloß klinischen Todes, dass man sie nicht künstlich am Leben erhalten, sondern dass man sie sterben lassen solle. Darüber hinaus fand sich allerdings nicht die leiseste Andeutung über die Gründe für ihren gemeinsamen Schritt.

Alle waren über diese Nachricht bestürzt. Gut war nur, dass sie in der Gruppe gleich darüber reden konnten.

„Was für ein Schock!", rief Camilla. „Was hat sie bloß dazu gebracht?"

„Ich versteh das auch nicht", sagte Gloria. „Wie kann man sich nur einfach kurzerhand umbringen, wenn es mal nicht läuft?"

„Was dahinter steht, weiß ich auch nicht", antwortete Camilla. „Aber vielleicht hatten sie irgendwelche Ziele, die sie verwirklichen wollten, und als das nicht ging, haben sie wohl gedacht, dass es sich nun nicht mehr lohne, weiterzuleben."

(Ernst Tugendhat, Celso Lopez, Ana Maria Vicuna: Wie sollen wir handeln? Reclam, Stuttgart 2000, S. 160f.)

A

1. *Diskutiert, ob es gute Gründe geben kann, Suizid zu begehen.*
2. *Schreibe zehn gute Gründe auf, warum es sich auch in schwierigen Lebenssituationen auf jeden Fall lohnt, weiterzuleben.*
3. *Prüft in diesem Zusammenhang den Vorschlag, das Unterrichtsfach „Glück. Wie werde ich glücklich?" einzuführen.*
4. *Mach zum obigen Thema einen Eintrag in dein Denktagebuch.*

Das Leben als geglückt bewerten

Ob ein Leben von einem Individuum als lebenswert und sinnerfüllt erlebt wird, ist schwerlich von außen zu beurteilen. Erfolg haben, reich oder berühmt sein, und Glück und Zufriedenheit über das eigene Leben und seinen Verlauf zu empfinden, sind verschiedene Dinge.

Anhand der Resümees des Börsenmaklers Harold Hart und Goethes Titelhelden, Faust, am Ende ihres Lebens wird das deutlich.

Erfolg bedeutet gar nichts

Q

„Harold Hart, ein reicher und alter Börsenmakler aus der Wall Street, verkörperte die typische Erfolgsgeschichte des armen Jungen aus dem Slum, der es geschafft hat. Sein Vermögen wurde auf 50 Millionen Dollar geschätzt“, berichtete Robert J. Ringer. „Als ich ihn zum ersten Mal traf, war er schon über 70 Jahre alt, und [...] saß, in einen seidenen Hausmantel gehüllt, in seinem Lieblingssessel, umgeben von einer Dienerschar, die auf den leisesten Wink wartete.“ [... Hart resümierte sein Leben:]

„Da schuftet man sich ein Leben lang zuschanden, lässt keinen Trick aus, und wenn man Glück hat, erreicht man eines Tages den Gipfel. Ich hab's schon vor vielen Jahren geschafft, und soll ich Ihnen mal was verraten? Es ist alles Mist ... Es bedeutet gar nichts ... Hier sitze ich, alt, krank und mürbe von all den Jahren des Gerangels. Ich weiß, dass meine Uhr abläuft, und frage mich immer wieder: Und was nun, du Genie?“

(Robert J. Ringer: Werde Nr. 1. mgv, München 1990, S. 31)

Durch das Leben hetzen

Q

Ich bin nur durch die Welt gerannt, [...]
Ich habe nur begehrt und nur vollbracht
Und abermals gewünscht und so mit Macht
Mein Leben durchgestürmt [...]

Am Ende gibt Faust dem strebenden Menschen einen guten Rat:

Dem Tüchtigen ist diese Welt nicht stumm.
Was braucht er in die Ewigkeit zu schweifen!
Was er erkennt, lässt sich ergreifen.
Er wandle so den Erdentag entlang;
Wenn Geister spuken geh' er seinen Gang;
Im Weiterschreiten find' er Qual und Glück,
Er! unbefriedigt jeden Augenblick.

(Johann Wolfgang von Goethe: Faust. Teil 2. Aufbau Berlin/Weimar 1971, S. 105f.)

A

1. *Verständigt euch darüber, warum Harold Hart das Leben, das er geführt hat, im Alter als unbefriedigend empfindet. Was hat ihm vermutlich gefehlt?*
2. *Erarbeite eine Art Übersetzung dafür,*
   - *wie Faust sein Leben zunächst gelebt hat und*
   - *was er anderen Menschen am Ende des Lebens, lebensklug geworden, empfiehlt.*

   Schreibe deine Gedanken in dein Denktagebuch.

Das eigene Leben wertschätzen

Es ist nicht möglich, allen Menschen ein glückliches und sinnerfülltes Leben zu garantieren. Dennoch gibt es einige allgemeine Voraussetzungen dafür. Hierzu zählen neben der Sicherung der Grundbedürfnisse, dem Finden lohnender persönlicher Ziele sowie dem Tätigwerden für ihre Verwirklichung auch Fähigkeiten, die es dem Einzelnen erlauben, sich seines Lebens zu erfreuen.

A

1. *Begründe für jede der Voraussetzungen, warum sie wichtig ist, um das eigene Leben als sinnerfüllt genießen zu können. Erinnere dich in diesem Zusammenhang an die Bedürfnispyramide* von Maslow, mit der du in den Vorjahren schon gearbeitet hast.*
2. *Halte für jede dieser Voraussetzungen fest, was man selbst tun kann, um sie zu erfüllen.*
3. *Denke in einer Schreibmeditation darüber nach, in welchem Ausmaß du selbst diese Fähigkeiten besitzt bzw. wie und wann du dir beim Lebensgenuss „selbst im Weg stehst". Nutze dafür dein Denktagebuch.*
4. *Immer wieder haben sich Menschen zum Zusammenhang von Glück und Sinn geäußert. Bearbeite mithilfe der Fünf-Finger-Denkmethode (siehe S. 35) einen der Aphorismen.*

Q

Wer keinen Sinn im Leben sieht, ist nicht nur unglücklich, sondern kaum lebensfähig.
(Albert Schweitzer)

Das Glück besteht darin, zu leben wie alle Welt und doch wie kein anderer zu sein.
(Simone de Beauvoir)

Lebensbilanz

Für jeden Menschen ist es erstrebenswert, am Ende seines Lebens eine positive Bilanz ziehen zu können, wie das bei dem Philosophen und Mathematiker Bertrand Russell (1872–1970) der Fall ist.

Q

Wofür ich gelebt habe

Drei einfache, doch übermächtige Leidenschaften haben mein Leben bestimmt: das Verlangen nach Liebe, der Drang nach Erkenntnis und ein unerträgliches Mitgefühl für die Leiden der Menschheit.

Gleich heftigen Sturmwinden haben mich diese Leidenschaften bald hier-, bald dorthin geweht in einem launenhaften Zickzackkurs über ein Weltmeer von Qual hinweg bis zum letzten Rand der Verzweiflung. Nach Liebe trachtete ich, einmal, weil sie Verzückung erzeugt, eine Verzückung so gewaltig, dass ich oft mein ganzes, mir noch bevorstehendes Leben hingegeben haben würde für ein paar Stunden dieses Überschwangs. Zum andern habe ich nach Liebe getrachtet, weil sie von der Einsamkeit erlöst, jener entsetzlichen Einsamkeit, in der ein einzelnes erschauerndes Bewusstsein über den Saum der Welt hinabblickt in den kalten, leblosen, unauslotbaren Abgrund. Und letztens habe ich nach Liebe getrachtet, weil ich in der liebenden Vereinigung [...] die Vorahnung des Himmels erschaute, wie er in der Vorstellung der Heiligen und Dichter lebt. Danach habe ich gesucht und wiewohl es zu schön erscheinen mag für ein Menschenleben: ich habe es – am Ende – gefunden.

Mit gleicher Leidenschaft habe ich nach Erkenntnis gestrebt. Ich wollte das Herz der Menschen ergründen. Ich wollte begreifen, warum die Sterne scheinen. [...] Ein wenig davon, wenn auch nicht viel, ist mir gelungen.

Liebe und Erkenntnis, soweit sie erreichbar waren, führten empor in himmlische Höhen. Doch stets brachte mich das Mitleid wieder zur Erde zurück. Widerhall von Schmerzensgeschrei erfüllte mein Herz: Verhungernde Kinder, gefolterte Opfer von Unterdrückern, hilflose alte Menschen, die ihren Kindern zur verhassten Bürde geworden – die ganze Welt der Verlassenheit, der Armut, des Leids, all das macht ein hohnvolles Zerrbild aus dem, was Menschenleben eigentlich sein soll. Es verlangt mich danach, dem Übel entgegen zu steuern, allein ich vermag es nicht und so leide auch ich.

So war mein Leben. Ich habe es lebenswert gefunden, und ich würde es mit Freuden noch einmal leben, wenn sich mir die Möglichkeit dazu böte.

(Bertrand Russell: Autobiographie I. 1872–1914. Suhrkamp, Frankfurt/M. 1977, S. 7f.)

A

1. *Verständigt euch darüber, warum Bertrand Russell sein Leben lebenswert fand und es mit Freuden noch einmal so leben würde.*
2. *Welches sind die drei wichtigsten Leidenschaften, die dein Leben heute bestimmen oder (vermutlich) in der Zukunft bestimmen werden? Warum diese?*

Interview

M

Eine Befragung ist kein normales Alltagsgespräch, bei dem man sich wechselseitig zuhört und abwechselnd erzählt oder bei dem man sein Gegenüber von den eigenen Ansichten überzeugen will. Mithilfe einer Befragung will man von der befragten Person etwas wissen. Deshalb ist es notwendig, sich selbst zurückzunehmen und die eigene Meinung nicht zu äußern. Sie könnte das Ergebnis verzerren.

Mit einer Befragung kann man Einstellungen zu bestimmten Themen erkunden oder wichtige Informationen einholen. Das wichtigste Mittel hierzu ist die **Frage**.

Die Fragen sollten leicht zu verstehen und zu beantworten sein.
Stelle *offene Fragen*, also möglichst keine Fragen, auf die man nur mit Ja oder Nein antworten kann oder welche die Antwort bereits enthalten (z.B. Sie meinen doch wohl auch ...).

Überlege vorab:
› *Was* genau will ich erfahren?
› *Wen* will ich dazu befragen? Was kann diese Person mir bringen?
› *Wo* und *wann* will ich die Befragung durchführen? Wie viel Zeit brauche ich vermutlich?
› *Welche* Fragen sind sinnvoll?
› In welcher *Reihenfolge* will ich vorgehen?
  Beachte! Die wichtigste Frage sollte nicht gleich zu Beginn gestellt werden. Besser sind einige Startfragen zum „Warmwerden“.
› Wie halte ich die Antworten fest (Aufnahmegerät, Notizen)?

Nach der Befragung überprüfe:
› Was habe ich erfahren? Haben meine Fragen funktioniert?
› Wie verarbeite ich die Ergebnisse?
› Wie stelle ich meine Ergebnisse anderen vor?

P

1. Führt in Gruppenarbeit eine Befragung von Personen unterschiedlichen Alters und Geschlechts durch, bei der ihr erkunden sollt, welche Vorstellungen diese Personen vom Glück haben und welche Wege, es zu erreichen, sie sehen.
a. Entwickelt dafür einen Fragenkatalog,
b. befragt zehn Personen und
c. präsentiert eure Ergebnisse.
d. Vergleicht die Ergebnisse mit denen anderer Gruppen und versucht, Erklärungen für Gemeinsamkeiten und Unterschiede zu finden.

3 Freiheit und Toleranz

Wer will das nicht: frei sein! Sein eigenes Leben leben. Selbst entscheiden, wie, wo und mit wem man seine Zeit verbringt. Welche Arbeit man tut, welche Filme man schaut. Wohin man in den Urlaub fährt. Doch frei sein ist nicht immer leicht. Frei sein heißt, für seine Entscheidungen verantwortlich zu sein. Und wer frei sein will, muss die Freiheit anderer Menschen achten. Auch deren Freiheit, anders leben zu wollen. Einen Glauben oder einen Musikgeschmack zu haben, der einem nicht gefällt. Frei sein heißt auch: Toleranz üben.

A

1. *Stellt euch vor, ihr wärt Redakteure einer Zeitung und würdet diese Bilder veröffentlichen. Findet zu jedem Bild eine Überschrift.*
2. *Wählt – jede(r) für sich – drei Bilder aus, die sich zu einer Geschichte verbinden lassen. Schreibt diese Geschichte auf und besprecht sie anschließend.*

3.1 Freiheit für alle!

Alle Menschen haben ein Recht auf Freiheit. Dieses grundsätzliche Recht kommt in mehreren Menschenrechten – den sogenannten Freiheitsrechten* – zum Ausdruck. Allerdings erleben wir im Alltag oft, dass unsere Freiheit eingeschränkt ist: durch Verbote oder andere Hindernisse.

Meine Freiheit, meine Unfreiheit

Freiheit ist so wichtig, dass wir immer kritisch nachfragen sollten, wenn sie irgendwo beschnitten wird. Manchmal sind diese Einschränkungen sinnvoll oder notwendig. Manchmal aber sind sie auch ungerecht und nicht hinnehmbar.

Ich bin so frei!

Die folgenden Freiheiten zählen zu den Menschenrechten – also zu den Rechten, die allen Menschen auf der Welt zustehen:

Gewissensfreiheit
Religionsfreiheit
Reisefreiheit
Meinungsfreiheit
Versammlungsfreiheit
Berufsfreiheit

1. *Erklärt oder vermutet, was diese verschiedenen Freiheiten bedeuten. Recherchiert dann (im Internet oder in gedruckten Lexika) die genauen Bedeutungen.*
2. *Welche dieser Freiheiten habt ihr persönlich schon in Anspruch genommen? Nennt Beispiele.*

A

Für mich bedeutet Freiheit, …

… bis mittags im Bett liegen bleiben zu können.

… ein Mobiltelefon zu besitzen.

… mir später meinen Beruf aussuchen zu dürfen.

… ein Schulfach abwählen zu dürfen, das ich nicht mag.

… im Supermarkt zwischen 30 Joghurtsorten wählen zu können.

3. *Bewertet jede Aussage mit einer Zahl zwischen 0 (= „Stimme gar nicht zu“) und 3 (= „Stimme voll zu“). Begründet eure Meinung.*
4. *Welche fünf Freiheiten sind euch persönlich am wichtigsten? Schreibt sie auf. Macht dann ein Gedankenexperiment: Es gibt fünf Länder, und in jedem dieser Länder ist jeweils nur eine der fünf Freiheiten per Gesetz garantiert. In welchem Land würdet ihr am liebsten leben wollen? Begründet eure Entscheidung.*

A

Ich bin so unfrei!

Dass Freiheit nichts Selbstverständliches ist, fällt uns oft erst auf, wenn wir an Grenzen unserer Freiheit stoßen. Vor allem junge Menschen stoßen oft an solche. Als Minderjährige sind sie per Gesetz in ihren Freiheiten noch eingeschränkt. Je älter sie werden, desto mehr Freiheiten gewinnen sie hinzu.

Ich darf nicht …: Drei Beispiele

Mark (13): Kevin ist ein cooler Typ. Er ist schon 15, hat ein Piercing und trägt zerrissene Jeans. „Mit dem triffst du dich nicht!", hat mein Vater gesagt, als Kevin mich zum Skateboardfahren abholen wollte. Warum darf ich nicht selbst entscheiden, mit wem ich mich treffe?

Alexandra (12): Neulich hatte ich mal wieder eine Fünf in Mathe. Da hat mir meine Mutter ein Wochenende Stubenarrest aufgebrummt. Damit ich mich „aufs Lernen konzentriere". Warum darf man mir eigentlich verbieten, das Haus zu verlassen?

Mona (13): Ich wollte mir ein Tattoo stechen lassen, eine Blume, auf meine linke Schulter. Aber meine Eltern haben gesagt: „Kommt gar nicht infrage! Darüber wird nicht diskutiert." Warum darf ich nicht selbst über meinen Körper bestimmen?

A

1. *Kennt ihr ähnliche Situationen? Schildert eure Erfahrungen.*
2. *Findet möglichst gute Antworten auf die Fragen von Mark, Alexandra und Mona.*
3. *Das sogenannte Erziehungsrecht gibt den Eltern in allen drei Fällen das Recht zu dem, was sie tun. Aber ist es auch richtig, was sie tun? Sammelt Argumente dafür und dagegen.*
4. *Welche besseren Lösungen hätten Mark, Alexandra und Mona mit ihren Eltern finden können? Setzt eure Vorschläge in Rollenspielen um.*

Ich darf …

… mit 12 Jahren:

› nicht mehr gegen meinen Willen in einem anderen Bekenntnis als bisher erzogen werden („bedingte Religionsmündigkeit")

› bestimmte Filme sehen und Computerspiele spielen (Altersfreigabe „ab 12 Jahren")

… mit 13 Jahren:

› leichte, bezahlte Arbeiten übernehmen (z.B. Zeitungen austragen, Einkäufe erledigen); allerdings nur in der Zeit zwischen 8 bis 18 Uhr und nicht länger als zwei Stunden täglich

A

5. *Welche dieser Freiheiten sind euch besonders wichtig? Und welche noch bevorstehenden Freiheiten sehnt ihr besonders stark herbei? Begründet eure Antworten.*
6. *Die Altersgrenzen dienen eurem Schutz. Haltet ihr sie für sinnvoll? Diskutiert darüber.*
7. *Stellt euch vor, ein neunjähriges Kind beklagt sich, dass es eure Freiheiten noch nicht hat. Erklärt es ihm.*

Ein Tag im Leben von Yeni

Yeni ist ein 13-jähriges Mädchen aus Indonesien. Ihre Familie ist arm und ihr Vater so krank, dass er nicht mehr arbeiten kann. Deshalb muss Yeni mithelfen, Geld zu verdienen. Seit der dritten Klasse geht sie nicht mehr zur Schule. Stattdessen arbeitet sie jeden Tag mit ihrer Mutter und ihren Geschwistern in einem Steinbruch:

Q

(Nach http://www.actionkidz.de/Für+Kinder/So+sieht+mein+Tag+aus.html; Zugriff: 25.11.2012)

A

1. *Beschreibt, inwiefern Yeni weniger frei ist als ihr. Begründet eure Ansicht.*
2. *Dass ihr mit 13 Jahren arbeiten dürft, erscheint wie ein Gewinn an Freiheit. Für Yeni dagegen bedeutet die Arbeit eine Einschränkung ihrer Freiheit. Erklärt den Unterschied.*

Ü

3. *Informiert euch über Kinderarbeit (z.B. bei: www.younicef.de/ausbeutungvonkindern.html). Beschäftigt euch in Gruppen: a) mit den Ursachen von Kinderarbeit, b) mit den Folgen für die Kinder und c) mit Möglichkeiten der Beendigung von Kinderarbeit. Veröffentlicht eure Ergebnisse in eurer Schülerzeitung.*

Ungehindert frei sein

In manchen Ländern müssen Menschen unter Bedingungen der Unfreiheit leben. Aber auch in einem politisch freien Land wie Deutschland erleben Menschen manchmal Einschränkungen ihrer Freiheit, die nicht hinnehmbar sind.

Ein Leben ohne Barrieren

Menschen mit Behinderung stoßen im Alltag immer wieder auf Hindernisse – auf Barrieren –, die ihnen viele Aktivitäten erschweren oder unmöglich machen. Das muss nicht sein: Gebäude oder technische Geräte lassen sich auch „barrierefrei"* konstruieren, sodass behinderte Menschen sie ebenfalls nutzen können.

Q *Jugendzentrum „Jotti" renoviert*

Neun Monate lang begegneten sich im Jotti nicht allein junge Menschen, sondern auch viele fleißige Handwerker. [...] Beseitigt wurde [...] alles, was Behinderten irgendwie im Wege sein könnte – das Jotti ist barrierefrei. Behinderte können nun ein geräumiges WC benutzen, mit einem Aufzug ins Obergeschoss gelangen. Für die sehbehinderten Nutzer des Zentrums gibt es nun im Eingangsbereich eine Orientierungstafel, die in der üblichen Druckschrift und auch in Braille-Schrift, in jenen Punkt-Buchstaben, die Sehbehinderte mit den Fingern lesen können, beschriftet ist. Entsprechende „zweisprachige" Hinweise an allen Türen, verschiedenfarbige Bodenbeläge und Leuchtstreifen verkörpern weitere Hilfen für Sehbehinderte.

(Frei nach http://www.wendland-net.de/index.php/artikel/20100108/qpha-jugendzentrum-dannenberg-renoviert-barrierefrei-und-gut-ged; Zugriff: 25.11.2012)

A

1. *Erklärt, inwiefern die Barrierefreiheit im Jotti die Freiheit behinderter Jugendlicher erweitert.*
2. *Informiert euch (z.B. beim Verein „Selbstbestimmt Leben" unter: http://www.selbst-bestimmt-leben.de) über alltägliche Barrieren, die behinderte Menschen in ihrer Freiheit einschränken.*
3. *Denkt über den Begriff „behindert sein" nach und klärt folgende Fragen:*
   a. Welche Arten der Behinderung gibt es?
   b. Welche Rechte und Gesetze gibt es speziell für Menschen mit Behinderung?
   c. Wie kann auch in der Schule ein gemeinsames Leben gestaltet werden?
4. *Interpretiert den folgenden Spruch.*

Politische Unfreiheit

Am deutlichsten zeigt sich Unfreiheit, wenn Menschen durch den Staat gewaltsam in ihrer Freiheit eingeschränkt werden.

Q

Ein Beispiel: Nordkorea

Die diktatorisch vom Familienclan der Kims regierte „Demokratische Volksrepublik Korea", in der Militär und Geheimdienst in allen Lebensbereichen enormen Einfluss besitzen, geht mit äußerster Brutalität gegen jede Andeutung von Kritik vor. [...] Das Überschreiten der Grenze nach China, um Nahrung zu suchen, gilt als illegal und wird drakonisch bestraft. Die leiseste Kritik an Maßnahmen der Regierung, das Vergessen der Texte von Ansprachen des „großen" und des „geliebten" Führers u.ä. führen zur Einweisung in eines der zahlreichen sogenannten Umerziehungs- und Arbeitslager. [...] Meinungs- und Versammlungsfreiheit stehen wie andere Grundrechte zwar in der Verfassung, gelten jedoch praktisch nicht.

(http://www.amnesty-korea.de/Nordkorea/Einfuehrung?from=Nordkorea.Start; Zugriff: 25.11.2012)

Freie Staaten, unfreie Staaten

Die Menschenrechtsorganisation Freedom House* veröffentlicht jedes Jahr eine Liste mit den freien und unfreien Staaten dieser Welt.

Q

Nach Freedom House gilt ein Staat als frei, wenn die Staatsbürger

- frei am politischen Prozess teilnehmen können,
- in freien Wahlen frei wählen können,
- durch Personen repräsentiert werden, die rechenschaftspflichtig sind,
- frei in der Wahl ihres Glaubens und bei der Ausübung ihrer Religion sind,
- das Recht zur Versammlung und zur Bildung von Zusammenschlüssen haben,
- Zugang zu einem gerechten Rechtssystem haben,
- unabhängige Medien nutzen können,
- soziale und ökonomische Freiheiten haben – einschließlich des Rechts auf Eigentum.

(http://www.bpb.de/internationales/weltweit/menschenrechte/38804/freie-und-unfreie-staaten; Zugriff: 25.11.2012)

A

1. *Erläutert die Kriterien für freie/unfreie Staaten mit eigenen Worten und Beispielen.*
2. *Erläutert anhand der Kriterien, warum Nordkorea als unfreier Staat gilt.*
3. *Begründet, ob eurer Meinung nach einige dieser Kriterien verzichtbar sind.*
4. *Inwiefern lassen sich die hier genannten Rechte auf die Situation in eurer Klasse übertragen? Habt ihr zum Beispiel in eurer Klasse „Zugang zu einem gerechten Rechtssystem"? Diskutiert darüber.*

3.2 Freiheit als Herausforderung

Freiheitsrechte zu haben ist eine Sache, mit dieser Freiheit umzugehen eine andere. Mit der Freiheit ist es wie mit einem Auto: Wenn es nur in der Garage steht, nützt es uns nichts. Wir müssen uns entscheiden, wohin wir fahren wollen, und dann müssen wir losfahren. Weil aber auch andere Menschen im Straßenverkehr unterwegs sind, müssen wir rücksichtsvoll fahren und uns an Regeln halten. Sonst gibt es ständig Staus und Unfälle.

Freiheit nutzen

Stellt euch ein Blatt vor, das im Herbst vom Baum gefallen ist. Es liegt auf dem Boden, hängt nicht mehr am Zweig fest, ist irgendwie: frei. Aber dann wird es vom Wind mal hierhin, mal dorthin getrieben. Das Blatt kann nicht selbst über sich bestimmen, kann seine Freiheit nicht nutzen. Wir Menschen können es.

Was will ich wirklich?

Q

Sein eigenes Leben erfinden

Freiheit besteht darin, Ja oder Nein sagen zu können, „Ich tue es" oder „Ich tue es nicht", was auch immer mein Chef oder die anderen sagen [...]. Freiheit steht in krassem Gegensatz zu *sich treiben lassen*, [...] und um dich nicht treiben zu lassen, bleibt dir nichts anderes übrig, als mindestens zweimal darüber nachzudenken, was du tun willst [...]. Wenn man ein kleines Kind ist – unreif, mit geringer Lebenserfahrung und geringen Kenntnissen der Realität –, dann genügen der Gehorsam, die Routine oder die Laune. [...] Später muss man erwachsen werden, also fähig, in gewisser Weise sein eigenes Leben zu erfinden und nicht einfach das zu leben, was andere für einen erfunden haben.

(Fernando Savater: Tu, was du willst. Beltz, Weinheim/Basel 2001, S. 46ff.)

A

1. *Was meint Fernando Savater genau damit, dass Freiheit in krassem Gegensatz zum* ***Sich-treiben-Lassen*** *steht? Erläutert es anhand von Beispielen aus eurem eigenen Leben.*
2. *Warum soll man zweimal über sein Tun nachdenken? Diskutiert darüber.*
3. *Interpretiert – mit dem Bild des Blattes im Wind im Kopf – den Gedanken des Dichters Matthias Claudius (1740–1815):*

Niemand ist frei, der nicht über sich selbst Herr ist.

Tue ich etwas, …

Etwas aus Gehorsam, Routine oder einer Laune heraus zu tun, ist nicht immer schlimm. Im Gegenteil: Manchmal ist es sogar unvermeidlich. Kein Mensch kann vor *jeder* Entscheidung zweimal nachdenken. Aber jeder Mensch sollte das vor *wichtigen* Entscheidungen tun.

A

1. *Erzählt zu jeder Situation eine kleine Geschichte, in der jemand: a) aus Gehorsam, b) aus Routine, c) aus einer Laune heraus, und d) wohlüberlegt handelt.*
2. *Sind es wichtige oder weniger wichtige Entscheidungen? Und warum? Diskutiert.*
3. *Welche Entscheidungen habt ihr gestern getroffen? Schreibt drei Entscheidungen auf, die ihr aus Gehorsam, Routine oder einer Laune heraus getroffen habt. Überlegt, welche andere Entscheidung möglich gewesen wäre, wenn ihr mindestens zweimal nachgedacht hättet.*
4. *Schreibt einen kurzen Text zum Thema „Meine Erfindung: mein eigenes Leben“.*

Freie Entfaltung

Was Fernando Savater „sein eigenes Leben erfinden“ nennt, wird manchmal auch anders bezeichnet, nämlich: „seine Persönlichkeit frei entfalten“. Dieses Recht wird uns allen durch das Grundgesetz der Bundesrepublik Deutschland garantiert. Dort heißt es:

Q

Jeder hat das Recht auf die freie Entfaltung seiner Persönlichkeit, soweit er nicht die Rechte anderer verletzt …

(Grundgesetz, Artikel 2, Absatz 1)

Ü

5. *Ursprünglich bedeutet „Entfaltung“, dass sich etwas auseinanderfaltet oder öffnet, das vorher verschlossen war. Eine Blüte zum Beispiel kann sich öffnen und damit zeigen, was in ihr steckt. Diese Vorstellung liegt auch dem Ausdruck „freie Entfaltung der Persönlichkeit“ zugrunde. Verarbeitet die Idee der „freien Entfaltung der Persönlichkeit“ in einem gemalten oder gezeichneten Bild, in dem diese ursprüngliche Bedeutung deutlich wird.*

Zwei Arten von Freiheit

Erinnert euch an das Bild vom Blatt im Wind. Es steht für die Idee, dass man zugleich frei und unfrei sein kann: frei, weil man unabhängig ist; unfrei, weil man diese Unabhängigkeit nicht nutzt. Dementsprechend lassen sich zwei Arten von Freiheit unterscheiden.

Q

„Freiheit von" und „Freiheit zu": eine Definition

Unter negativer Freiheit [„Freiheit von"] wird das Fehlen von Hindernissen verstanden. Ein Mensch ist in diesem Sinne frei, wenn er weder durch Gebote oder Verbote noch durch Drohung oder Zwang von einer Handlung abgehalten wird, wenn er in seinen Handlungsmöglichkeiten nicht durch andere Menschen beschränkt wird. Positive Freiheit [„Freiheit zu"] hingegen steht für Selbstregierung. Frei in diesem Sinne ist, wer [...] Herr seiner selbst ist, wer also autonom* darüber entscheiden kann, ob und wie er handelt.

(Christian S. Moser (Hg.): Schlüsselbegriffe der Demokratie. Böhlau, Wien 2008, S. 74)

A

1. *Erläutert den Unterschied zwischen „Freiheit von" und „Freiheit zu" mit eigenen Worten.*
2. *Was könnte in die „usw."-Felder eingetragen werden? Macht Vorschläge.*
3. *Könntet ihr allein mit einer der beiden Arten von Freiheit glücklich sein? Begründet eure Antwort.*

Q

Xavier Naidoo: Freisein

Glaubst Du, dass Dein Leben bereits geschrieben steht,
und dass irgendwo ein Weiser für Dein Tun die Konsequenzen trägt?
Glaubst Du das? [...]

Wenn Du das glaubst, dann wirst Du nie sehen
und verstehen, was ich mein, wenn ich sag':
Ich will frei sein ...

(Xavier Naidoo: Nicht von dieser Welt. 3P, 1998)

A

4. *Über welche Freiheit spricht der Sänger Xavier Naidoo in seinem Lied – über die „Freiheit von" oder die „Freiheit zu"? Begründet eure Meinung.*
5. *Im Lied stellt Xavier Naidoo eine Frage. Beantwortet sie und erläutert, was für euch aus dieser Antwort folgt.*

Frei sein = verantwortlich sein

Frei sein heißt, sein eigenes Leben zu erfinden, eigene Entscheidungen zu treffen. Aber es heißt auch: mit den Folgen dieser Entscheidungen zu leben – mit den angenehmen wie mit den unangenehmen, mit Lob wie mit Tadel, mit Belohnung wie mit Bestrafung. Wer frei ist, ist verantwortlich für das, was er tut.

A

1. *Erklärt, was Marionetten mit Freiheit und Verantwortung zu tun haben.*
2. *Schreibt und zeichnet eine Bildergeschichte, in der ein Mensch etwas tut, aber dann dafür nicht verantwortlich sein will.*

Koma-Saufen

Der 15-jährige Kevin wollte es zum Abschluss des Schuljahres mit seiner Freundin Inga noch mal richtig krachen lassen. Seine älteren Kumpel Sascha und Christian, mit denen zusammen er in der Freizeit kickt, hatten sie in ihre Stammkneipe eingeladen.

In der Schule hatte es an diesem Tag noch mal richtig Ärger gegeben. Die Gemeinschaftskundelehrerin, mit der Kevin sowieso schon über Kreuz lag, hatte ihm für eine nicht abgegebene Projektarbeit zwei Sechsen reingedrückt. Kevin fand das unfair und schäumte innerlich vor Wut. Zu Hause angekommen, bediente er sich erst mal mit Hochprozentigem aus dem Kühlschrank.

Auf dem Weg in die Kneipe wurden schon ein paar Biere geköpft. In der Kneipe ging man von Cola schnell zu Wodka über. Der Wirt hatte zwar wegen des jugendlichen Aussehens von Kevin zunächst gewisse Bedenken. Mit der Versicherung der Freunde, dass Kevin schon 18 sei, gab er sich aber zufrieden. Es war dann wohl Christian, der auf die Idee mit dem Wetttrinken kam. Kevin war dabei, schließlich wollte er sich nicht als Weichei beschimpfen lassen. Auch Inga konnte ihn nicht davon abhalten. Nachdem er dann jedoch seinen fünften Wodka in sich reingeschüttet hatte, fiel er ins Koma.

Zum Glück rief Inga sofort den Notarzt. Wenige Minuten später, so der behandelnde Arzt, und sie hätten sein Leben nicht mehr retten können.

A

3. *Warum fällt es manchmal schwer, für seine Handlungen einzustehen? Schildert eure Erfahrungen.*
4. *Ist Kevin im angeführten Fall für sein Verhalten selbst verantwortlich? Begründet eure Position.*
5. *Wie beurteilt ihr die Verantwortung der anderen – von Sascha, Christian und dem Wirt?*

Meine Freiheit, deine Freiheit

Jeder hat das Recht auf freie Entfaltung der Persönlichkeit. Doch wir leben nicht allein, sondern mit anderen Menschen zusammen. Und die haben ebenfalls ein Recht auf freie Entfaltung der Persönlichkeit. Wenn wir uns alle frei entfalten wollen, müssen wir aufeinander Rücksicht nehmen.

Grenzen der Freiheit

Stellt euch vor, jemand schubst euch absichtlich zu Boden und sagt: „Ich bin frei, ich kann tun, was ich will." Könntet ihr mit dieser Rechtfertigung zufrieden sein? Wohl kaum. Schließlich habt auch ihr Rechte.

Achtung: Die Rechte anderer

Die eigene Freiheit endet, so steht es auch im Grundgesetz (siehe S. 63), wo man anderen schadet, die Freiheitsrechte anderer missachtet.

verletzen
bestehlen
belästigen
beleidigen
einsperren

A

1. *Das Bild zeigt Rechte anderer, die ein freier Mensch achten muss. Ordnet zunächst die Begriffe unter dem Bild den verschiedenen Rechten zu. Nennt dann jeweils Beispiele für die Achtung und die Missachtung dieser Rechte.*
2. *Wann fühlt ihr persönlich euch durch andere in euren Rechten verletzt? Bildet Paare und interviewt (siehe S. 55) euch gegenseitig. Berichtet dann in großer Runde.*
3. *Erkundigt euch im Internet, welche zu achtenden Grundrechte im Grundgesetz für alle deutschen Staatsbürger formuliert werden.*

Wenn Freiheiten in Konflikt geraten

Im Alltag kommen sich Menschen mit ihren Ansprüchen auf Freiheit oft in die Quere. Der eine hat einen berechtigten Wunsch und der andere auch, aber ärgerlicherweise lassen sich nicht beide Wünsche zugleich erfüllen. Es ergibt sich ein Konflikt.

Freiheitskonflikte: Beispiele

01

Nina hat begonnen, Trompete zu spielen. An manchen Tagen übt sie in ihrem Zimmer zwei Stunden lang. Ihre Eltern stört das nicht. Aber neulich hat sich der Nachbar aus der Wohnung über ihnen beschwert. Er halte den Lärm nicht aus und könne dabei nicht in Ruhe lesen.

02

Nach dem Mittagessen wird Leo von seiner Mutter gebeten, ihr beim Abwaschen zu helfen. „Och nö", sagt Leo, „ich will jetzt lieber Computer spielen." „Ja glaubst du denn, ich würde jetzt nicht auch lieber etwas anderes machen wollen als abzuwaschen", antwortet seine Mutter.

03

Die Turmstraße soll zu einer verkehrsberuhigten Spielstraße werden, mit Spielflächen am Straßenrand. Einige Anwohner sind dafür, weil ihre Kinder dann mehr Platz zum Spielen hätten. Andere Anwohner sind dagegen, weil sie weniger Platz zum Parken hätten.

1. „Konflikt" stammt vom lateinischen Wort „conflictus" = „Zusammenstoß". Erklärt, welche Freiheitswünsche in den drei Situationen zusammenstoßen. A

2. Nennt weitere Beispiele für Konflikte aus eigener Erfahrung.

Konflikte lösen: Kompromisse finden

Wenn zwei berechtigte Wünsche in Konflikt geraten, etwa der Wunsch nach Musik und der Wunsch nach Ruhe, gibt es zwei Möglichkeiten: Beide Seiten stellen sich stur, beharren auf ihrem Wunsch, oder sie finden einen Kompromiss. Ein Kompromiss ist eine freiwillige Einigung, bei der keine Seite alles bekommt, was sie ursprünglich wollte. Folgende Fragen können bei der Suche nach einem Kompromiss helfen:

Was an meinem Wunsch ist mir wirklich wichtig? (z.B.: „An jedem Tag der Woche Musik machen zu können")

Was an meinem Wunsch ist mir nicht so wichtig? (z.B.: „Zwei Stunden hintereinander Musik zu machen")

Wie ließe sich mein Wunsch anders erfüllen? (z.B.: „Ein Proberaum im Keller")

3. Diskutiert in Partnerarbeit die bestmöglichen Kompromisse zu den Beispielen. Berücksichtigt bei eurer Suche nach Lösungen die drei Fragen. Präsentiert eure Ergebnisse in Form eines Dialogs mit verteilten Rollen. A

4. Erzählt, welche Kompromisse ihr im Rahmen eurer Familien schon geschlossen habt.

5. Es gibt auch „faule" Kompromisse. Vermutet, was das sein könnte.

Freiheit: gut geregelt

Damit nicht ständig Konflikte entstehen, gelten überall, wo Menschen zusammenleben, Regeln. Das können geschriebene oder ungeschriebene Regeln sein. Regeln dienen dazu, allen möglichst viel Freiheit zu sichern. Freiheit und Regeln sind zwei Seiten *einer* Medaille.

Das totale Chaos

Im Klassenraum der 8b geht es drunter und drüber. Papierflieger zischen durch den Raum, Schüler laufen umher, reißen Zeichnungen von den Wänden, zwei Jungen prügeln sich, ein Mädchen schreit seine verängstigte Sitznachbarin an, ein anderes Mädchen hört laute Musik über sein Handy, ein Junge nimmt seinem Tischnachbarn die Stifte weg; nur vier Schülerinnen und Schüler sitzen über ihren Heften und versuchen vergeblich, sich auf die Aufgabe zu konzentrieren, die der Lehrer allen gestellt hat.

A

1. *Wer ist in diesem Chaos frei, und wer unfrei? Berücksichtigt bei eurer Antwort beide Bedeutungen von Freiheit: „Freiheit von" und „Freiheit zu".*
2. *Wer hätte in einer Gesellschaft ohne Regeln mehr Freiheit: die Starken oder die Schwachen? Begründet eure Antwort.*

Q

Freiheit durch Regeln

Die Freiheiten so vieler Einzelner auf so engem Raum [...] müssen sich miteinander vertragen, das heißt vor allem aufeinander und auf das Ganze Rücksicht nehmen. Beispiel: Zur freien Entfaltung der Persönlichkeit gehört auch das Verkehren auf der öffentlichen Straße. Aber ohne Verkehrsregeln würde von dieser Freiheit wenig übrig bleiben [...]. Sie beschränken unsere Verkehrsfreiheit, aber sie ordnen und ermöglichen sie auch.

(http://www.fluter.de/de/freiheit/thema/4051; Zugriff: 25.11.2012)

A

3. *Erläutert am Beispiel des Straßenverkehrs, weshalb Regeln unsere Freiheit zugleich beschränken und ermöglichen.*
4. *Erklärt anhand der Bildbeispiele, wie bestimmte Freiheiten das Befolgen von Regeln voraussetzen. Nennt weitere Beispiele.*
5. *Muss man Regeln manchmal ändern, um (mehr) Freiheit zu ermöglichen? Und wer darf das? Diskutiert darüber und entwerft Regeln für Regeln.*

Bitte nicht stören! Mein Freiraum

Es ist seltsam: Manchmal fühlen wir uns besonders frei, wenn wir uns eingeschlossen haben. In unserem Zimmer zum Beispiel, wo uns niemand stört, wo wir mit uns allein sind.

Die eigenen vier Wände

Lisa: Kannst du nicht anklopfen?

Mutter: Wieso? Ich wollte dir nur Wäsche bringen. Hast zu etwas zu verheimlichen?

Lisa: Nein. Trotzdem sollst du nicht einfach so in mein Zimmer kommen.

Mutter: Warum stört dich das? Was liest du da eigentlich gerade?

Lisa: Oh, Mama, ich mag nicht, wenn du mich so kontrollierst.

Privatsphäre

Privatsphäre bezeichnet den Bereich, in dem ein Mensch unbehelligt von äußeren Einflüssen sein Recht auf *freie Entfaltung der Persönlichkeit* wahrnimmt. Das Recht auf Privatsphäre gilt als *Menschenrecht*.

A

1. *Begründet Lisas Verärgerung. Schildert ähnliche Erfahrungen.*
2. *Diskutiert, was Privatsphäre, Freiheit und Regeln miteinander zu tun haben.*
3. *Schlagt Absprachen zwischen Lisa und ihrer Mutter vor, die beiden entgegenkommen.*

Internet: Alles unter Kontrolle?

Das Internet ist gerade für junge Menschen ein Ort der Freiheit. Online können sie sich – so denken viele – mit Freunden ungestört austauschen. Ein Medienwissenschaftler warnt:

Q

Aus technologischer Sicht gibt es bestimmte Eigenschaften digitaler Informationen, die dem Gedanken der Privatheit komplett zuwider laufen: Zum einen sind sie extrem langlebig. Alles, was als Information zum Beispiel in einem sozialen Netzwerk online gestellt wurde, bleibt bestehen. [...] Zudem können digitale Informationen sehr einfach modifiziert werden. Ich könnte zum Beispiel ein Foto, das Sie mir schicken, nach Belieben verändern und dann wieder online stellen [...]. Wenn Jugendliche Informationen über sich selbst im Internet digital zugänglich machen – zum Beispiel durch einen Eintrag in einem sozialen Netzwerk – haben sie nur sehr wenige Möglichkeiten, diese Informationen weiter zu kontrollieren. Das widerspricht jeder Form von Privatheit.

(http://www.report-psychologie.de/fileadmin/user_upload/Thema_des_Monats/4-12_Jochen-Peter.pdf; Zugriff: 25.11.2012)

A

4. *Weshalb ist ein Treffen mit Freunden im Internet weniger privat als ein Treffen mit Freunden im eigenen Zimmer? Erklärt dies mit Beispielen.*
5. *Diskutiert, welche Informationen ihr über euch im Internet auf keinen Fall veröffentlichen würdet.*

3.3 Toleranz, Anerkennung, Freiheit

Jeder Mensch ist einzigartig und nutzt sein Recht auf freie Entfaltung der Persönlichkeit auf eigene Weise. Zum Glück! Was wäre das für ein Leben, wenn alle Menschen einander glichen wie ein Ei dem anderen. Doch nicht immer gefällt uns die Lebensweise der Menschen, mit denen wir zusammenleben. Manchmal stören uns einige ihrer Überzeugungen und Gewohnheiten – sie erscheinen uns fremd, seltsam, falsch. Mit Menschen friedlich und respektvoll zusammenzuleben, obwohl uns ihre Lebensweise stört, heißt: *tolerant* sein.

Wir und die anderen

Auch wenn wir uns von anderen Menschen unterscheiden, teilen wir mit ihnen doch manche Überzeugungen und Gewohnheiten: Wir essen ähnliche Speisen, tragen ähnliche Kleidung, haben ähnliche Vorstellungen vom Glück, ähnliche Wertüberzeugungen und religiöse Ansichten. Oft handelt es sich dabei um die Überzeugungen und Gewohnheiten einer Mehrheit, sei es die Mehrheit in der Schule, die wir besuchen, der Stadt, in der wir wohnen oder dem Land, in dem wir geboren wurden. Dass man auch anders leben kann, fällt uns besonders dann auf, wenn wir in andere Länder reisen, wo andere Sitten herrschen. Aber auch hierzulande begegnen wir immer wieder – und immer öfter – Menschen, die deutlich anders leben als wir.

Anders als wir

A

1. *Beschreibt, was ihr auf den Bildern seht. Ergänzt eure Beschreibung um Vermutungen über die Hintergründe der jeweiligen Situation.*
2. *Was rufen die Bilder in euch hervor? Legt eure Gefühle dar und diskutiert über die Gründe für diese Gefühle.*
3. *Versetzt euch in die Lage der abgebildeten Menschen. Wie unterscheidet sich ihr Alltag von eurem? Was erleben, was denken und fühlen sie? Schreibt zu einem ausgewählten Bild einen kurzen Text aus der Sicht der jeweiligen Person.*

Jeder ist anders

„Andere Länder – andere Sitten" heißt es. Eigentlich müsste es heißen „Andere Menschen – andere Sitten". Denn in jedem Land leben Menschen mit unterschiedlichen Sitten. Auch bei uns. Die einen beten zu Gott, die anderen nicht. Die einen hören laute Punkmusik, die anderen Streichquartette. Die einen essen Fleisch, die anderen lehnen Fleischessen ab. Mal gehören wir zu einer Mehrheit, mal zu einer Minderheit. Oft fällt es uns schwer, die Vorlieben, Gewohnheiten und Sitten der anderen zu verstehen.

irritierend
beruhigend
fremd
ungewohnt
unbegreiflich
eigen
verständlich
normal
seltsam
vertraut

A

1. *Ordnet die Worte zu Gegensatzpaaren. Veranschaulicht dann jedes Gegensatzpaar durch Beispiele aus eigener Erfahrung. Denkt z.B. an Kleidung, Lieblingsverein, Essen, Dialekt.*
2. *Welche Erfahrungen habt ihr als Angehörige einer Minderheit gemacht? Berichtet.*

Nicht zum Aushalten? Doch!

Wo Menschen mit verschiedenen Lebensweisen zusammenleben, gibt es Reibereien. Was tun?

Nina (12): In unserer Stadt leben viele Türken. Wenn sie heiraten, fahren sie immer mit vielen Autos durch die Straßen und hupen schrecklich laut. Aber das ist nun mal ihre Art zu feiern.

Jonas (13): In unserer Straße steht eine Kirche. Da läuten sonntagmorgens die Glocken. Oft wecken sie mich auf. Das Geläute nervt mich total. Aber für die Kirchgänger ist es ja wichtig.

Kathrin (13): Wenn ich im Sommer mit meinen Eltern an der Ostsee bin, sehe ich manchmal Leute nackt baden. Ich finde, so was macht man nicht. Aber wenn's ihnen gefällt …

A

3. *Beschreibt und beurteilt die Haltung von Kathrin, Jonas und Nina.*
4. *Spricht es eher für Stärke oder für Schwäche, wenn ein Mensch etwas aushält, das ihn stört? Diskutiert.*
5. *Erklärt den Unterschied zwischen dulden und billigen.*

Mahatma Gandhi: „Dulden"

Q

Duldung erfordert nicht, dass ich das, was ich dulde, auch billige. Alkohol-, Fleisch- und Tabakgenuss missfallen mir im höchsten Grad, und doch dulde ich das alles bei den Hindus, den Muslims und Christen, wie ich von ihnen auch erwarte, dass sie meine Enthaltsamkeit in diesen Dingen dulden, auch wenn sie ihnen missfällt.

(Mahatma Gandhi: Die Lehre vom Schwert. Aufsätze aus den Jahren 1919–1922. Rothenhäusler, Stäfa 1999, S. 36)

Was Toleranz bedeutet

Das lateinische Wort für „dulden, ertragen, aushalten“ ist *tolerare*. Daher stammt unser Wort „Toleranz“. Toleranz ist eine Grundvoraussetzung für das friedliche Zusammenleben freier Menschen. Sie ermöglicht ein Miteinander, in dem sich alle möglichst frei entfalten können.

Toleranz – was ist das genau?

Eine grobe Definition von Toleranz

Q Handlungsregel für das Geltenlassen der religiösen, ethisch-sozialen, politischen [...] Überzeugungen, Normen, und Werte [...] sowie der ihnen entsprechenden Handlungen anderer [...].

(Schüler-Duden Philosophie. Mannheim 1985, S. 424)

... und eine Verfeinerung

Q [D]ass man nur dort von Toleranz sprechen kann, wo die zu tolerierenden Überzeugungen oder Praktiken als falsch oder schlecht verurteilt werden. Sonst hat man es entweder mit Gleichgültigkeit oder mit der uneingeschränkten Wertschätzung des Anderen zu tun, nicht aber mit Toleranz. [...] Der Ablehnung muss freilich eine Akzeptanz des Anderen gegenüberstehen, die das Negativurteil zwar nicht aufhebt, aber Gründe dafür nennt, wieso das Falsche dennoch geduldet werden sollte.

(Rainer Forst: Der schmale Grat zwischen Ablehnung und Akzeptanz. Frankfurter Rundschau, 18.12.2001, S. 10)

A
1. *Fasst die Grundgedanken beider Texte mit eigenen Worten zusammen.*
2. *Erläutert den Begriff der Toleranz am Beispiel Homosexualität: Wie denkt und fühlt jemand, der Homosexualität toleriert? Macht dabei den Unterschied von Toleranz zu Gleichgültigkeit und zu uneingeschränkter Wertschätzung deutlich.*

Toleranz gegenüber Gleichgesinnten?

A
3. *Positioniere dich in einer Standpunktrede zur Forderung nach Toleranz gegenüber Gleichgesinnten.*
4. *Zeichnet selbst eine Karikatur, in der jemand den Begriff der Toleranz falsch versteht.*

Wenn Toleranz fehlt

Intoleranz zeigt sich oftmals in Worten oder in Aussagen, mit denen andere ausgegrenzt werden. Mit Worten signalisiert man ihnen: Ihr seid hier nicht erwünscht.

Hier wohnt Intoleranz:
In einem Lied erzählt Udo Jürgens von einem unverheirateten Paar:

Q

In diesem Mietshaus wohnen wir seit einem Jahr und sind hier wohlbekannt.
Doch stell dir vor, was ich soeben unter uns'rer Haustür fand:
Es ist ein Brief von unsern Nachbarn, darin steht, wir müssen raus!
Sie meinen, du und ich, wir passen nicht in dieses ehrenwerte Haus.

Weil wir als Paar zusammen leben und noch immer ohne Trauschein sind,
hat man sich gestern hier getroffen und dann hat man abgestimmt.
Und die Gemeinschaft aller Mieter schreibt uns nun: „Zieh'n Sie hier aus.
Denn eine wilde Ehe, das passt nicht in dieses ehrenwerte Haus."

Es haben alle unterschrieben; schau' dir mal die lange Liste an:
Die Frau von nebenan, die ihre Lügen nicht für sich behalten kann [...]
Der graue Don Juan, der starrt dich jedes Mal im Aufzug schamlos an.
Die Witwe, die verhindert hat, dass hier ein Schwarzer einzieh'n kann. [...]

(Udo Jürgens: Ein ehrenwertes Haus. Edition Montana/Aran, Zürich – Melodie der Welt, Frankfurt/M., 1974)

A

1. *Erläutert, inwiefern dieses Lied von Intoleranz handelt.*
2. *Beschreibt, wie ein tolerantes Zusammenleben in diesem Haus aussähe.*
3. *Stellt euch vor, auch ihr lebt in diesem Haus. Schreibt den Nachbarn, die den Auszug des Paares fordern, einen Brief mit eurer Meinung.*

„Du passt nicht zu uns."
Vielleicht habt ihr ähnliche Sprüche selbst schon gehört, etwa:

So jemanden wie dich wollen wir hier nicht.

Du gehörst nicht hierhin.

Hau ab. Wir wollen unter uns bleiben.

A

4. *Kennt ihr solche Situationen? Berichtet.*
5. *Hört Toleranz auf oder fängt Toleranz an, wenn man es mit Menschen zu tun hat, die „anders" sind? Diskutiert. Denkt dabei auch an die Karikatur auf der vorigen Seite.*

Ü

6. *Das Wörtchen „wir" kann verbinden – all die, die damit gemeint sind. Es kann aber auch ausgrenzen – all jene, die damit nicht gemeint sind. Wann und wie benutzt ihr dieses „wir"? Sammelt zunächst in großer Runde spontane Gedanken zum Begriff „wir". Schreibt dann einzeln ein Gedicht oder einen Liedtext, in dem ihr eure Gefühle und Gedanken rund um das Wort „wir" zum Ausdruck bringt.*

Vielfalt und Toleranz

Tolerant sein kann man gegenüber Verschiedenem: dem Gesang des Nachbarn zum Beispiel oder dem Nacktbaden. Entstanden aber ist die Idee der Toleranz im 17. und 18. Jahrhundert als Reaktion auf andauernde Kämpfe zwischen Anhängern verschiedener Religionen. Viele Staaten, die zuvor bestimmte Religionen vorgeschrieben oder verboten hatten, verankerten damals religiöse Toleranz in ihren Verfassungen. Solche Staaten mischen sich nicht mehr in das religiöse Leben ihrer Bürger ein, sondern garantieren *Glaubensfreiheit*.

Religiöse Toleranz

Im Laufe der Jahrhunderte hat es immer wieder blutige Kämpfe um die „wahre" Religion gegeben. Noch heute ist Toleranz dort am dringendsten gefordert, wo unterschiedliche Religionen aufeinandertreffen.

Die Ringparabel

Im 1783 uraufgeführten Theaterstück „Nathan der Weise" des Dichters Gotthold Ephraim Lessing (1729–1781) findet sich die „Ringparabel". Sie zählt zu den bekanntesten Texten über religiöse Toleranz: Sultan Saladin, ein Muslim, stellt dem Juden Nathan die Frage nach der wahren Religion. Nathan antwortet darauf mit der Geschichte von den drei Ringen, die für die drei Religionen Judentum, Christentum und Islam stehen.

A

1. *Wiederholt, was ihr über den Inhalt von Lessings Ringparabel wisst. Nutzt dazu auch den Textauszug auf S. 22. Was sagt die Ringparabel über das Verhältnis der drei Religionen und über die beste Religion aus?*
2. *Erläutert, inwiefern man den Text auch als Aufforderung zur Toleranz verstehen kann.*
3. *Besitzt der Text auch eine Bedeutung für nicht-religiöse Menschen? Diskutiert.*

Religiöse Toleranz im Grundgesetz

Q

Artikel 4
(1) Die Freiheit des Glaubens, des Gewissens und die Freiheit des religiösen und weltanschaulichen Bekenntnisses sind unverletzlich.
(2) Die ungestörte Religionsausübung wird gewährleistet.

(Grundgesetz für die Bundesrepublik Deutschland)

A

4. *Erläutert, inwiefern die Idee der religiösen Toleranz im Grundgesetz der Bundesrepublik Deutschland verankert ist.*
5. *Um zu ermessen, was für ein Fortschritt die religiöse Toleranz des Staates bedeutet, informiert euch im Internet über die Ursachen und Schrecken des Dreißigjährigen Krieges, der auch im Gebiet des heutigen Sachsen-Anhalt viele Opfer forderte.*

Toleranz in der multikulturellen Gesellschaft

War Toleranz im 17. und 18. Jahrhundert wichtig, ist sie es heute erst recht. Unsere Gesellschaft wird immer vielfältiger. In Deutschland leben Menschen unterschiedlicher weltanschaulicher Bekenntnisse mit Wurzeln in aller Welt: Christen, Muslimen, Juden, aber auch Buddhisten, Hindus oder Atheisten. Wir hören amerikanische Musik afrikanischen Ursprungs, sehen japanische Filme, essen türkische Gerichte ... Unsere Gesellschaft ist längst zu einer multikulturellen Gesellschaft geworden.

Q

Multikulturalismus: eine Definition

Multikulturalismus bezeichnet

1. die Tatsache, dass moderne Gesellschaften aufgrund ihrer freiheitlich-offenen Ordnung an Vielgestaltigkeit (kulturell, religiös, ethnisch, sprachlich) zunehmen (multikulturelle Gesellschaft), und
2. die politische Forderung und soziale Absicht, Wege zu finden, um das friedliche und nützliche Zusammenleben unterschiedlicher Kulturen und Lebensstile sicherzustellen (z.B. durch gegenseitige Respektierung, Anerkennung und Toleranz).

(Klaus Schubert, Martina Klein: Das Politiklexikon. Dietz, Bonn 2011)

A

1. *Nennt, angeregt durch die Bilder, Beispiele für die „kulturelle, religiöse, ethnische und sprachliche Vielgestaltigkeit" unserer Gesellschaft.*
2. *Inwiefern ist euer eigener Lebensstil von verschiedenen Kulturen beeinflusst? Weist euch gegenseitig auf solche Einflüsse hin.*
3. *Erläutert, weshalb Toleranz in einer multikulturellen Gesellschaft besonders wichtig ist.*

Passive und aktive Toleranz

Oft heißt es: „Ist mir doch egal, was andere machen." Doch diese Gleichgültigkeit ist gefährlich. Wenn sich Menschen verschiedener Kulturen und Religionen nicht miteinander beschäftigen, entstehen Missverständnisse. Und statt immer vertrauter werden sie einander immer fremder.

Anerkennung statt Duldung

Q Toleranz sollte eigentlich nur eine vorübergehende Gesinnung sein: Sie muss zur Anerkennung führen. Dulden heißt beleidigen.

(Johann Wolfgang von Goethe [1749–1832])

Q Zu Recht fordert Goethe mehr als ein Dulden, das Mehr kann freilich ebenfalls „Toleranz" genannt werden, bezeichnet dann aber die anspruchsvollere, aktive und kreative Form. Die *aktive Toleranz* lässt den anderen nicht bloß gewähren [...]. Sie bejaht aus freien Stücken des anderen Lebensrecht, Freiheit und Entfaltungswillen. [...] Die aktive [...] Toleranz baut auf einem Bewusstsein des eigenen Werts, auf Selbstschätzung bzw. Selbstwertgefühl auf: auf Ich-Stärke und Gruppen-Stärke, die freilich auf jedes Gefühl der Überlegenheit verzichtet. [...] Wer tolerant ist, [...] sucht nicht länger ein Leben, das auf gewaltsame Bekehrung oder aber Überwindung des Gegners angelegt ist, vielmehr ein Miteinander auf der Grundlage von Ebenbürtigkeit und Verständigung. Dazu gehört [...] Neugier auf den Anderen und das Andere und die Bereitschaft, sich in fremde Eigentümlichkeiten: Anschauungen und Lebensweisen einzufühlen.

(Otfried Höffe: Demokratie im Zeitalter der Globalisierung. Beck, München 1999, S. 205f.)

A

1. *Erläutert den Unterschied zwischen Duldung (= passive Toleranz) und Anerkennung (= aktive Toleranz) anhand von Beispielen.*
2. *Aus Duldung muss Anerkennung werden, schreibt Goethe. Stimmt ihr zu? Begründet eure Meinung.*
3. *Welche Eigenschaften muss ein Mensch nach Ansicht Otfried Höffes besitzen, um aktiv tolerant sein zu können? Und warum? Erläutert die einzelnen Eigenschaften anhand von Beispielen.*
4. *Welche dieser Sätze beschreiben eine passive Toleranz, welche eine aktive Toleranz? Begründet eure Antworten mit Beispielen.*

Anerkennung in der Praxis

Aktive Toleranz kostet, im Unterschied zur passiven Toleranz, manchmal etwas Mühe. Aber aktive Toleranz zahlt sich aus: Man lernt etwas, und man lernt Menschen kennen.

Let's get active!

	Passive Toleranz (Duldung)	**Aktive Toleranz** (Anerkennung)
Volksmusikanten	› z.B. sie einfach ignorieren › …	› z.B. über ihre Bedeutung für den Erhalt alter Traditionen nachdenken › …
Gothics	› z.B. sie einfach nicht beachten › …	› z.B. sich informieren, um ihre Lebensweise besser zu verstehen › …
Muslime	› z.B. das Kopftuchtragen nicht verbieten › …	› mit ihnen friedlich über die Rolle der Frau im Islam streiten › …
Homosexuelle	› z.B. sie nicht beleidigen › …	› laut protestieren, wenn jemand sie beleidigt › …

1. *Erläutert, inwiefern das hier beschriebene Verhalten ein Beispiel für passive bzw. aktive Toleranz ist.* A
2. *Begründet ausgehend von den Beispielen, weshalb aktive Toleranz anstrengend ist und auch unangenehm sein kann.*
3. *Ergänzt die Tabelle um weitere Beispiele und diskutiert im Zweifelsfall darüber, ob es sich um Beispiele für passive oder aktive Toleranz handelt.*

4. *Entwickelt gemeinsam eine möglichst vollständige Definition von Toleranz, die alle notwendigen Aspekte enthalten sollte. Teilt euch dazu in vier Gruppen auf. Jede Gruppe erarbeitet zunächst eine eigene Definition von Toleranz. Danach schließen sich je zwei Gruppen zu einer größeren Gruppe zusammen. Diese verbindet die beiden mitgebrachten Definitionen zu einer Definition (achtet darauf, dass alle wichtigen Aspekte übernommen werden, aber keiner doppelt). Dann schließen sich die zwei größeren Gruppen zur gesamten Klasse zusammen und erarbeiten aus der gemeinsamen Schnittmenge die endgültige Definition.* Ü

Gute Gründe für Toleranz

Toleranz kann anstrengend sein. Warum sollte man diese Mühe auf sich nehmen? Nützt uns Toleranz? Sind wir zur Toleranz verpflichtet?

Vom Nutzen der Toleranz

Ein Blick zurück in die Geschichte zeigt: Wo Intoleranz herrschte, herrschte oft geistiger Stillstand. Menschen konnten sich persönlich und beruflich nur eingeschränkt entfalten. Wissenschaft, Kunst und Handel entwickelten sich kaum.

In toleranten Gesellschaften dagegen waren die Menschen produktiv und kreativ, gab es einen fruchtbaren Austausch und Wettbewerb der Ideen. Wissenschaft, Kunst und Handel blühten auf.

Zum Beispiel: Wissenschaft

Mithilfe eines selbst entwickelten Fernrohrs beobachtete der Astronom Galileo Galilei (1564–1642) den Sternenhimmel sehr genau. In Auswertung seiner Beobachtungen gelangte er Anfang des 17. Jahrhunderts zu der Überzeugung, die Erde drehe sich – wie auch andere Planeten – um die Sonne. Dieses sogenannte heliozentrische Weltbild widersprach der Ansicht der katholischen Kirche. Die Bibel, meinten führende Kirchenvertreter, lasse keinen anderen Schluss zu, als dass die Erde den Mittelpunkt des Universums verkörpere. Die Kirche eröffnete ein Verfahren gegen Galilei, in dessen Verlauf er seinen Erkenntnissen abschwor. Dennoch wurde er wegen Ketzerei zu Hausarrest verurteilt. Seine Schriften wurden verboten.

Erst zweihundert Jahre später erkannte die katholische Kirche zögerlich an, dass Galilei Recht gehabt hatte.

„Galileo Galilei“,
Justus Susterman (1597–1681)

A

1. *Recherchiert zu Leben und Wirken Galileo Galileis.*
2. *Erläutert am Beispiel der Durchsetzung des heliozentrischen Weltbilds, inwiefern Intoleranz die Wissenschaft hemmen kann.*
3. *Begründet, warum Intoleranz im Bereich der Wissenschaft dem Leben der Menschen schadet. Denkt z.B. an Medizin und technische Entwicklungen.*
4. *Welche Rolle spielt Toleranz bei der Suche nach guten Lösungen im Schulunterricht? Diskutiert.*

Verpflichtung zur Toleranz?

Menschenwürde und Toleranz

Umfassender und grundlegender [als die Rechtfertigung der Toleranz durch ihren Nutzen] ist die Rechtfertigung aus der unantastbaren Menschenwürde, die jeden zu einer freien und ebenbürtigen Person erklärt, ausgestattet mit dem Recht, eigene Überzeugungen zu bilden und ihnen gemäß zu leben. Dazu gehört, dass man dasselbe Recht aller anderen nicht beeinträchtigt. Hier beugt sich Toleranz dem Rechts- und Gerechtigkeitssinn und endet dort, wo Freiheit und Würde anderer verletzt werden.

(Otfried Höffe: Wirtschaftsbürger, Staatsbürger, Weltbürger. Beck, München 2004, S. 114)

1. *Erklärt mit eigenen Worten, wie Toleranz und Menschenwürde zusammenhängen.*
2. *Schreibt die folgenden Schlüsselwörter des Textes auf ein Blatt Papier. Verbindet sie dann mit Linien. Beschriftet die Linien mit Ausdrücken, die die Beziehung zwischen den Schlüsselwörtern deutlich machen (z.B. „erfordert“, „setzt voraus“, „geht nicht ohne“).*

Freiheit · Ebenbürtigkeit · Gerechtigkeit · Toleranz · Menschenwürde

Toleranzgebote in den Religionen

Religionen waren nicht immer Vorbilder für tolerantes Verhalten. Andersgläubige wurden immer wieder von religiösen Fanatikern verfolgt und umgebracht. Doch in den Schriften der drei großen monotheistischen Religionen finden sich auch Stellen, die zur Toleranz auffordern.

Judentum

Wenn ein Fremder in eurem Land lebt, sollt ihr ihn nicht unterdrücken. Der Fremde, der sich bei euch aufhält, soll euch wie ein Einheimischer gelten und du sollst ihn lieben wie dich selbst; denn ihr seid selbst Fremde in Ägypten gewesen. *(Bibel. AT. Lev 19, 33f.)*

Christentum

Ich aber sage euch: Liebet eure Feinde und betet für die, die euch verfolgen, damit ihr Söhne eures Vaters im Himmel werdet; denn er lässt seine Sonne aufgehen über Gerechte und Ungerechte. Wenn ihr nämlich nur die liebt, die euch lieben, welchen Lohn könnt ihr dafür erwarten? *(Bibel. NT. Mt 13, 44ff.)*

Islam

Es gibt keinen Zwang in der Religion. *(Koran, Sure 2)*
Wenn dein Herr wollte, würden die, die auf der Erde sind, alle zusammen gläubig werden. Bist du es etwa, der die Menschen zwingen kann, gläubig zu werden? *(Koran, Sure 10)*

3. *Erläutert, inwiefern diese Aussagen jeweils als Aufforderung zur Toleranz verstanden werden können.*
4. *Haben die genannten Gründe für Toleranz auch für nicht-religiöse Menschen eine Bedeutung? Diskutiert dazu in Gruppen und präsentiert die Ergebnisse im Klassenforum.*

3.4 Grenzen der Toleranz

Das Zusammenleben von Menschen verschiedener Kulturen ist ohne Toleranz unmöglich. Dennoch ist nicht jede Sitte anderer Menschen tolerierbar.

Wo Toleranz endet

Wo ist die Grenze zu ziehen, welche Verhaltensweisen sind nicht hinnehmbar?

Unsere Freiheit endet dort, wo die Freiheit anderer beginnt. Die Toleranz gegenüber der Freiheit anderer endet ebenfalls dort, wo diese anderen die Freiheit anderer missachten.

„Falsche Toleranz"

Q

Sonja Fatma Bläser war neun, als sie aus einem kurdischen Dorf nach Köln kam. Ihre Eltern lebten schon seit Jahren hier; in Deutschland angekommen sind sie nie. Wenn Sonja mit Jungen aus ihrer Schule sprach, wenn sie sich die Fingernägel lackierte, als sie den Führerschein machen wollte - immer verprügelte der Vater sie. Als Sonja 19 war, wurde sie 1985 während eines Urlaubs in der Türkei überraschend mit einem Verwandten verheiratet. Sie floh nach Deutschland, versteckte sich und überlebte einen Mordanschlag ihrer Familie.

2006 gründete sie einen Verein, der anderen Betroffenen hilft. Die „falsche Toleranz", die sie in Deutschland immer wieder erlebt, macht sie wütend. „Viele Politiker bekennen keine Farbe oder zeigen ein seltsames Verständnis für Traditionen, die die Menschenrechte verletzen."

(Frei nach Miriam Hollstein: Zwangsheirat – Jede Vierte mit dem Tod bedroht. Die Welt, 9.11.2011)

Traditionen respektieren?

Luisa: „Hast du von dem afghanischen Mädchen in Hamburg gehört, das von seiner Familie getötet wurde, weil es ohne Kopftuch, mit deutschen Freunden leben wollte? Die Familie meint, sie habe die Familienehre beschmutzt und daher den Tod verdient. Ich sammle Unterschriften gegen solche ‚Ehrenmorde'. Unterschreibst du?"

Mia: „Unterschreiben? Nee. Es ist nun mal deren Tradition und fremde Traditionen sollte man tolerieren."

A

1. *Was wäre „falsch" an der Toleranz gegenüber Zwangsverheiratungen? Antwortet zunächst „aus dem Bauch heraus".*
2. *Findet nun in der Allgemeinen Erklärung der Menschenrechte Stellen, die dafür sprechen, Zwangsverheiratungen nicht zu tolerieren.*
3. *Inwiefern hat Mia ein falsches Verständnis von Toleranz? Berücksichtigt bei eurer Antwort auch die Definition von Toleranz (S. 72).*
4. *Wie könnte der Dialog weitergehen? Schreibt ihn zu Ende und besprecht eure Ergebnisse.*

Keine Toleranz gegenüber Intoleranz

Intoleranz kann eine persönliche Schwäche sein, aber auch Ausdruck einer politischen oder religiösen Weltanschauung von Fanatikern, die keine anderen Überzeugungen gelten lassen.

Das Gegenteil von Toleranz: Fanatismus

A

1. *Erklärt, worin der Fanatismus der abgebildeten Gruppen besteht. Nennt dabei u.a. auch „negative Konsequenzen für sich oder andere", die beide Gruppen jeweils nicht beachten.*
2. *Nennt vernünftige Argumente gegen die Position der beiden Gruppen – auch wenn sie kein Gehör fänden.*

Q

Im Namen der Toleranz

Die unbegrenzte Toleranz führt fatalerweise zum Verschwinden der Toleranz. Wenn man [...] nicht bereit ist, die Gesellschaft der Toleranz gegen die Angriffe der Intoleranten zu verteidigen, dann werden die Verfechter der Toleranz vernichtet werden und die Toleranz mit ihnen. Ich will damit nicht sagen, dass man die Äußerung von Theorien, die die Intoleranz predigen, immer verhindern muss. Solange es möglich ist, sie mit rationalen Argumenten zu bekämpfen und sie mit Hilfe der öffentlichen Meinung im Zaum zu halten, wäre es falsch, sie zu verbieten. Aber man muss das Recht beanspruchen, ebendies zu tun, wenn nötig, sogar mit Gewalt. Denn es kann sein, dass die Verfechter dieser Theorien die Diskussion ablehnen und ihre Schüler lehren, auf Argumente mit Fäusten oder Waffen zu antworten. Im Namen der Toleranz müssten wir dann das Recht in Anspruch nehmen, die Intoleranz nicht zu dulden.

(Karl R. Popper: Die Wege der Wahrheit. In: Aufklärung und Kritik 2/1994, S. 38ff.)

A

3. *Erklärt mit eigenen Worten, warum für Karl R. Popper unbegrenzte Toleranz zum Verschwinden der Toleranz führt.*
4. *Popper meint, Intoleranz müsse „wenn nötig, sogar mit Gewalt" bekämpft werden. Stimmt ihr zu? Begründet eure Antwort.*
5. *Macht ein Gedankenexperiment: Schreibt einen Text mit dem Titel „Der Tag, an dem die Toleranz grenzenlos wurde". Darin schildert ihr, wie es auf der Welt zuginge, wenn plötzlich jede Denk- und Lebensweise toleriert würde. Präsentiert und diskutiert eure Texte.*

Aktiv gegen Intoleranz!

Wir alle neigen immer mal wieder zu intolerantem Verhalten, denn Intoleranz ist viel bequemer als Toleranz. Aber wir können uns gegen Anfälle von Intoleranz wappnen, wenn wir verstehen, wie sie entsteht.

Ursachen von Intoleranz

Intoleranz ist oft ein Zeichen von Schwäche. Sie kann entstehen, wenn Menschen sich selbst als minderwertig und nicht anerkannt fühlen und deshalb andere Lebensweisen abwerten. Das verschafft ihnen ein Gefühl der Überlegenheit. Intoleranz kann aber auch eine Folge von Unkenntnis sein, von voreiligen Meinungen. Sprich: von Vorurteilen.

Vorurteile

Muslime …

Frauen …

Farbige …

Schwule …

… können nicht gut Auto fahren

… sind streng und gewaltbereit

… sind weichlich und launenhaft

… sind fröhlich, aber faul

A

1. *Wiederholt (siehe S. 20f.), was unter einem Vorurteil zu verstehen ist.*
2. *Ordnet die aufgeführten Vorurteile den genannten Gruppen zu.*
3. *Erläutert anhand der Beispiele, weshalb Vorurteile zu Intoleranz führen können.*

Q

Intoleranz: eine Umfrage

Die Deutschen sind viel intoleranter gegenüber dem Islam und anderen nicht-christlichen Religionen als ihre westeuropäischen Nachbarn. Das ist das Ergebnis einer […] repräsentativen Umfrage zur religiösen Vielfalt in Europa […]. Während Niederländer, Franzosen und Dänen mehrheitlich positiv über Muslime denken (zu 62 %, 56 % und 55 %), gilt das in Deutschland nur für eine Minderheit von 34 % (West) und 26 % (Ost). [Das] Forscherteam [fand heraus]: „Je öfter man Muslime trifft, desto eher sieht man sie generell positiv" […]. So geben im Westen etwa 40 % an, zumindest einige Kontakte zu Muslimen zu haben, im Osten nur 16 %. In Frankreich, dem Land mit dem positivsten Islambild, sind die Kontakte mit 66 % am häufigsten.

(http://www.uni-muenster.de/Religion-und-Politik/aktuelles/2010/dez/ PM_Studie_Religioese_Vielfalt_in_Europa.html; Zugriff: 13.10.2010)

A

4. *Was zeigt diese Umfrage über den Zusammenhang von Toleranz, Vorurteilen und Begegnungen zwischen Menschen? Interpretiert die Ergebnisse.*
5. *Lassen sich die Ergebnisse auf andere Opfer von Intoleranz übertragen, z.B. Juden, Sinti und Roma oder Homosexuelle? Begründet eure Vermutungen.*
6. *Welche Konsequenzen sollten aus dieser Umfrage gezogen werden? Macht Vorschläge. Denkt auch an mögliche Konsequenzen für euch persönlich.*

Toleranz-Training

Lässt sich Toleranz trainieren? Ja, ein bisschen schon. Ein gutes Toleranz-Training sieht für jeden Menschen anders aus, aber einige Übungen sollten immer dazu zählen:

› miteinander reden,
› sich in andere Menschen einfühlen.

Miteinander reden

„Was ich an deiner Lebensweise nicht verstehe, ist …"

„Erklär mit bitte mal, warum …"

„Ist es dir wirklich wichtig, …"

„Kannst du dir nicht auch vorstellen, …"

A

1. *Findet zu jedem Spruch eine Situation.*
2. *Schreibt einen von Toleranz geprägten Dialog zwischen zwei Menschen mit unterschiedlichen Lebensweisen. Achtet darauf, dass sie sich wirklich mit Toleranz – nicht mit Gleichgültigkeit oder völliger Wertschätzung – begegnen. Lest die Dialoge mit verteilten Rollen vor und beurteilt sie.*
3. *Was ist damit gemeint: „in den Mokassins eines anderen gehen"? Interpretiert die Worte des Apache-Indianers.*
4. *Wann könnte es im Schulalltag sinnvoll sein, „in die Mokassins eines anderen" zu schlüpfen? Denkt euch zu zweit kurze Szenen aus und spielt sie vor.*

Sich einfühlen

Q

Großer Geist, bewahre mich davor, über einen Menschen zu urteilen, ehe ich nicht eine Meile in seinen Mokassins gegangen bin.

(Worte eines unbekannten Apachen)

… noch eine Toleranz-Übung

Es ist eine natürliche Reaktion des Menschen, alles Fremde erst einmal mit Vorsicht zu betrachten. Das gilt auch für fremde Kulturen. Umso wichtiger ist es zu erkennen, dass vieles, was auf den ersten Blick fremd erscheint, auf den zweiten Blick gar nicht mehr so fremd ist.

Q

Auf Gemeinsamkeiten achten

Es ist leichter, den Eigenwert anderer Kulturen anzuerkennen, wenn man nicht nur auf das Trennende, sondern auch auf Gemeinsamkeiten achtet. In der Tat werden allgemein menschliche Haltungen wie Hilfsbereitschaft, Zivilcourage und Ehrlichkeit, ferner Maßstäbe für die Moral wie die goldene Regel und vor allem Grundelemente von Recht und Gerechtigkeit nicht nur im christlichen Abendland anerkannt, sie gehören zum gemeinsamen Erbe der Menschheit, nachweisbar nicht nur im Judentum und Islam, sondern beispielsweise auch im alten Ägypten, im Hinduismus, Konfuzianismus oder in den alten Kulturen von Nord- und Südamerika. Es ist Aufgabe der Toleranz in unserem Zeitalter der Globalisierung, nicht nur die Unterschiede zu stärken, sondern derartige Gemeinsamkeiten fortzuentwickeln.

(Otfried Höffe: Zum Ursprung der Toleranz. http://www.kas.de/wf/doc/kas_893-544-1-30.pdf?040415174209; Zugriff: 25.11.2012)

A

1. *Erläutert, warum es dem toleranten Verhalten dienen könnte, auf Gemeinsamkeiten unterschiedlicher Kulturen zu achten.*
2. *Stellt in Form einer Tabelle zusammen, was euch von euren Mitmenschen trennt bzw. was euch mit ihnen verbindet. Wählt dazu in Gedanken eine(n) beliebige(n) Mitschüler/in aus, dann einen beliebigen Menschen eurer Kultur, zuletzt einen beliebigen Menschen einer anderen Kultur.*

	Unterschiede	Gemeinsamkeiten
Mitschüler/Mitschülerin z.B. …	…	…
Mensch meiner Kultur z.B. …	…	…
Mensch anderer Kultur z.B. …	…	…

A

3. *Die UNESCO, die Kulturorganisation der Vereinten Nationen, erklärte im Jahr 1995 den 16. November jedes Jahres zum Internationalen Tag der Toleranz. Entwerft für den nächsten Tag der Toleranz ein Programm, mit dem ihr an eurer Schule dazu beitragt, „Problembewusstsein in der Öffentlichkeit zu wecken und die Gefahren der Intoleranz deutlich zu machen" – wie es in der Toleranz-Erklärung der UNESCO heißt. Programmpunkte könnten sein: Vorträge zum Thema Toleranz, eine Ausstellung mit Kunstwerken zum Thema Toleranz, ein Quiz zum Thema Toleranz, eine Sonderausgabe der Schülerzeitung etc.*

M

Hüte des Urteilens

Eine Moschee in unserer Nachbarschaft – müssen wir das tolerieren?

Wenn Muslime in Deutschland Moscheen bauen möchten, kommt es immer wieder zu Protesten von Nicht-Muslimen, in deren Nachbarschaft die Moschee gebaut werden soll. Einige stören sich an den hohen Türmen; manche meinen sogar, Moscheen hätten in Deutschland überhaupt nichts zu suchen.

Müssen Moscheen in Deutschland toleriert werden? Setzt euch mit dieser Frage auseinander, indem ihr die *Hüte des Urteilens* anwendet: Betrachtet die Frage nacheinander aus fünf unterschiedlichen Positionen. Setzt dazu sinnbildlich verschiedenfarbige Hüte auf (ihr könnt natürlich auch wirkliche Hüte aus Zeitungspapier anfertigen).

1. Als Träger des weißen Hutes ist es eure Aufgabe, die Situation neutral und sachlich zu betrachten, und alle nötigen Informationen zum Bau von Moscheen in Deutschland zu sammeln, ohne sie zu bewerten.
2. Als Träger des roten Hutes könnt ihr euren Empfindungen freien Lauf lassen, ohne euch rechtfertigen zu müssen: Sprecht alles aus, was eure Gefühle euch zum Bau von Moscheen in Deutschland sagen (aber erfindet nichts!).
3. Als Träger des schwarzen Hutes seht ihr die Welt mit sehr kritischen Augen: Ihr konzentriert euch auf die negativen Aspekte, auf die Risiken und Probleme, die gegen den Bau von Moscheen in Deutschland sprechen.
4. Als Träger des gelben Hutes betrachtet ihr die Welt zuversichtlich: Ihr konzentriert euch auf die positiven Aspekte, auf die Chancen und Hoffnungen, die für den Bau von Moscheen in Deutschland sprechen.
5. Als Träger des grauen Hutes müsst ihr die ethischen Aspekte betrachten, die bei dieser Frage eine Rolle spielen: Welche Werte, welche moralischen Rechte und Pflichten müssen berücksichtigt werden?
6. Zwei von euch haben in jeder Runde einen blauen Hut auf. Sie achten darauf, dass die Beiträge in den einzelnen Runden den jeweiligen Vorgaben entsprechen. Außerdem fassen sie die Ergebnisse der einzelnen Runden zusammen.

Fällt, nachdem ihr auf diese Weise möglichst viele Aspekte und Perspektiven berücksichtigt habt, ein abschließendes Urteil.

4 Eigenverantwortung in sozialen Beziehungen

Ich gebe niemandem meine Adresse, wenn ich im Netz unterwegs bin, weil ich mich schützen will.

Mein Großvater meint, der Jugend von heute würde alles hinterhergeschmissen. Er hätte schon mit 14 Jahren Geld verdienen müssen. Ich glaube, er weiß einfach nicht, wie stressig Schule ist.

Ob ich mich einmische, wenn ich sehe, wie jemand in der Straßenbahn von anderen verprügelt wird? Ich vermute mal nicht. Letztlich ist derjenige, der einem anderen in einer Notsituation hilft, doch immer der Dumme.

Meiner Meinung nach müssten die Banker für das, was sie angerichtet haben, nämlich die Finanzkrise, viel stärker zur Verantwortung gezogen werden.

Meine Clique ist für mich wichtig. Hier kann ich abhängen. Außerdem kann mir mit den anderen zusammen keiner was.

In der Schule immer wieder Klassenarbeiten, fast jeden Tag auf die kleine Schwester aufpassen, dienstags Gitarrenunterricht, am Freitag Handball-Training, am Samstag Wettkampf ... Manchmal ist mir das alles zu viel. Dann würde ich am liebsten aus allen Verpflichtungen aussteigen und mal einfach gar nichts tun.

Sich für die Gesellschaft, in der man lebt, zu engagieren? Dafür sind die Menschen heute doch viel zu sehr Individualisten.

Es ginge gegen meine Ehre, wenn Lehrer alles über unsere Köpfe hinweg entscheiden würden. Genau deshalb mache ich mit im Schülerrat.

Irgendwo habe ich mal gelesen: „Wenn sich jeder um sich kümmert, ist allen geholfen". Das ist schon ein verführerischer Gedanke. Aber was wird aus denen, die alt und krank sind?

A

1. Pinn einen Zettel mit deiner Meinung zur Eigenverantwortung zu den abgedruckten hinzu. Welcher Aspekt von Eigenverantwortung in sozialen Beziehungen bewegt dich besonders?

4.1 Verantwortungsbefreit?

Persönliche Freiheit ist für uns alle von hohem Wert (siehe auch Kap. 3). Es sieht aber so aus, als ob manche Menschen die ihnen zustehenden Freiheitsrechte als Freisein von jeder Verantwortung verstehen. Leben wir daher, wie man mitunter hört, in einer verantwortungsflüchtigen Gesellschaft? Die folgenden Schlagzeilen scheinen diese These zu bestätigen.

1. *Wertet die Nachrichten der letzten Tage aus und sammelt Indizien, die für oder gegen die These sprechen, dass wir in einer verantwortungsflüchtigen Gesellschaft leben.* A
2. *Immer wieder hört und liest man, dass die Menschen mehr Verantwortung wahrnehmen sollen. Sucht nach Gründen für diese Forderung in der heutigen Zeit. Bedenkt dabei die Folgen, wenn niemand mehr verantwortlich handelt.*
3. *Beziehe Position zu der Frage, ob der Ruf nach Verantwortung nur an Erwachsene gerichtet ist oder ob er auch dich betrifft. Verfasse ein Statement unter der Überschrift „Meine ganz spezielle Verantwortung …“.*

Was gehen mich die anderen an?

Q

Gerichtsreport

Am 18. September 1998 stehen in Königs Wusterhausen am Bahnhof vier Taxifahrer neben ihren Fahrzeugen und warten auf Kundschaft. Sie unterhalten sich und bekommen nur nebenbei einiges mit: Einer der Fahrer, Thomas K., schildert das „Einige" so: „Neben unseren Fahrzeugen rempelten ein paar junge Männer. Einer war ziemlich dunkelhäutig. Es ging alles sehr schnell. Mal trat Weiß zu, dann schien Schwarz obenauf, dann schlug Weiß wieder zu, und Schwarz ging in die Knie. Was wirklich passierte, haben wir nicht mitbekommen, wir mussten ja auf mögliche Fahrgäste achten. Mein Kollege stieg sogar aus, um die Raufbolde von den Autos zu verjagen."

„Nehmt den Neger weg!", „Haut ab, prügelt euch woanders!", haben Zeugen gehört, auch dass William Zombou, IT-Experte aus Kamerun, mehrfach „Help!" geschrien habe.

Herr R., ein weiterer Taxifahrer, meint dazu: „Manche Schlägerei hier am Bahnhof ist viel schlimmer. Wenn man da immer gleich die Polizei rufen wollte ..."

Siegrid F., die einzige Frau unter den Chauffeuren, hatte immerhin einen Moment lang daran gedacht, Hilfe zu holen. Sie nahm ihr Handy. Legte es dann aber wieder weg. Immerhin stand der Farbige zwischen den Schlägen immer wieder auf und hätte „auch ganz gut weglaufen können". Dass er das nicht tat, sondern die Angreifer zwei-, dreimal ansprach: „Was soll das? Warum schlagt ihr mich?", das können alle, die zusahen, nicht verstehen. „Dann muss er das doch gewollt haben", schlussfolgert einer der Taxifahrer. Muss er das?

(Frei nach einer Gerichtsreportage. In: Das Magazin, H. 7/2000, S. 92f.)

A

1. *Charakterisiere den doppelten Boden der satirischen Zeichnungen zum „gesunden Egoisten": Decke die Motive und Hintergründe auf, warum dieser einen Psychiater aufsucht.*
2. *Handeln und Unterlassen – beides muss man verantworten. Analysiere den Report mithilfe der Leitfragen der Fallanalyse (siehe S. 113).*

Gründe für Nichteinmischung

Vieles, was auf der Welt geschieht, haben wir nicht direkt verursacht. Heißt das, dass wir nichts für andere tun können? Zumindest fallen uns leicht Entschuldigungen ein, wenn es darum geht, uns aus der Verantwortung herauszuwinden.

Q

Gründe

Weil das alles nicht hilft,
Sie tun ja doch, was sie wollen

Weil ich mir nicht nochmals
die Finger verbrennen will

Weil man nur lachen wird:
Auf dich haben sie gewartet
Und warum immer ich?
Keiner wird es mir danken
Weil da niemand mehr durchsieht
Sondern höchstens noch mehr kaputt-
geht

Weil jedes Schlechte
Vielleicht auch sein Gutes hat

Weil es eine Sache des Standpunktes ist
Und überhaupt wem soll man glauben?

Weil auch bei den anderen nur
mit Wasser gekocht wird

Weil ich das lieber
Berufeneren überlasse

Weil man nie weiß
Wie einem das schaden kann

Weil sich die Mühe nicht lohnt
Weil sie alle das gar nicht wert sind

Das sind die Todesursachen
Zu schreiben auf unsere Gräber
Die nicht mehr gegraben werden

(Erich Fried: Gründe: In: Ders.: und Vietnam und. Klaus Wagenbach, Berlin 1996, S. 79)

A

1. *Was hindert Menschen eurer Meinung nach an einem verantwortlichen Eintreten für andere?*
   Diskutiert ausgehend von dem Gedicht vorgeschobene und tatsächliche Gründe.
2. *Nehmt auch zu den Gründen Stellung, die die Akteure im „Gerichtsreport“ für ihr Nichtstun angeführt haben.*

Rechte ohne Pflichten?

Der ehemalige Bundeskanzler Helmut Schmidt kritisiert ein in unserer Kultur verbreitetes Missverhältnis zwischen der Inanspruchnahme der Rechte durch die Menschen und der Wahrnehmung von Verantwortung.

Q

Es fehlt an Pflichtbewusstsein

In den größten Teilen Asiens gilt dieses Prinzip von Pflichten, gegenüber den eigenen Kindern, gegenüber den eigenen Eltern, gegenüber der eigenen Gruppe, in Japan sehr ausgeprägt gegenüber der eigenen Firma. Dieses Prinzip spielt dort eine viel größere Rolle als das Bewusstsein, dass der Einzelne Rechte habe.

Die Menschenrechtsdiskussion im Westen muss sich darüber klar werden, dass Rechte auch Pflichten bedingen. Meine uferlose Ausschöpfung von Rechten ohne meine Verantwortung, ohne meine Pflichten gegenüber anderen halte ich persönlich jedenfalls für unmoralisch.

Im deutschen Grundgesetz finden sich in den Artikeln 1 bis 19 nur Rechte. Es gibt zwei Ausnahmen ... (die Wehrpflicht [...], die Sozialbindung des Eigentums, die ohne Konkretisierung geblieben ist). Ansonsten nur Rechte. Danach wird in unseren Schulen erzogen, danach wird in unseren Universitäten erzogen. Zur Pflicht, zur Verantwortung kaum irgendwo. [...]

Ich sehe viele Menschen in Deutschland, die meinen, ihre Würde sei unantastbar – aber nicht unbedingt auch die des anderen. [...] Ich würde es sehr begrüßt haben, wenn im Artikel 1, wo von der Würde der Person die Rede ist, die unverletzlich ist, ganz klar würde, dass das nicht nur für den Staat gilt, sondern auch für meinen Nachbarn, der meine Würde nicht verletzen darf, und für mich, der ich die Würde des Nachbarn nicht verletzen darf. Das fehlt alles.

(Helmut Schmidt: Es fehlt am Pflichtbewusstsein. In: Marion Gräfin Dönhoff (Hg.): Menschenrecht und Bürgersinn. Die neue Mittwochgesellschaft. Bd. 2. Dt. Verlagsanstalt, Stuttgart 1999, S. 32f., 71)

A

1. *Fasse zusammen, welche Unterschiede zwischen dem (west-)europäischen und dem asiatischen Umgang mit Rechten und Pflichten Helmut Schmidt hervorhebt.*
2. *Begründe, warum das Einfordern von Freiheitsrechten ohne die Wahrnehmung von Verantwortung auf Dauer selbst die Rechte der Einzelnen gefährden könnte. Gehe dabei besonders auf die Aussagen bezüglich der Erziehung an Schulen und Universitäten ein.*
3. *Tragt Beispiele aus eurer Umgebung zusammen, in denen Menschen freiwillig ihre Verantwortung für andere wahrnehmen.*

Wer trägt die Verantwortung?

Verantwortung wahrnehmen hat auch etwas damit zu tun, für seine eigenen Taten einzustehen, die Schuld nicht auf andere abzuschieben, sondern die Konsequenzen selbst zu tragen.

Es liegt nicht an mir!

Jonas und Lara waren ein Paar. Heute simste Lara das Aus. Sie schrieb:

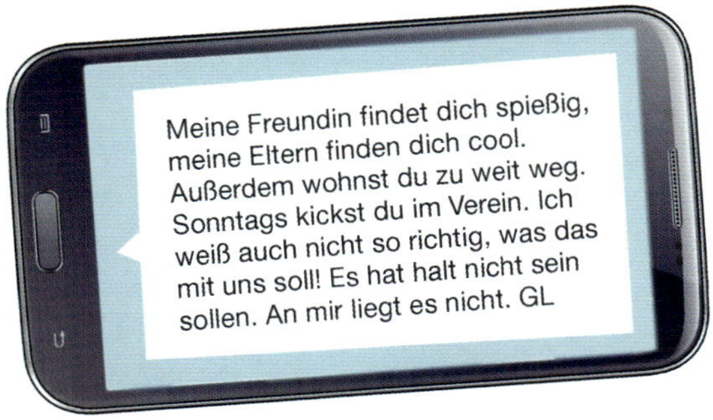

Streitfälle

Q

Situation	Mögliche Rechtfertigung	Schuld? ja	teilweise	nein	Gründe
Ein 20-jähriger Nazi aus einer schlechten Familie begeht eine Straftat	Man hat mich so erzogen				
17-Jähriger verübt im Suff einen Mord	Ich kann mich an nichts erinnern				
Kleptomanin begeht immer wieder Diebstähle	Das war nicht ICH				
Ein Lkw-Fahrer verursacht völlig übermüdet einen Unfall	Wenn ich auf die Einhaltung der Pausen bestehe, wird mir gekündigt				
Jemand übt Rache für ein erlittenes Unrecht	Was man mir angetan hat, kann sich keiner vorstellen				
Der Kannibale von Rotenburg	Es war sein freier Wille, von mir gegessen zu werden				
Rangelei im Treppenhaus: X wird von Y geschubst und stößt gegen Z, der fällt die Treppe herunter und verletzt sich schwer	Y: das habe ich nicht gewollt X: Ich wurde von Y geschubst				

(Nach Ethik und Unterricht, H. 2/2005)

A

1. *Übertragt die Tabelle in euer Heft und entscheidet dann, ob in den dargestellten Fällen jemand schuldig, also für seine Handlung und die Folgen voll verantwortlich, ob jemand nur teilweise schuldig oder gar unschuldig ist. Gebt in Stichpunkten Gründe für eure Entscheidung an.*
2. *Vergleicht eure Ergebnisse untereinander. Fasst zusammen, wann jemand für seine Taten die volle Verantwortung trägt und wann er nur eingeschränkt verantwortlich ist.*

4.2 Eigenverantwortlich leben

Die Folgen eigener Entscheidungen verantworten

Die meisten von uns haben Eltern, die es „gut mit uns meinen". Das heißt nichts anderes, als dass sie meinen, darüber bestimmen zu dürfen, was gut für uns ist. Es kommt jedoch für jeden von uns der Punkt, wo er selbst Entscheidungen treffen, für sein Leben schrittweise die Verantwortung übernehmen muss. Das bedeutet nicht zuletzt, die Folgen seiner Entscheidungen zu bedenken und gegebenenfalls dafür einzustehen.

Q

Der Pornoclip

Lisa, Denis und Alexander (die Namen wurden geändert) besuchen die 8. Klasse der Realschule in X. Sie sind nicht nur eng befreundet, sondern hatten auch bereits Sex miteinander. Alle drei haben Probleme, mit ihrem Taschengeld über die Runden zu kommen. Da kommt Denis die rettende Idee: „Lasst uns doch", schlägt er vor, „mit dem Handy einen Pornoclip drehen. Jeder, der einen Euro zahlt, dem schicken wir den Film auf sein Handy. Ich hab schon ein paar Interessenten an der Hand. Natürlich wird der Gewinn gerecht durch drei geteilt." Nach anfänglichem Zögern sind auch Lisa und Alexander einverstanden. Der Film gelingt, zumindest lässt er, was die Deutlichkeit der Szenen betrifft, kaum Wünsche offen. Zu sehen sind abwechselnd Denis und Alexander, wie sie jeweils mit Lisa in unterschiedlichen Positionen Geschlechtsverkehr haben.

Als Denis einem Mitschüler in der Pause probehalber einen Filmausschnitt zeigt, kommt zufällig der Klassenlehrer dazu. Er fleht die drei an, den Film unbedingt zu löschen. „Denkt doch mal an morgen, versaut euch nicht eurer Leben", so seine beschwörenden Worte. Denis meint jedoch, dass ihn das, was sie in ihrer Freizeit machen, überhaupt nichts angehe.

(Nach einer wahren Begebenheit)

A

1. *Begründe, ob du die Einmischung des Lehrers für angemessen hältst.*
2. *Die drei Schüler haben ihre Entscheidung einvernehmlich getroffen. Es ist auch kein anderer dabei zu Schaden gekommen. Begründe, warum ihr Handeln dennoch unverantwortlich ist. Bedenke dabei insbesondere auch die Worte ihres Klassenlehrers.*

Mit dem Internet verantwortungsbewusst umgehen

Wir nutzen heute ganz selbstverständlich die sozialen Netzwerke des Internets. Das Internet scheint ein modernes Zaubermittel zu sein, mit dem man Räume überwinden und unbegrenzt miteinander kommunizieren kann. Manchmal ergeht es uns damit aber nicht anders als Goethes Zauberlehrling, der sich irgendwann voller Verzweiflung eingestehen muss: „Die Geister, die ich rief, die werd ich nun nicht los".

Q

Verletzte bei Facebook-Party in den Niederlanden

Bei einer Facebook-Party in der niederländischen Kleinstadt Haren ist es zu Zusammenstößen zwischen Jugendlichen und der Polizei gekommen. Dabei wurden mindestens 30 Jugendliche verletzt, darunter zwei schwer. Die Polizei nahm 35 junge Leute fest. Mehrere Geschäfte seien geplündert und Fensterscheiben eingeworfen worden.

Etwa 3.000 bis 4.000 Jugendliche waren in die Kleinstadt nahe Groningen gekommen, 500 Polizisten waren in der Nacht im Einsatz. Viele Partygäste seien betrunken oder auf Drogen gewesen, teilte die Polizei mit.

„Sie griffen die Polizei mit Pflastersteinen, Feuerwerk und Flaschen an", sagte der örtliche Polizeichef. Die Krawalle seien geplant gewesen. „Erfahrene Rädelsführer aus dem ganzen Land gingen mit ungeheurer Gewalt und Aggression vor."

Ein Mädchen hatte zu der Party über Facebook eingeladen, sie wollte ihren 16. Geburtstag feiern. Die Einladung war aber – vermutlich versehentlich – öffentlich sichtbar. Das verbreitete sich unter dem Namen *Project X Haren* im Internet. [...] Dafür meldeten sich 20.000 Menschen an.

(http://www.zeit.de/gesellschaft/zeitgeschehen/2012-09/facebook-party-niederlande; Zugriff: 15.11.2012)

A

1. *Wiederholt, welche wachsenden Pflichten sich für Jugendliche parallel zu ihren erweiterten Rechten mit zunehmendem Alter ergeben.*
2. *Führt in der Klasse ein Streitgespräch zu der Frage durch, ob das Mädchen für die Folgen ihres Tuns, in dem Fall konkret für die entstandenen materiellen Schäden, mitverantwortlich ist.*
3. *Erarbeitet euch in Teilgruppen einen Standpunkt zu der Frage: Ist jemand auch dann für etwas verantwortlich, wenn er es versehentlich getan hat? Verteidigt eure Position vor der Klasse.*
4. *Zieht aus dem Fallbeispiel Schlussfolgerungen für den verantwortungsbewussten Umgang mit dem „Zaubermittel" Internet.*

Verantwortung für die eigene Zukunft

Jugendliche möchten ihr Leben irgendwann selbst „in die Hand“ nehmen. Dazu gehört auch der Wunsch nach finanzieller Unabhängigkeit von den Eltern. Finanziell „auf eigenen Beinen zu stehen“, setzt normalerweise voraus, einen Job, eine berufliche Beschäftigung zu finden.

Der Beruf – Schnittstelle zwischen Individuum und Gesellschaft

> Unter einem Beruf versteht man eine spezialisierte Tätigkeit, die der Sicherung des Lebensunterhalts dient.

Nach Auffassung des Soziologen Talcott Parsons (1902–1979) ist die berufliche Tätigkeit nicht nur Mittel individueller Existenzsicherung, sondern zugleich eine Leistung, die der Einzelne für das Ganze der Gesellschaft erbringt.

Q

Beruf als soziale Leistung

Der Erwachsenenstatus schließt in allen Gesellschaften einen gewissen Grad von Verantwortung für die eigene Lebenssicherung ein. Dazu gehört, dass vom Individuum bestimmte *Dienstleistungen* im Rahmen der gesellschaftlichen Organisation erwartet werden. Diese besonderen Leistungen werden in den modernen Gesellschaften primär in Form der *Berufsrolle** innerhalb eines Kollektivs erbracht. Auf jeden Fall bezieht sich die primäre funktionale Beziehung zwischen dem erwachsenen Individuum und der Gesellschaft auf die Beiträge, welche Erwachsene durch ihre beruflichen Dienstleistungen für diese erbringen, und die Befriedigungen oder Belohnungen, die sie dafür erhalten.

(Nach Talcott Parson: Gesellschaften. Suhrkamp, Frankfurt/M. 1975, S. 35ff.)

A

1. *Positioniere dich zu Parsons' Auffassung, dass es wesentlich von der Berufsrolle* abhängt, welchen Platz der Einzelne im sozialen Leben findet.*
2. *Siehst du andere Möglichkeiten als die Berufsarbeit, dem eigenen Leben einen Sinn zu geben und sozial verantwortlich zu handeln?*
3. *Was ist dein Wunschberuf? Welche Erwartungen hast du bezogen auf deine spätere berufliche Tätigkeit, mit welchen Anforderungen rechnest du? Lege deine Gedanken dazu in einem Weblog dar.*

Zu viele Möglichkeiten?

Im Vergleich zu heute hatten die meisten Menschen im Altertum und im europäischen Mittelalter weniger Entscheidungsfreiheit. Sie wurden in fest gefügte gesellschaftliche Stände mit klaren Rollenerwartungen hineingeboren und hatten kaum die realistische Chance, bestimmten Berufs- und Partnerzwängen zu entrinnen. Wer nur die Möglichkeit hat, den Beruf des Vaters zu erlernen, muss sich nicht zwischen verschiedenen Wegen entscheiden.

In vielen Ländern der Erde herrschen auch heute noch Vorstellungen, nach denen die Eltern, manchmal sogar der Staat, bei wichtigen Lebensentscheidungen der nachwachsenden Generation (z.B. Heirat, Kinderzahl) das letzte Wort haben sollten.

Das Leben in unserer modernen Gesellschaft bietet jedem hingegen immer mehr Wege an, sein Leben zu planen und zu gestalten. Eine der großen Lebensentscheidungen ist die Berufswahl (siehe auch S. 96f.). Angesichts der fast unüberschaubaren Berufsvielfalt den richtigen Weg für sich zu finden, stellt eine große Herausforderung an die Entscheidungskraft junger Menschen dar. Einerseits hat hier wie in anderen Lebensbereichen die individuelle Wahlfreiheit im Vergleich zu früheren Zeiten weiter zugenommen. Andererseits sieht sich deshalb aber jeder immer wieder vor die schwere Aufgabe gestellt, Entscheidungen in Hinblick auf den eigenen Lebensweg treffen zu müssen. Das stellt für manche Menschen eine Überforderung dar.

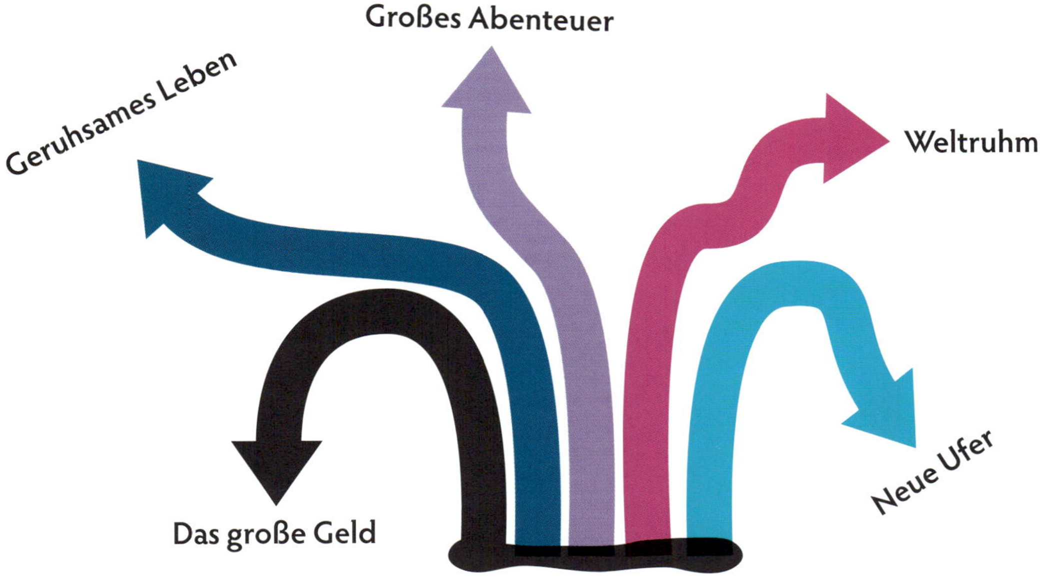

1. *Fasst zusammen, welche Unterschiede es zwischen der modernen und der mittelalterlichen Gesellschaft in Fragen der individuellen Lebensgestaltung gibt.* A
2. *Erarbeitet euch in Kleingruppen Gründe dafür, dass das moderne Leben für manche Menschen eine Überforderung darstellt.*
3. *Welche Alternativen fehlen eurer Meinung nach im Wegweiser? Ergänzt die Richtungsanzeigen.*
4. *Welchem Pfeil würdet ihr am ehesten folgen? Begründet eure Wahl.*

Lebensentscheidung Beruf

Den richtigen Beruf zu finden, ist die erste große Weichenstellung für das Leben. Schließlich will man nicht tausend Mal neu anfangen. Die Rockgruppe „Die Ärzte“ hat einige Aspekte dieses Suchprozesses beleuchtet.

Junge

Junge, warum hast du nichts gelernt?
Guck dir den Dieter an, der hat sogar ein Auto.
Warum gehst du nicht zu Onkel Werner in die Werkstatt?
Der gibt dir ne Festanstellung – wenn du ihn darum bittest.
Junge …

Und wie du wieder aussiehst – Löcher in der Hose und ständig dieser Lärm
(Was sollen die Nachbarn sagen?)
Und dann noch deine Haare, da fehlen mir die Worte – musst du die denn färben?
(Was sollen die Nachbarn sagen?)
Nie kommst du nach Hause, wir wissen nicht mehr weiter …

Junge, brich deiner Mutter nicht das Herz.
Es ist noch nicht zu spät, dich an der Uni einzuschreiben.
Du hast dich doch früher so für Tiere interessiert, wäre das nichts für dich
Eine eigene Praxis?
Junge …

Und wie du wieder aussiehst – Löcher in der Nase und ständig dieser Lärm
(Was sollen denn die Nachbarn sagen?)
Elektrische Gitarren und immer diese Texte – das will doch keiner hörn
(Was sollen denn die Nachbarn sagen?)
Nie kommst du nach Hause, so viel schlechter Umgang – wir werden dich enterben
(Was soll das Finanzamt sagen?)
Wie soll das alles enden? Wir machen uns doch Sorgen …

Und du warst so ein süßes Kind.
Du warst so süß

Und immer deine Freunde, ihr nehmt doch alle Drogen – und ständig dieser Lärm
(Was sollen die Nachbarn sagen?)
Denk an deine Zukunft, denk an deine Eltern – willst du, dass wir sterben?

(Farin Urlaub: Booklet der CD „Die Ärzte: Jazz ist anders“, Hot Action Records GmbH, 2007)

Den richtigen Beruf finden

Von Immanuel Kant stammt ein allgemeiner Rat, der auch bei der Berufswahl weiterhilft:

Q

Habe Mut, dich deines eigenen Verstandes zu bedienen!

(Immanuel Kant: Beantwortung der Frage: Was ist Aufklärung? Reclam, Stuttgart 1994, S. 9)

Etwas detailliertere Hinweise zur Berufswahl findet ihr im folgenden Schema:

Individuum

Was will ich?

- In welcher Branche will ich arbeiten?
- Welche Arbeitsfunktionen/Tätigkeitsfelder strebe ich an?
- Bin ich wegen des Berufs bereit zum Ortswechsel?
- Was ist mir neben dem Beruf noch wichtig?

Was kann ich?

- Sach- und Fachkompetenz: meine Stärken und Schwächen
- Sozialkompetenz: meine Stärken und Schwächen
- Meine körperlichen und psychischen Voraussetzungen (Belastbarkeit etc.)

↔

- Stimmen meine Kenntnisse und Fähigkeiten mit den Anforderungen des Marktes überein?
- Was muss ich tun, um bis zum Zeitpunkt der Bewerbung den Anforderungen besser gerecht zu werden?

Arbeitsmarkt

Welche Stellen gibt es?

- Welche Branchen gibt es?
- In welchen Funktionsbereichen gibt es gute Jobchancen?
- An welchen Orten sind Firmen der von mir gewählten Branche angesiedelt?

Mit welchen Anforderungen sind diese verbunden?

- Anforderungen hinsichtlich Sach- und Fachkompetenz
- Anforderungen hinsichtlich Sozialkompetenz
- Körperliche und psychisch-geistige Anforderungen

A

1. *Welche Ausbildungsberufe kennt ihr? Haltet die Ergebnisse zunächst auf einer Liste fest. Vergleicht eure Ergebnisse anschließend untereinander und ergänzt diese durch eine Internet-Recherche zu den beruflichen Ausbildungsmöglichkeiten in Deutschland.*
2. *Sicher hast du bereits einmal über den Wunschberuf nachgedacht, den du später ergreifen möchtest. Notiere für deinen Wunschberuf, welche sozialen, fachlichen und personalen Voraussetzungen er erfordert. Nutze das Schema als Hilfsmittel.*
3. *Stelle in Form einer Soll-Ist-Analyse zusammen, welche Kompetenzen du für den Wunschberuf bereits besitzt und welche du noch erwerben müsstest. Befrage zu deinen Schwächen auch deine Mitschüler.*
4. *Verfasse ein fiktives Bewerbungsanschreiben für einen Lehrberuf, in dem du deine Stärken herausstellst.*

4.3 Eigenverantwortung in Gruppen

Die Gemeinschaft als Verantwortungsraum

Unser Tun hat nicht nur Folgen für andere, oft handeln wir auch gemeinsam mit anderen. Sind wir, wenn wir eingebunden in Gruppen handeln, von der eigenen Verantwortung befreit?

Q

Verantwortung (er)wächst aus Beziehungen

Schränken uns aber die anderen und die Institutionen*, die öffentlichen Einrichtungen, die wir mit ihnen teilen, in unserer Freiheit ein? Vielleicht sollte man die Frage anders stellen: Macht es Sinn, von Freiheit ohne Bezug auf Verantwortung zu sprechen, das heißt auf unsere Beziehung zu den anderen? Sind es nicht gerade Institutionen – angefangen mit den Gesetzen –, die uns deutlich machen, dass wir frei sind, uns in sie zu fügen oder ihnen zu trotzen, ebenso wie sie einzurichten oder aufzuheben? [...]

So berechtigt die Proteste gegen die tatsächlichen Formen jeder heutigen Gesellschaft sein mögen, bleibt es ebenso gewiss, dass wir menschlich *für* und *durch* unsere Mitmenschen geprägt werden. [...] Die Beziehung zu anderen ist mit Sicherheit nie überflüssig oder ein bloßes Hindernis für die Entwicklung unserer Individualität. In Wirklichkeit kann sie sich nur in den Beziehungen zu anderen festigen. Um uns selbst kennen zu lernen, müssen wir zuerst von anderen *erkannt* werden. So belastend uns der Umgang mit anderen bekommen mag, wäre doch nichts so zerstörerisch wie seine völlige Abwesenheit – wenn wir also von anderen völlig und dauerhaft „unerkannt" blieben.

(Fernando Savater: Die Fragen des Lebens. Campus, Frankfurt/M./New York 2000, S. 192ff.)

Begriff und Arten der Gruppe

Unter einer Gruppe wird ein Zusammenschluss von mindestens drei Personen verstanden, die durch einen Vorrat an Gemeinsamkeiten miteinander verbunden sind und ein Gefühl der Zusammengehörigkeit entwickeln.

A

1. *Begründe, warum ohne Beziehung zu anderen Menschen von individueller Verantwortung keine Rede sein kann.*
2. *Was ist unter einer sozialen Gruppe zu verstehen? Arbeitet heraus, welche Merkmale laut Definition gegeben sein müssen, damit von einer sozialen Gruppe gesprochen werden kann.*
3. *Deutet die einzelnen Merkmale.*

Möglichkeiten der Klassifikation sozialer Gruppen

Nach Vorlieben selbst gewählte Gemeinschaften – z.B. Vereine	Herkunftsgruppen, in die man hineingeboren wird – z.B. die Familie
Auf persönlichem Kontakt beruhende Gruppen (Face-to-Face-Groups) – z.B. Freundeskreise	Medial vermittelte Gruppen – z.B. soziale Netzwerke
Fest geregelte (formelle) Gruppen – z.B. eine Schule	Lockere (informelle) Gruppen – z.B. Freizeitgruppen

Zerrieben zwischen den Gruppen

Wir gehören unterschiedlichen Gruppen an. Manchmal sind die daraus erwachsenden Erwartungen schwer miteinander zu vereinbaren.

Q

Morgens stand ich als Türkin auf und machte mich für die Schule fertig. Unterwegs zur Schule war ich neutral und wägte ab, was bei dem einen gut und schlecht war, und verglich das mit dem anderen. In der Schule war ich deutsch. [...] Sobald ich zu Hause war, musste ich wieder mein türkisches Gesicht aufsetzen, sonst kam ich mit den Leuten überhaupt nicht klar.

Mein wahres Ich ist eher in dem deutschen Gesicht, weil ich damit ehrlicher war als mit dem türkischen. [...] Ich konnte ja zu Hause nicht alles sagen, was ich dachte und wollte. Sie zwangen mich selbst dazu, sie anzulügen.

Ich fand das nicht besonders lustig, dass ich zwei Gesichter hatte. Es machte mir sehr viel Kummer [...] Die Leute in der Schule akzeptierten mich so, wie ich war, und haben nie empört geschaut, wenn ich eine andere Meinung als sie hatte. Bei meinen Eltern und auch bei anderen Türken durfte ich zwar eine eigene Meinung haben, aber wenn sie von der üblichen, typisch türkischen abwich, war es besser, sie für mich zu behalten oder sogar sie zu ändern, sollte mein Leben nicht zur Hölle werden.

(Ayse & Devrim: Wo gehören wir hin? Lamuv, Göttingen 1989, S. 35)

A

1. *Arbeitet heraus, worin sich eine soziale Gruppe von einer bloßen Menge von Menschen unterscheidet.*
2. *Liste auf, in welche Gruppen du eingebunden bist. Ordne deine Gruppenzugehörigkeiten nach Gruppenarten. Nutze dafür obige Klassifikation.*
3. *Versetzt euch in die Lage des türkischen Mädchens. Versucht zu verallgemeinern, worin ihr Problem besteht. Beratschlagt in Gruppenarbeit, wie man ihr helfen könnte.*

In der Gruppe und gegen sie handeln

Geborgenheit in der Gruppe

Von besonderer Bedeutung für Jugendliche sind *Peergruppen*, Gruppen von Gleichaltrigen mit ähnlichen Interessen.

Linus und seine Clique

Jeden Tag komme ich hierher und jeden Tag kann ich sicher sein, dass auch die anderen kommen. Dieser Bolzplatz und diese Bank sind für mich ein Stück Heimat. Wie das angefangen hat? Wir spielten auf der Wiese ein bisschen Fußball, barfuß und zu fünft. Irgendwann waren wir so ausgelaugt, dass wir uns auf der Bank unter der Linde zusammendrängten, verschnauften und redeten.

Paul und Richard gehen in meine Klasse. Sie werden „die Zwillinge" genannt, obwohl sie nicht mal Brüder und sich gar nicht ähnlich sind. Paul ist das einzige Kind aus einem behüteten Hause, immer adrett gekleidet, gut erzogen und durch nichts aus der Ruhe zu bringen. Richard ist sein Gegenpol, eine sympathische Schlampe. Ständig kommt er zu spät. Zu seinem Geburtstag haben wir ihm einen Wecker geschenkt, aber genützt hat es nichts. Richard lebt nur mit seinem Vater, einem Künstler, zusammen, der ihm alle Freiheiten lässt. Wir alle beneiden ihn. Nico wohnt in einem der Wohnblöcke. Er geht als Einziger von uns aufs Gymnasium und ist in Mathe ein Ass. Sein Vater ist Vietnamese und die Eltern betreiben einen Imbiss im Supermarkt. Dann ist da noch der lange Tim. Von ihm weiß ich gar nichts. Er ist ein großer Schweiger, aber ein großartiger Tormann und immer als Erster zur Stelle. Ich träume davon, ein berühmter Gitarrist wie Jimi Hendrix zu werden. Eigentlich interessiert mich nur Musik. Mein Vater meint, dass aus mir nichts werden kann mit solchen miesen Schulnoten.

A

1. *Die Jungen in dieser Geschichte kommen aus recht unterschiedlichen Elternhäusern und haben partiell unterschiedliche Interessen. Welche Bedürfnisse führen sie zusammen, was verbindet sie?*

Gegen den Druck der Gruppe

Gruppen geben uns das Gefühl der Zugehörigkeit. Mit der Einbindung in Gruppen sind aber auch Erwartungen verbunden, die wir in Form von *Gruppendruck* zu spüren bekommen. Manchmal kommt es dann sogar zu Handlungen, die jeder von uns, wäre er für sich geblieben, höchstwahrscheinlich niemals ausgeführt hätte. Ist der Einzelne in solchen Fällen von jeder Verantwortung entlastet?

Sonjas Problem

Schon zum zweiten Mal ist Sonja jetzt in der Pause dabei, als Sven und ein paar andere Jungs aus seiner Clique Jewgeni auf dem Pausenhof mit üblen Sprüchen beleidigen. „Scheiß Russe! Geh zurück in die Taiga, hier hast du nichts zu suchen!“ Als Sonja diese Sprüche das erste Mal gehört hatte, hatte sie es kaum glauben können. Bisher waren die Jungen mit Jewgeni ganz gut ausgekommen. Klar, ab und an mal eine kleine Bemerkung über Jewgenis Dialekt und die ulkige Grammatik, aber das war doch nur Spaß gewesen, oder nicht? Jewgeni war ja auch nicht gerade ihr bester Freund. Immer so komisch gestylt und dann dieses blöde Hip-Hop-Getue. Da war sie schon lieber mit Sven und seinen Jungs zusammen, zumal der in der Klasse den Ton angab. Aber wie die jetzt mit Jewgeni umsprangen, das ging dann doch schon sehr weit. „Und ich hab mitten drin gestanden, ohne was zu sagen“, denkt Sonja. „Hätte ich nicht rufen müssen: ‚Hey, spinnt ihr? Was redet ihr da für einen Scheiß. Lasst Jewgeni in Ruhe!‘“ Doch dann wäre sie jetzt außen vor, so viel steht fest. Und wer weiß, was sie sich dann für Sprüche anhören müsste. Aber in der nächsten Pause wieder nur da stehen, wenn die Jungs Jewgeni anpöbeln?

A

1. *Beschreibt den Konflikt, in dem sich Sonja befindet und sucht nach Lösungen.*
2. *Spielt die geschilderte Szene mehrmals mit verteilten Rollen. Greift dabei eure Vorschläge auf und lasst die Szenen entsprechend enden.*
3. *Bestimme, wie weit du in deinem Wunsch nach Zugehörigkeit gehen und wo du die Grenze ziehen würdest.*

Soziale Verantwortung wahrnehmen

Der Ruf nach (mehr) sozialer Verantwortung

In seiner Antrittsrede im Jahre 1961 formulierte der damalige Präsident der USA den berühmt geworden Satz: „Fragen Sie nicht, was Ihr Land für Sie tun kann, sondern was Sie für Ihr Land tun können.“ Ist diese Forderung, auch Patriotismus genannt, heute noch aktuell? Braucht unsere Gesellschaft ein Mehr an Gemeinwohlorientierung, an sozialer Verantwortung? Und was ist dabei eigentlich unter sozialer Verantwortung zu verstehen?

> Unter „sozialer Verantwortung“ werden vielfältige (mehr oder weniger freiwillig übernommene) Verpflichtungen verstanden, die auf die Erhaltung der Gemeinschaft und ihrer Existenzbedingungen abzielen. Soziale Verantwortung nehmen die Menschen in verschiedenen gesellschaftlichen Bereichen, z.B. in der Familie, der Schule, der Kommune oder der Firma, wahr.

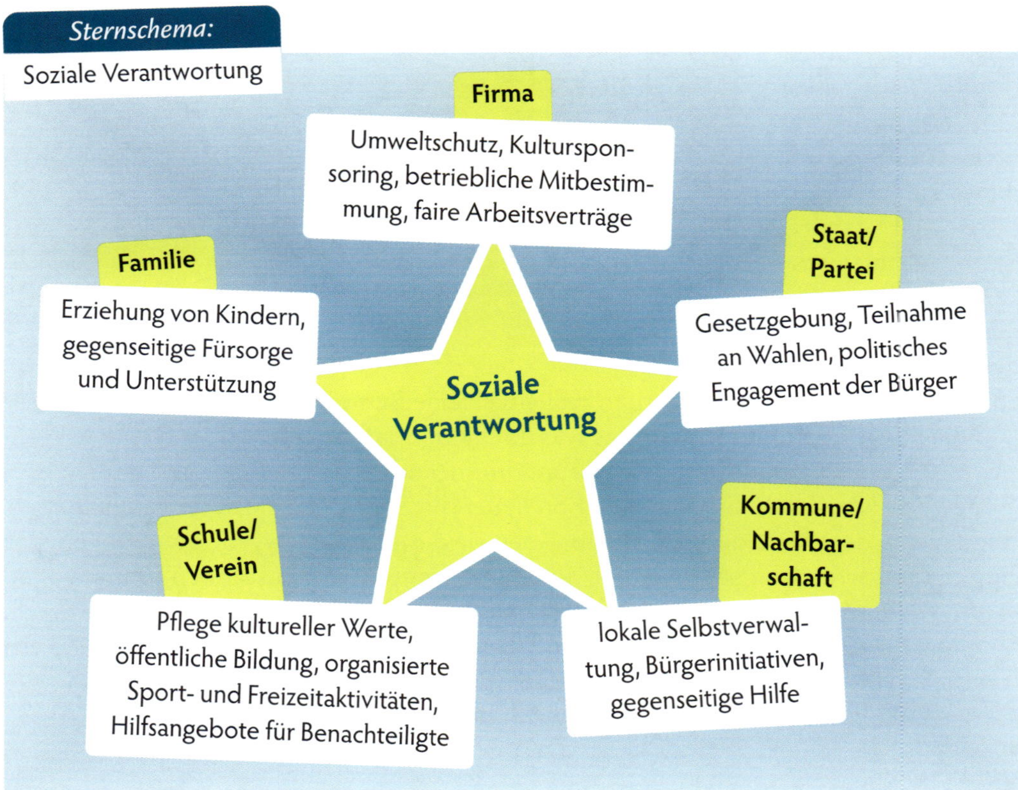

A

1. *Welche Ebenen des sozialen Engagements lassen sich unterscheiden? Nutzt dafür das Sternschema sozialer Verantwortung als Anregung.*
2. *Legt dar, durch welche konkreten Aktivitäten in der Familie, in der Schule, im Sportverein etc. ihr selbst soziale Verantwortung wahrnehmen könnt.*

Individuelle Rechte und Gemeinwohl

In einer Richtung der modernen Ethik, dem Kommunitarismus*, wird die Einbindung der Individuen in Gemeinschaften und ihre daraus erwachsende Verantwortung verstärkt thematisiert. Amitai Etzioni, ein Vertreter dieses Ansatzes, beklagt für moderne westliche Gesellschaften einen ausufernden Individualismus. Er versteht darunter, dass die Individuen zwar ganz selbstverständlich ihre Freiheitsrechte in Anspruch nehmen, dies aber nicht mit einer entsprechenden Bereitschaft zur Übernahme von sozialer Verantwortung einhergeht:

Die neue „Goldene Regel"

Q

In der Folge dieser Entwicklung haben einige Gesellschaften ihr Gleichgewicht verloren und nunmehr schwer an der Last zu tragen, die ihnen die unsozialen Folgen exzessiver Freiheit auferlegt haben. [...]

Folglich gilt es, ein Gleichgewicht zu finden zwischen universalen individuellen Rechten und dem Allgemeinwohl (zwei Konzeptionen, die allzuoft als nicht miteinander vereinbar betrachtet werden), zwischen dem Selbst und der Gemeinschaft. Vor allem aber muss der Frage nachgegangen werden, wie ein solches Gleichgewicht praktisch verwirklicht und bewahrt werden kann.

Die alte goldene Regel [...] bezieht sich [...] lediglich auf den zwischenmenschlichen Bereich. Die neue goldene Regel, die hier vorgeschlagen wird, [...] sucht die Lösung stärker auf der makrosozialen* Ebene als allein oder primär im zwischenmenschlichen Bereich. Meine Argumentation führt somit zu einer neuen goldenen Regel:

Achte und wahre die moralische Ordnung der Gesellschaft in gleichem Maße, wie du wünschst, dass die Gesellschaft deine Autonomie* achtet und wahrt.

(Amitai Etzioni: Die Verantwortungsgesellschaft. Individualismus und Moral in der heutigen Demokratie. Ullstein, Berlin 1999, S. 18f.)

A

1. *Inwiefern werden Freiheitsrechte in unserer Gesellschaft mitunter in überzogener Weise, ohne Bereitschaft zur Übernahme von Verantwortung, eingefordert? Sucht dafür nach Beispielen aus der Tagespresse und aus eurem Alltag.*
2. *Gebt den Grundgedanken der von Etzioni vorgeschlagenen „Goldenen Regel" mit eigenen Worten wieder. Vergleicht diese „neue" mit der „alten" Goldenen Regel. Arbeitet die Unterschiede heraus.*
3. *Übertragt Grundgedanken des Textes auf die Schulsphäre. Entwickelt eine neue Goldene Regel für eure Klasse.*

Schule als „Gesellschaft im Kleinen"

Vielleicht denkt ihr, die Aufforderung, mehr soziale Verantwortung wahrzunehmen, richte sich vor allem an gesellschaftliche „Entscheidungsträger", also Politiker. Das ist zwar nicht ganz falsch, geht aber doch am Kern der Forderung vorbei. Soziale Verantwortung hat nämlich etwas mit jedem von uns zu tun. Sie beginnt mit scheinbar kleinen Dingen, mit dem, was wir in der Schule, der Nachbarschaft, dem örtlichen Sportverein etc. tun.

Q

Lästerei im SchülerVZ mit Folgen

4. Dezember 2007: Mathematik steht auf dem Stundenplan von Anna und Lena (Namen geändert). Für die beiden 14-Jährigen aber endet die letzte Schulstunde unverhofft früher: Sie werden per Lautsprecher ins Sekretariat gerufen. Dort warten neben der Schulleiterin Polizisten auf die Mädchen. Es liege eine Anzeige wegen Beleidigung gegen sie vor, eröffnen die Beamten den beiden Siebtklässlerinnen. Danach gibt es ein langes Gespräch und ein Protokoll.

Fünf Wochen war es her, dass die beiden über zwei ihrer Lehrer abgelästert hatten. Via Internet beleidigten sie eine Lehrerin und einen Lehrer. Solche Bemerkungen mögen auf Pausenhöfen üblich sein. Doch hier standen sie im weltweiten Netz. Fotos von beiden Lehrkräften zur Illustration inklusive. Als die Betroffenen Mitte Oktober Wind davon bekamen, erstatteten sie Anzeige. Nach der Polizeiaktion macht das Thema die Runde im Kollegium, beschäftigt den Elternbeirat. Die Eltern werden gehört. Anna und Lena entschuldigen sich bei den Lehrkräften. Eine Woche vor Weihnachten beschließt der Disziplinarausschuss der Schule, ein Verfahren zur Entlassung von der Schule einzuleiten. Allerdings nur gegen Anna. Lena kommt mit einem blauen Auge davon: Sie wird verdonnert, Schülern unterer Klassen Nachhilfeunterricht zu erteilen.

An Anna rügt das neunköpfige Gremium „schweres Fehlverhalten". Sie missachte die Rechte anderer, heißt es in einem Schreiben an die Eltern. Sie belaste die „vertrauensvolle unbeschwerte Atmosphäre in der Schule", störe deren Bildungs- und Erziehungsauftrag. Und: Anna lasse „echte Einsicht und Reue vermissen", die Entschuldigung sei „oberflächlich" gewesen und „nicht aus ehrlichem Herzen" gekommen. Das Vertrauensverhältnis sei „so massiv geschädigt", dass der weitere Schulbesuch „nicht empfehlenswert" sei.

(Nach einer wahren Begebenheit)

A

1. *Ist der Schulausschluss von Anna gerechtfertigt? Begründet eure Sichtweise. Geht dabei auf die Argumente des Disziplinarausschusses ein.*
2. *Informiert euch, was in der Schulordnung eurer Schule zu den Rechten und Pflichten von Schülern und Lehrern steht.*

Der verpatzte Schulwettstreit

Mandy ist die beste Sportlerin in ihrer Klasse. Sie hat das erst neulich wieder bei einem Staffelwettbewerb unter Beweis gestellt. Ihre Sekundarschule hatte mit einer gemischten Schülerauswahl an einem – von einem Fernsehsender ausgerichteten – bundesweiten Vorausscheid teilgenommen. Nicht zuletzt dank Mandys Einsatz war ihre Schulmannschaft in die Endrunde der besten fünf Mannschaften gekommen. Am kommenden Samstag sollte der Endausscheid in der Landeshauptstadt stattfinden. Donnerstagabend wurde noch mal trainiert, alles lief wie am Schnürchen. Sogar der Direktor hatte kurz vorbeigeschaut und die Schüler noch mal eindringlich gebeten, alles zu geben. Das Preisgeld für den Sieger, immerhin 25.000 Euro, könne die Schule gut gebrauchen. Das Parkett in der Schulsporthalle müsse dringend erneuert werden. Außerdem, so der Direktor, könne die Schule auf diese Weise auch in der Region punkten. Schließungsplänen könne so der Wind aus den Segeln genommen werden.

Am Freitagabend erhielt Mandy seit Langem mal wieder einen Anruf von Elisabeth, ihrer ehemals besten Freundin. Beide Mädchen hatten sich etwas aus den Augen verloren, weil Elisabeth die Schule gewechselt hatte; ihre Eltern waren in die nahe gelegene Großstadt umgezogen. Elisabeth lud Mandy zum Wochenende zu sich ein. Ihre Eltern seien verreist, Gelegenheit, mal wieder ganz ungestört miteinander zu quatschen. Außerdem könne man, da in ihrer Stadt ein verkaufsoffener Sonntag anstehe, entspannt shoppen gehen. Nach anfänglichem Zögern stimmte Mandy zu. Vor sich selbst rechtfertigte sie sich damit, genug für ihre Schule getan zu haben. Jetzt wären mal andere dran. Sie rief noch am Abend ihren Sportlehrer an und meldete sich krank.

Das Wochenende wurde aus Sicht der Mädchen ein voller Erfolg. Sie hatten sich viel zu erzählen und beschlossen, wieder öfter was zusammen zu unternehmen. Als Mandy jedoch am Montag gut gelaunt in die Klasse stürmt, schlägt ihr eine eisige Stimmung entgegen. Die Schule, erfährt sie, hätte nur den undankbaren vierten Platz belegt. Sindy, die für sie kurzfristig als Ersatz eingesprungen war, sei zu aufgeregt gewesen und hätte deshalb einen Wechsel total verpatzt ...

A

1. *Bewertet das Handeln von Mandy. Hat sie eurer Meinung nach richtig oder verantwortungslos gehandelt?*
2. *Erarbeitet euch in Gruppenarbeit eine Position zu der Frage, ob es nicht nur eine Verantwortung für mich selbst und andere Menschen, sondern auch für das Wohl der Gemeinschaft gibt, und worin diese bestehen könnte.*

4.4 Maßstäbe verantwortlichen Handelns

Was es bedeutet, „richtig“ zu handeln

Sicher hast du schon mal erlebt, dass deine gut gemeinte Hilfe zurückgewiesen wurde. Selbst wenn wir also bereit sind, Verantwortung für andere zu übernehmen, wissen wir damit noch nicht, welches Handeln richtig ist. Wir brauchen Maßstäbe, an denen wir uns im Handeln orientieren.

Das Gute als Maßstab?

Wer seine moralische Verantwortung wahrnimmt, von dem sagen wir auch, er habe gut gehandelt. Umgedreht wird verantwortungsloses Handeln als schlecht bewertet. Haben wir damit den gültigen Orientierungsmaßstab, nach dem wir suchen, gefunden? Was ist überhaupt unter „gut“ zu verstehen?

Q ***Was „gut“ alles heißen kann***

Ich erinnere Dich daran, dass man die Wörter „gut“ und „schlecht“ nicht nur auf moralisches Verhalten anwendet, und auch nicht nur auf Personen. Man sagt z.B., dass Maradona oder Lothar Matthäus sehr gute Fußballspieler sind, ohne dass diese Qualifikation etwas mit ihrem Bestreben zu tun hat, dem Nächsten außerhalb des Stadions zu helfen, oder ihrer Neigung, immer die Wahrheit zu sagen. Sie sind als Fußballspieler gut, ohne dass wir ihr Privatleben untersuchen. Und man kann auch sagen, ein Motorrad ist sehr gut, ohne dass dies eine ethische Bedeutung hätte: Wir meinen damit, dass es hervorragend funktioniert und alle Vorzüge besitzt, die man von einem guten Motorrad verlangen kann. Im Hinblick auf Fußballspieler oder Motorräder ist das „Gute“ – das Angemessene – ziemlich klar. Wenn ich dich danach frage, kannst du mir sicher leicht die notwendigen Voraussetzungen dafür nennen, dass etwas im Sport oder bei Fahrzeugen die Qualifikation „überragend“ verdient. Warum versuchen wir also nicht, auf die gleiche Weise zu definieren, was notwendig ist, um ein *guter* Mensch zu sein? Würde das nicht alle Probleme lösen [...]?

So einfach ist das aber nicht. Was die guten Fußballspieler, die guten Motorräder, die guten Rennpferde betrifft, sind die meisten Leute gewöhnlich einer Meinung, aber wenn es darum geht zu bestimmen, ob jemand im allgemeinen gut oder schlecht ist – als Mensch –, gehen die Meinungen sehr auseinander.

(Fernando Savater: Ethik für Erwachsene von morgen. Bundeszentrale für politische Bildung, Bonn 1993, S. 50f.)

A

1. Sucht, angeregt durch den Text von Savater, nach Wortverbindungen mit „gut“. Notiert die Ergebnisse auf Zetteln und gestaltet damit eine Pinnwand.

2. Hebt die Wortverbindungen farblich ab, in denen nach eurer Meinung von moralisch gutem Verhalten die Rede ist.

Orientierung am geltenden Recht

Da das Gute so vieldeutig ist; sollte sich derjenige, der das Richtige tun will, vielleicht allein an geltenden juristischen Gesetzen orientieren? Dagmar Fenner gibt zu bedenken:

Grenzen des Rechts Q

Wo moralische Normen zusätzlich durch institutionelle Mechanismen des Strafrechts gesichert werden, sind sie zu juristischen Normen avanciert. Übertretungen werden dann mit Bußen oder Gefängnisstrafen geahndet. Vielleicht lässt sich ein amoralischer Mensch mit solchen Drohungen einschüchtern. [...] Das Grundproblem besteht aber [...] darin, dass man Menschen auf diese Weise höchstens zu einem moral*konformen* Verhalten animieren kann, das also nur vordergründig betrachtet moralisch ist: Obgleich die ausgeführten Handlungen nach außen hin alle Eigenschaften von moralischen Handlungen aufweisen, fehlt eine moralische Intention* des Handlungssubjekts. Es führt die moralisch richtige Handlung nur aus, weil es dazu abgerichtet wurde. Moralisch handelt aber nur, wer aus Einsicht in die Richtigkeit bestimmter Normen handelt, d.h. weil er einsieht, dass sie die bestmögliche Form menschlichen Zusammenlebens garantieren.

(Dagmar Fenner: Ethik. A. Francke, Tübingen/Basel 2008, S. 24)

Das Heinz-Dilemma

Wer seinen besten Freund belügt, ist zwar nicht im rechtlichen Sinne, aber im moralischen Sinne schuldig geworden. Die Moral scheint insofern von mir mehr zu fordern als das Recht. Der Entwicklungspsychologe Kohlberg (1927–1987) verdeutlicht dies an einem Beispiel:

Eine todkranke Frau litt unter einer besonderen Krebsart. Es gab ein Medikament, das nach Ansicht der Ärzte ihr Leben hätte retten können. Ein Apotheker der Stadt hatte es gerade erst entdeckt. Das Medikament war teuer in der Herstellung, der Apotheker aber verlangte ein Vielfaches seiner eigenen Kosten. Heinz, der Ehemann der todkranken Frau, borgte sich von all seinen Bekannten Geld, brachte aber nur die Hälfte der Summe zusammen. Nach ergebnislosen Verhandlungen mit dem Apotheker brach Heinz in die Apotheke ein und stahl das Medikament für die Frau. Q

(Frei nach Lawrence Kohlberg: Zur kognitiven Entwicklung des Kindes. Suhrkamp, Frankfurt/M. 1974, S. 124)

A

1. *Welche Unterschiede zwischen einem konformen und einem moralischen Verhalten arbeitet Fenner heraus?*
2. *Sollte Heinz das Medikament stehlen, ja oder nein? Begründe deine Position und verteidige sie vor der Klasse.*
3. *Sucht nach weiteren Beispielen, wo unsere moralische Verantwortung unter Umständen über die rechtliche hinausgeht.*

Orientierung an Werten und Normen

Werte auf dem Prüfstand

Im verantwortlichen Handeln orientieren wir uns an bestimmten übergreifenden Zielen. Wir wollen mit unserem Tun etwas befördern oder schützen, das wir als *wertvoll* ansehen.

Q

Was sind Werte?

Um menschliche Handlungen rechtfertigen oder bewerten zu können, sind gewisse Maßstäbe oder Kriterien unabdingbar. [...]

Die meisten moralischen Normen lassen sich bei genauerem Hinsehen auf bestimmte zugrunde liegende *Werte* zurück buchstabieren. Werte sind bewusste oder unbewusste Orientierungsstandards, von denen sich einzelne Individuen oder Gruppen in ihrem Verhalten leiten lassen. Es sind grundlegende und tief verankerte Vorstellungen darüber, was in einer Gemeinschaft als richtig und erstrebenswert gilt. Solche kollektiven Zielsetzungen sind keinesfalls immer rational und gut begründet, sondern können auch triebhaft, emotional, weltanschaulich oder religiös besetzt sein. Als allgemeine Zielorientierungen befinden sie sich auf einer anderen, höheren Ebene als die konkreten Handlungsorientierungen in Form von Normen. So ließe sich die Norm „Du sollst Notleidenden helfen!" auf den abstrakten Wert „Hilfsbereitschaft", „Du sollst nicht töten!" auf den sehr allgemeinen Wert „Leben" zurückführen. Normen und Werte bestärken sich in einer kulturellen Gemeinschaft gegenseitig. Während den Werten eine Art begründende Funktion zukommt, haben die Normen die Aufgabe, zur konkreten Umsetzung der abstrakten Werte anzuleiten.

(Dagmar Fenner: Ethik. Wie soll ich handeln? A. Francke, Tübingen/Basel 2008, S. 170f.)

Schema: Werte im Handeln

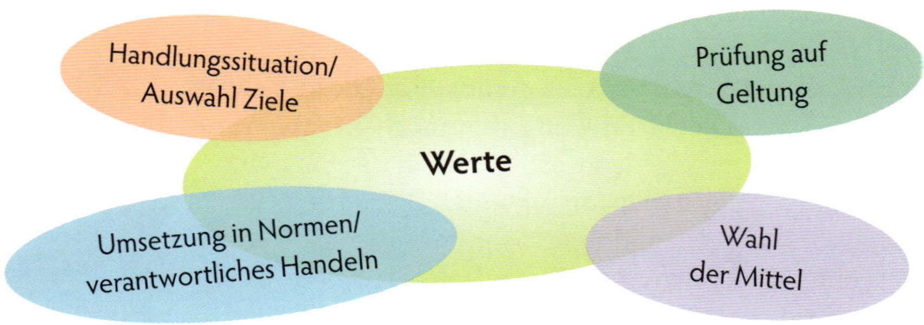

A

1. *Fasst zusammen, welche Funktion Werte und Normen im Rahmen des Handelns haben. Nutzt dazu auch das Schema.*
2. *Führe ein Gedankenexperiment durch: Angenommen, eine Flutkatastrophe droht. Deine Familie muss ihr Zuhause für eine bestimmte Zeit, vielleicht sogar für immer, verlassen. Der Platz im Auto ist knapp, du kannst nur die zehn für dich wichtigsten Dinge (im umfassenden Sinne) mitnehmen. Notiere diese, geordnet nach ihrer Wichtigkeit.*
3. *Setze das Gedankenexperiment fort und stell dir vor, dass kurz vor der Abfahrt eine Nachbarin anfragt, ob sie mitfahren kann (sie ist nicht gerade eine freundliche Frau, zudem müsste ein Teil der Gegenstände entladen werden ...). Triff eine Entscheidung und begründe sie.*

Verlieren Normen ihren Wert?

Das Streben nach individueller Selbstbestimmung ist ein zentraler Wert in unserer Zeit. Von manchen wird dies so gedeutet, dass alle von der Gesellschaft gesetzten Regeln zu sprengen sind. In Teilen der alternativen Jugendszene wird dieses Lebensverständnis gar zum Prinzip erhoben.

Punk oder worum geez?

Die Regeln von Punk sind schnell erklärt.

Regel 1: Schaff dir deine eigenen Regeln.

Regel 2: Die Konsequenzen trägst du allein.

Regel 3: Vergiss den ganzen Scheiß sofort wieder – Regeln sind was für Spießer.

Was der Einzelne daraus macht, bleibt völlig ihm überlassen. Punks lassen sich nicht so einfach in ein bestimmtes Schema pressen oder bequem in eine Schublade schieben.

Punk bedeutet, und das haben die meisten Leute bis heute noch nicht begriffen, weitaus mehr als ein bestimmtes Styling, aggressive Musik und rotznäsige Frechheit. Punk ist eine Lebensweise. Eine Weltanschauung. Punk ist gelebte Anarchie. Verweigerung. Anklage. Widerstand. Und nicht einfach nur Abkotzen, wie viele denken. Unsere sogenannte „zivilisierte Kultur" macht ihr eigenes Fortbestehen und die daran gekoppelten Werte und Symbole zum einzig erstrebenswerten Fetisch. Punk stellt genau diese „Werte" und „Ideale" in Frage. [...]

Punk ist Selbstbestimmung. Tu, was dir gefällt. Wenn du keinen Bock hast, dann lässt du's eben bleiben. Deine Entscheidung. Und komm und geh, wann du willst. Wohin du willst. Scheiß drauf, was die Anderen dazu sagen. „Jeder Tag ist Feiertag."

Der Preis der Freiheit ist ein hoher. Oder sollte ich besser sagen für die Unangepasstheit? Wann ist man schon wirklich frei. Ein Leben ohne jegliche Sicherheiten, auf der Kante der Legalität. „Legal, illegal, scheißegal!" Aber Sicherheit ist ja eh nur eine Illusion.

(Eva Bude: Verpisst euch! Europa, Hamburg/Leipzig/Wien 2005, S. 5ff.)

1. *Formuliert die Hauptaussage des Textauszuges.*
2. *Diskutiert untereinander, ob die Punk-Lebensform ganz ohne Regeln denkbar ist. Welche „Verpflichtungen" gehören zu ihr?*
3. *Führe ein Gedankenexperiment durch: Stell dir vor, eine Gesellschaft bestünde nur aus Punks. Könnten die Punks in einer solchen Gesellschaft ihren Lebensentwurf überhaupt realisieren?*
4. *Entwerfe ein Treatment (Vorentwurf für ein Drehbuch) für einen Film, in dem mögliche Lebensschicksale und Lebensstationen von Punkern über einen längeren Zeitraum hinweg nachgezeichnet werden.*

Im Streit der Werte

Werte sind keine ein für allemal feststehenden Größen. Sie sind kulturabhängig und können sich historisch ändern. Gibt es bei aller Vielfalt der Werte so etwas wie *Leitwerte*, die für das Zusammenleben in unserer Gesellschaft unverzichtbar sind? Norbert Lammert, der Präsident des Bundestages, gehört zu den Verfechtern dieser Idee.

Q

Werte haben wieder Konjunktur

Andreas Debski: Herr Lammert, das Buch ist nicht ihr erster Vorstoß zur Leitkultur. Warum liegt Ihnen das Thema derart am Herzen?

Norbert Lammert: Die Debatte hat über viele Jahre nicht stattgefunden, weil sie vielen als unnötig oder lästig erschien. Dass sich jetzt nicht nur in dem Buch sogar Leute daran beteiligen, die sie vor einigen Monaten noch für verzichtbar oder gar hinderlich hielten, ist ein Beleg für die Dringlichkeit. Jede Gesellschaft hat einen Mindestbestand an Überzeugungen und Orientierungen, auf denen ihre Verfassung und Rechtsordnung beruht ...

Andreas Debski: ... und dieser sollte unter christlichen Vorzeichen stehen?

Norbert Lammert: Es ist doch selbst für religiös ungebundene Menschen nicht zu übersehen und deswegen auch nicht zu bestreiten, dass das kulturelle Selbstverständnis Europas wesentlich vom Christentum geprägt ist. Allerdings nicht exklusiv: Das Christentum wird durch die Aufklärung ergänzt. Glaube und Vernunft sind die beiden großen kulturellen Orientierungen Europas. [...] Wer immer in diesem Land lebt, ob mit oder ohne deutsche Staatszugehörigkeit, steht unter dem Schutz der Verfassung, muss aber auch die sich daraus ergebenden Verpflichtungen akzeptieren. Dabei geht es nicht darum, den Kanon der Rechte und Pflichten zu erweitern, sondern endlich wieder den Zusammenhang herzustellen zwischen den Grundlagen, auf denen unsere Gesellschaft beruht und den Gesetzen. Weil die Bäume prächtig gediehen sind, glaubten viele, man müsse sich um die Wurzeln nicht mehr kümmern. Werte haben neuerdings wieder Konjunktur. Es hat über einen langen Zeitraum ein Wegducken gegeben, was das Identifizieren und Bekennen zu den eigenen Werten betrifft.

(Andreas Debski: Werte haben wieder Konjunktur. Interview mit Norbert Lammert. In: LVZ, 4.10.2006, S. 3)

A

1. *Führt in der Klasse unter Beachtung des Falls auf S. 80 (Freiheit) eine Pro-Contra-Diskussion zur Frage durch: Brauchen wir in unserer Gesellschaft Leitwerte?*
2. *Welche Werte würdest du persönlich als Grundwerte unserer Gesellschaft betrachten? Begründe, worin ihre unverzichtbare Rolle für das menschliche Zusammenleben besteht.*

Globale Werte im 21. Jahrhundert

Auch der ehemalige Generalsekretär der UNO, Kofi Annan, sucht nach Werten, die die Menschen auf der Erde verbinden könnten.

Q

Jede Gesellschaft muss durch gemeinsame Werte verbunden sein, sodass ihre Mitglieder wissen, was sie voneinander erwarten können und dass es bestimmte, von allen getragene Grundsätze gibt, die ihnen eine gewaltlose Beilegung ihrer Differenzen ermöglichen.

Das gilt für örtliche Gemeinwesen ebenso wie für Staatsgemeinschaften. Heute, da die Globalisierung uns alle einander näher bringt [...], empfinden wir auch die Notwendigkeit, in einer globalen Gemeinschaft zu leben. Wir können dies nur tun, wenn wir über globale Werte verfügen, die uns alle verbinden. [...]

Unsere universellen Werte verlangen von uns, dass wir die menschlichen Eigenschaften, [...] die wir mit allen unseren Mitmenschen gemein haben, anerkennen und dass wir die gleiche Achtung vor der Menschenwürde und der Sensibilität der Angehörigen anderer Gemeinschaften zeigen, die wir auch von ihnen erwarten.

Das bedeutet, dass wir stets bereit sein sollten, andere Menschen ihre Identität selbst definieren zu lassen, und dass wir nicht darauf bestehen sollten, sie nach unseren eigenen Kriterien einzuteilen, so wohlgemeint es auch sein mag. Wenn wir aufrichtig an die individuellen Rechte glauben, dann müssen wir anerkennen, dass das Identitätsgefühl des Einzelnen nahezu immer mit dem Gefühl der Zugehörigkeit zu einer oder mehreren Gruppen verknüpft ist [...]. Daher gehört zu den Rechten des Einzelnen auch das Recht, Empathie und Solidarität mit anderen Menschen zu empfinden, die den einen oder anderen Aspekt seiner Identität mit ihm teilen.

(Kofi Annan: Auszug aus der Rede zum Weltethos. http://www.weltethos.org.00-annan.htm; Zugriff: 25.2.2009)

A

1. *Ruf dir in Erinnerung, welche Rechte zu den universellen Menschenrechten zählen. Um welchen Wert erweitert Kofi Annan dieses Verständnis der Menschenrechte?*
2. *Begründe, warum die Vielfalt der Kulturen und die Zugehörigkeit zu besonderen Gruppen gerade in Zeiten der Globalisierung einen Wert darstellen.*

Orientierung an moralischen Grundsätzen

Die Goldene Regel ist euch als Faustregel zur Bestimmung des moralisch richtigen Handelns bekannt. Einen darauf aufbauenden Moralgrundsatz formuliert der australische Philosoph Peter Singer.

Q

Das Prinzip gleicher Interessenabwägung

Wir haben [...] gesehen, dass ich, wenn ich ein moralisches Urteil fälle, über einen persönlichen oder partikularistischen* Standpunkt hinausgehen und die Interessen aller Betroffenen berücksichtigen muss. Dies bedeutet, dass wir Interessen einfach als Interessen abwägen, nicht als meine Interessen oder die Interessen der Deutschen oder die Interessen der Weißen. Dies verschafft uns ein grundlegendes Prinzip der Gleichheit: das Prinzip gleicher Interessenabwägung.

Das Wesentliche am Prinzip gleicher Interessenabwägung besteht darin, dass wir in unseren moralischen Überlegungen den ähnlichen Interessen all derer, die von unseren Handlungen betroffen sind, gleiches Gewicht geben. [...] Worauf das Prinzip in Wirklichkeit hinaus läuft, ist folgendes: Interesse ist Interesse, wessen Interesse es auch sein mag. [...]

Das Prinzip der gleichen Interessenabwägung [...] muss auf jeden Menschen angewendet werden, ungeachtet der Rasse, des Geschlechts oder der Werte eines Intelligenztests.

(Peter Singer: Praktische Ethik. Reclam, Stuttgart 2013, S. 349ff.)

A

1. *Vergleicht Singers Prinzip gleicher Interessenabwägung mit der – euch bekannten – Goldenen Regel. Welche Übereinstimmungen und Unterschiede fallen euch auf?*
2. *Was bedeutet es nach Singer, einen moralischen Standpunkt, eine moralisch verantwortliche Position einzunehmen?*
3. *Begründet, warum Singers Moralprinzip gerade für die Wahrnehmung der Folgenverantwortung von Bedeutung ist. Welche Handlungskonsequenzen sind, folgt man diesem Prinzip, moralisch unverantwortlich und sollten daher möglichst von uns vermieden werden?*
4. *Wendet das Prinzip gleicher Interessenabwägung auf – in diesem Kapitel dargestellte (siehe Seite 104f.) – Beispiele verantwortlichen/unverantwortlichen Handelns an.*

Fallanalyse

M

Der Ausgangspunkt der Fallanalyse ist ein bestimmtes Ereignis oder eine spezielle Handlung. Das Ziel besteht darin, anhand eines Einzelbeispiels verallgemeinernde Erkenntnisse über ein interessierendes Problem, zum Beispiel das Wesen verantwortlichen Handelns, zu gewinnen.

Vorgehensweise:
Zu unterscheiden ist zwischen Analyse-, der Deutungs- und Bewertungs- sowie der Verallgemeinerungsphase.

- Zunächst werden Informationen über den Fall zusammengetragen und eventuelle Hintergründe beleuchtet (Arbeitsaufgaben 1–3).
- Dann werden die Gründe für die jeweiligen Handlungen erschlossen und ins Verhältnis gesetzt zu rechtlich-moralischen Maßstäben (Arbeitsaufgaben 4–5).
- Abschließend erfolgt, über den konkreten Fall hinausgehend, ein allgemeiner Lösungsvorschlag, um Geschehnisse und Handlungen ähnlicher Art begrifflich zu erfassen oder zu regeln (Arbeitsaufgabe 6).

Leitfragen:
Bei der Fallanalyse ist es zweckmäßig, sich an bestimmten Leitfragen zu orientieren

Leitfrage	Arbeitsaufgabe zur Fallanalyse
1. *Was* ist geschehen?	Verschaffe dir Klarheit über den Fall (die Sachverhalte, Handlungen) und die Hintergründe.
2. *Wann/Wo* ist es passiert?	Analysiere die räumlichen und zeitlichen Umstände.
3. *Wer* hat es getan?	Arbeite heraus, wer das, was geschehen ist, mit seinen Handlungen verursacht hat.
4. *Weshalb* hat er/sie es getan?	Erschließe die Gründe, die Interessen und Motive der Handlungsbeteiligten.
5. *Warum* ist es richtig/falsch?	Bewerte die Handlungsgründe und Handlungsfolgen vor dem Hintergrund geltender Gesetze und allgemeiner moralischer Grundsätze.
6. *Was* bedeutet das für ähnliche Situationen?	Ziehe Schlussfolgerungen für ähnlich gelagerte Fälle und fasse diese in einer allgemeinen Handlungsregel oder einem allgemeinen Begriff zusammen.

A

1. *Nutzt die Methode, um die Verantwortung, die Menschen im Rahmen sozialer Beziehungen haben, zu erschließen. Folgende Fälle eignen sich:*
   - *Verletzte bei Facebook-Party in den Niederlanden (S. 93)*
   - *Sonjas Problem (S. 101)*
   - *Lästerei im SchülerVZ mit Folgen (S. 104)*
   - *Der verpatzte Schulwettstreit (S. 105)*

5 Gerechtigkeit und gerechter Ausgleich

Gerechtigkeit in aller Munde

Keine/Keiner fängt beim Punkt null an, wenn sie/er über Gerechtigkeitsfragen nachdenkt. Unsere Sprache ist reich an bildhaften Ausdrücken, in denen sich menschliche Gerechtigkeitsvorstellungen niedergeschlagen haben.

Sprichwörter und Redewendungen

A

1. *Ergründe, was die einzelnen Redewendungen mit Gerechtigkeit zu tun haben und welche Vorstellungen von Gerechtigkeit mit ihnen jeweils verbunden sind.*

5.1 Austeilende und ausgleichende Gerechtigkeit

Mit Gerechtigkeit verbinden wir die Vorstellung, dass vorhandene Mittel fair unter die beteiligten Menschen aufgeteilt werden.

Maßstäbe der Gerechtigkeit

Welche Maßstäbe aber sind geeignet, eine gerechte Verteilung der oft knappen Güter herbeizuführen? Wie unterschiedlich man diese Frage beantworten kann, zeigt das folgende Beispiel.

Q

Verschiedene Gerechtigkeitsvorstellungen

Man stelle sich folgende Konstellation vor: Nach einer Katastrophe haben Ärzte sechs lebensgefährlich verletzte Personen vor sich. Alle würden ohne medizinische Hilfe sterben; jedoch ist einer der Patienten erheblich schwerer verletzt als die anderen fünf. Die Ärzte haben nur ein gewisses Quantum der benötigten Medizin vorrätig: Es reicht dafür, entweder die fünf leichter Verletzten überleben zu lassen oder den einen schwerer Verletzten. Letzterer bräuchte die gesamte Medizin, während den anderen jeweils ein Fünftel reichen würde. Was bedeutet es in diesem Fall, die Patienten gerecht zu behandeln?

Einer der Ärzte könnte sagen, dass er die fünf behandelt und den einen sterben lässt, weil es gerecht ist, knappe Ressourcen zum Wohle der Mehrheit einzusetzen. Der nächste könnte argumentieren, dass Gerechtigkeit im Ausgleich zufälliger, unverschuldeter Ungleichheit liegt, und dass man daher den am schwersten Verletzten bevorzugt behandeln muss. Der dritte könnte sagen, dass Gerechtigkeit darin besteht, für alle Menschen ohne Ansehen ihrer Person einen gleichartigen Zustand zu erreichen. Ein vierter schlägt vor, eine Münze zu werfen, wobei Kopf bedeutet, dass der Schwerverletzte gerettet wird, Zahl, dass alle anderen gerettet werden. Nur so, argumentiert er, besteht für jeden die gleiche Chance, gerettet zu werden. Ein fünfter schließlich wehrt sich gegen alle diese Vorschläge. Er möchte über die Gabe der Medikamente gerade nur in Ansehung der Person entscheiden: Handelt es sich bei dem Verletzten vielleicht um einen Verbrecher oder um eine besonders verdiente Persönlichkeit? Allein bei Berücksichtigung der jeweiligen Verdienste, meint er, könne man eine gerechte Entscheidung zu treffen.

(Nach Peggy H. Breitenstein, Johannes Rohbeck (Hg.): Philosophie. Geschichte, Disziplinen, Kompetenzen. Metzler, Stuttgart/Weimar 2011, S. 306)

A

1. *Fasst zusammen, welche unterschiedlichen Maßstäbe von den beteiligten Ärzten zur Anwendung gebracht werden, um die knappe Medizin gerecht zu verteilen.*
2. *Wie würdest du selbst das Problem der Verteilung der Medizin im angesprochenen Fall lösen? Begründe deine Auffassung.*

Zwei Arten von Gerechtigkeit

Rainer Erlinger wirft die Frage auf, ob es nicht ungerecht ist, wenn es manchen Menschen finanziell besser und anderen schlechter geht. Um eine Antwort zu finden, nutzt er eine bereits von Aristoteles (384–322 v.u.Z.) eingeführte Unterscheidung.

Q

Müssen in einer Gesellschaft alle gleich viel haben?

„Anfangen kann man wieder bei Aristoteles. [...] Er unterscheidet verschiedene Arten von Gerechtigkeit. Man spricht seitdem von distributiver und korrektiver Gerechtigkeit. Die eine verteilt Güter und die andere stellt eine aus dem Gleichgewicht geratene Gerechtigkeit wieder her. Das kann in einem Geschäft sein, beim Tauschen und Kaufen etwa, oder aber, wenn jemand etwas Falsches getan hat, einen Diebstahl oder so etwas."

„Und warum muss man das unterscheiden?", fragte Ferdinand.

„Weil Aristoteles für diese Formen jeweils einen anderen Maßstab vorsieht. Bei der Verteilung soll nicht jeder das Gleiche bekommen, sondern in dem Verhältnis, wie er etwas beigetragen hat. Aristoteles nennt das *geometrische Gerechtigkeit*. Anders ist es dann, wenn etwas ausgeglichen werden soll. Dann muss es nicht im Verhältnis ausgeglichen werden, sondern eben genau in der Höhe, in der das Ungleichgewicht besteht. Das heißt dann *arithmetisch*."

„Uff, das ist ja tatsächlich kompliziert", sagte Ferdinand. [...]

„Dabei geht es hier erst richtig los. Das wirklich Schwierige ist nämlich die Verteilung, also das, was Aristoteles mit dieser geometrischen Regel lösen will. [...] Wenn es um die Freiheit geht und um die Verteilung von Grundrechten, muss jeder immer genau das Gleiche bekommen. Deshalb heißen sie ja auch *Menschenrechte* oder unveräußerliche Rechte. Und bei wirtschaftlichen und sozialen Angelegenheiten sollen alle gleich viel bekommen, wenn es nicht Gründe dafür gibt, warum es anders sein soll. [...]. Als Gründe anerkannt werden Bedürfnisse, Leistung und erworbene Rechte [...]."

(Rainer Erlinger: Lügen haben rote Ohren. Gewissensfragen für große und kleine Menschen. Omnibus, München 2004, S. 207ff.)

A

1. *Gib den Inhalt der Unterscheidung von distributiver* und korrektiver Gerechtigkeit mit eigenen Worten wieder.*
2. *Begründe, warum für die Verteilung von Grundfreiheiten das Prinzip der Gleichheit gelten sollte.*
3. *Welche Gründe kann es nach Aristoteles geben, vom Grundsatz der Gleichverteilung abzuweichen? Erläutere die Gründe an Beispielen deiner Wahl.*
4. *Beginne mit einer thematischen Übersicht (Mindmap), in der du alle wichtigen Begriffe zum Thema Gerechtigkeit einträgst.*

Kriterien distributiver* Gerechtigkeit

Gleichheit

Gleichheit, so Rainer Erlinger, ist ein wichtiger Maßstab für Verteilungsgerechtigkeit. Die Frage ist aber, warum dennoch immer wieder von diesem Grundsatz abgewichen wird. Eine Antwort gibt der griechische Fabeldichter Aesop in seiner Fabel „Vom Löwen und seinen Genossen".

Von der Kunst, gerecht zu teilen

Q

Ein Rind, eine Ziege und ein Schaf gesellten sich zu einem Löwen und zogen miteinander auf die Jagd in einen Wald. Alsbald fingen sie einen Hirsch, der ward in vier Teile geteilt. Da sprach der Löwe: „Den ersten Teil nehme ich, weil ich ein Löwe und der König der Tiere bin. Der andere Teil gehört mir, da ich stärker bin als ihr. Den dritten Teil aber will ich haben, weil ich schneller gelaufen bin als ihr. Wer von euch jedoch den vierten Teil anrührt, der soll meine Klauen spüren."

(Nach Aesop: Vom Löwen und seinen Genossen. In: Ders.: Fabeln. Insel, Leipzig 1980, S. 7)

A

1. *Welche Gründe führt der Löwe für die von ihm vorgenommene „Teilung" an?*
2. *Bewerte die angeführten Gründe unter Gerechtigkeitsgesichtspunkten.*

Eine fiktive Geschichte über Gerechtigkeit

Q

Zwei Forscher stoßen bei einer Expedition in einem unwegsamen Gebiet auf einen 60 Personen umfassenden Stamm, der abgeschieden von aller Zivilisation lebt. Während der botanischen Erkundungen leben die beiden Forscher mit dem Stamm zusammen und genießen dessen Gastfreundschaft.

Die beiden bemerken, dass die Stammesangehörigen im Gegensatz zu ihnen, die mit zwei warmen Schlafsäcken ausgestattet sind, der empfindlichen Kälte in den Nächten schutzlos ausgeliefert sind. Dabei ist die Säuglingssterblichkeit und die Sterbequote Alter und Kranker ziemlich hoch. Sie überlegen, wie sie helfen können. Vor der Abreise überlassen sie dem Stamm als Dank für die Gastfreundschaft ihre beiden Schlafsäcke. Der Häuptling nimmt die Gaben freudig entgegen und ruft den Stamm zusammen. Entsetzt verfolgen die beiden Forscher, wie der Häuptling die Schlafsäcke feierlich in 60 gleich große Teile zerschneidet und sie unter die Stammesangehörigen aufteilt.

A

3. *Welche Gerechtigkeitsauffassung liegt der Handlung des Häuptlings zugrunde? Umreißt und bewertet diese.*
4. *Auf den ersten Blick erscheint uns die Handlung des Häuptlings irrational. Überlegt, ob es dennoch Gründe gibt, die für die Entscheidung des Häuptlings sprechen.*
5. *Fasst zusammen, welche Arten von Gütern es gibt, die nicht gleich verteilt werden können und sollen.*

Leistungsgerechtigkeit

Wenn euer vier Jahre jüngerer Bruder ein Taschengeld in gleicher Höhe wie ihr bekommt, findet ihr das wahrscheinlich ungerecht. Schließlich habt ihr zu Hause mehr Pflichten zu erfüllen (etwa Einkaufen) und andere Bedürfnisse (das teure Handy) als er. Ein Verteilungsprinzip, das solche Unterschiede berücksichtigt, ist die Verteilung nach Verdienst. Heute ist man allgemein der Auffassung, dass jemand sein höheres Einkommen dann zu Recht erhält (er es „verdient" hat), wenn es auf einer höheren Leistung beruht.

Q

Managergehälter

Berlin/Frankfurt. Der zweite Mann im Staat sorgt sich angesichts eines „fröhlichen Überbietungswettbewerbs" bei den Bezügen der Top-Manager um das Vertrauen in die Marktwirtschaft. Es gebe „gigantische Einkommensunterschiede" [...], klagt Bundestagspräsident Norbert Lammert in der Süddeutschen Zeitung [...].

Ein besonders krasses Beispiel ist VW-Chef Martin Winterkorn. Er kann aber auch auf stolze Erfolge verweisen: Der Volkswagen-Konzern schreibt blendende Zahlen und konnte im vergangenen Jahr den Gewinn verdoppeln. Trotzdem halten Kritiker es für überzogen, dass Winterkorn mit satten 17,5 Millionen Jahreseinkommen im vergangenen Jahr quasi eine eigene Liga unter den Konzernlenkern eröffnete. Auf Platz zwei hielt Ex-Deutsche-Bank-Chef Josef Ackermann mit knapp 9,4 Millionen schon respektvoll Abstand. [...]

Aus Lammerts Sicht noch ärgerlicher als die epischen Summen ist, dass gleichzeitig die Belegschaften Maß zeigten und damit einen mindestens ebenso großen Anteil an der robusten Konjunktur hatten wie die Top-Entscheider der Dax-Unternehmen. So stieg der Durchschnittslohn der VW-Arbeiter in den vergangenen sechs Jahren um magere 14 Prozent auf knapp 40.000 Euro. Zum Vergleich: Im gleichen Zeitraum wuchs das Einkommen des VW-Vorstandsvorsitzenden auf 610 Prozent im Vergleich zum Arbeiter-Salär - trotz Finanzkrise. Lammert nimmt die Skrupellosigkeit ins Visier. Sollte die Wirtschaft nicht selbst Grenzen setzen, wachse der Druck zu gesetzlichen Regelungen.

(Frank Lindscheid: Managergehälter. Lammert stößt Debatte über Einkommen an. LVZ, 17.7.2012, S. 2)

A

1. *Erläutert, was mit Leistungsgerechtigkeit gemeint ist.*
2. *Arbeitet heraus, was Norbert Lammert unter Gerechtigkeitsgesichtspunkten an der jetzigen Einkommensentwicklung kritisiert.*
3. *Wie weit haltet ihr Unterschiede im Einkommen – etwa zwischen VW-Vorstand und VW-Belegschaft – für gerechtfertigt? Begründet eure Position.*
4. *Entwickle eine eigene leistungsgerechte Lohnliste für die Beschäftigten eines Unternehmens, angefangen vom Pförtner bis zum Firmenchef und begründe diese.*

Bedürfnis

Wenn ihr Zahnschmerzen habt, geht ihr zum Zahnarzt. Bei Bauchschmerzen wendet ihr euch an euren Hausarzt, der bei Verdacht auf eine Blinddarmentzündung in ein Krankenhaus überweist. Es ist für jeden von uns eine Selbstverständlichkeit, dass man im Falle von Krankheit weitgehend unentgeltliche medizinische Hilfe bekommt. Dass das nicht überall so ist, habt ihr vielleicht schon einmal bei einem Urlaub im Ausland erfahren.

Wie werden überhaupt die umfangreichen medizinischen Leistungen hierzulande finanziert? Und nach welchen Gesichtspunkten werden sie verteilt?

Q

Alle für einen: gesetzliche Krankenversicherung

Arbeitnehmer und Angestellte mit einem Jahreseinkommen unterhalb der so genannten Versicherungspflichtgrenze von 49.500 Euro (2011) sind in der gesetzlichen Krankenversicherung (GKV) pflichtversichert [...]. Die Beiträge für die GKV werden von Arbeitgebern und Arbeitnehmern gemeinsam getragen [...]. Die GKV beruht auf dem Solidarprinzip. Arbeitnehmer mit einem höheren Einkommen zahlen höhere Beiträge, Arbeitnehmer mit einem kleineren Verdienst entsprechend niedrigere. Ehepartner, die nicht berufstätig sind, und Kinder sind kostenfrei mitversichert. Alle erhalten die jeweils erforderliche medizinische Leistung – unabhängig davon, wie hoch der finanzielle Beitrag des Einzelnen war.

(Nach Sozialpolitik. Ein Heft für die Schule, H. 2011/2012, S. 24)

A

1. *Fasst zusammen, wer in das System der gesetzlichen Krankenkasse eingebunden ist und nach welchem Prinzip es finanziert wird.*
2. *In Form der privaten Krankenversicherung existiert in Deutschland ein zweites Modell medizinischer Versorgung. Informiert euch über Zugangsvoraussetzungen und finanzielle Rahmenbedingungen dieses Modells.*
3. *Erläutert, inwieweit in Deutschland die medizinische Versorgung dem Prinzip der Verteilung nach dem Bedürfnis folgt. Legt dar, welche Grenzen es für die Anwendung dieses Prinzips möglicherweise gibt?*
4. *Ergänze deine Mindmap (siehe S. 116) zum Thema Gerechtigkeit um Erkenntnisse dieser Doppelseite.*

Korrektive Gerechtigkeit

Ausgleich für Familien mit Kindern

Das Konzept korrektiver Gerechtigkeit folgt dem Gedanken des Tauschs. Vorhandene Benachteiligungen und Belastungen bestimmter Menschen sollen durch entsprechende Zuwendungen vonseiten der Gesellschaft soweit als möglich ausgeglichen werden. Ein Beispiel ist die staatliche Unterstützung von Familien mit Kindern.

Q

Kinder machen Kosten

Maria hat erfahren, dass ihre Eltern für sie jeden Monat 184 Euro Kindergeld vom Staat bekommen. Sie meint, dass das Geld ihr zusteht und fordert es von ihrer Mutter ein. Diese macht darauf folgende Rechnung für den letzten Monat auf und verlangt von Maria halb scherzhaft ihrerseits 276 Euro.

Posten	Kosten
• Gitarrenunterricht	30 Euro
• Nachhilfeunterricht Mathe	40 Euro
• Schreibmaterial Schule	10 Euro
• Zuschuss Klassenfahrt in den Harz	50 Euro
• neue Sommerklamotten	50 Euro
• Zoobesuch	10 Euro
• anteilige Kosten Essen	100 Euro
• anteilige Kosten Miete/Heizung	130 Euro
• Taschengeld	40 Euro
Summe:	460 Euro
• Abzüglich Kindergeld	-184 Euro
Restforderung an Maria:	276 Euro

A

1. *Das Kindergeld wird unabhängig vom Einkommen der Eltern gezahlt. Kinderlose Ehepaare bekommen kein Kindergeld. Diskutiert das Für und Wider solcher Gleichbehandlungen/Ungleichbehandlungen unter Gerechtigkeitsgesichtspunkten.*
2. *Bezieht Stellung zu folgender Auffassung: Eine junge Frau beschwert sich bei einer Bekannten über eine Frau, die bei ihr mit im Hause lebt: Die habe noch nie richtig gearbeitet, komme allem Anschein nach aber mit dem Kindergeld, das sie für ihre fünf Kinder erhalte, recht gut über die Runden. Bei ihr hingegen reiche der Lohn, den sie als Kassiererin eines Supermarktes bekomme, hinten und vorne nicht.*

Kinderarmut – ein Startplatz in den hinteren Reihen

Rund 15 % der Menschen in Deutschland waren 2008 laut Statistischem Bundesamt von Armut bedroht. Das heißt, diese Menschen erzielen ein Einkommen, das geringer ist als 60 % des Durchschnittseinkommens.

Ein besonders hohes Armutsrisiko haben Kinder aus Familien, denen es wirtschaftlich selbst nicht gut geht. Ist es gerechtfertigt, diese Kinder mehr zu fördern als andere? Welche Maßnahmen zur Unterstützung sind sinnvoll?

Q

Die Idee des Bildungspakets

Wie kann man Menschen dabei helfen, aus der Armutsfalle herauszukommen? Wer Armut dauerhaft bekämpfen will, muss in Bildung investieren. Mit einem – „Bildungspaket" genannten – Bündel von Maßnahmen unterstützt die Bundesregierung ab 2011 rund 2,5 Millionen Kinder und Jugendliche, deren Eltern Arbeitslosengeld II, Sozialhilfe oder Sozialgeld beziehen. Finanziert werden unter anderem:

- Lernmittel (Bücher und anderes)
- Mittel für die Lernförderung (Nachhilfestunden)
- Beförderungskosten (für weiterführende Schulen)
- Kosten für kulturelle Aktivitäten (z.B. Musikschule)
- Zuschüsse für sportliche Aktivitäten (z.B. Mitgliedschaft im Sportverein)

A

1. *Informiert euch darüber, wie hoch das Armutsrisiko, insbesondere für Kinder und Jugendliche, in eurem Bundesland ist.*
2. *Haltet ihr die Maßnahmen des Bildungspakets unter Gerechtigkeitsgesichtspunkten für ausreichend, für überzogen oder für unzureichend? Begründet eure Position.*
3. *Im Niedriglohnsektor, nahe dem Hartz-IV-Satz, sind inzwischen viele Arbeitnehmer hierzulande beschäftigt, die diese Hilfe nicht bekommen. Sollten auch diese das Bildungspaket in Anspruch nehmen dürfen?*

Ausgleich von Schädigungen: gerechte Strafe

Ein Sonderfall korrektiver Gerechtigkeit ist die Strafgerechtigkeit. Gerade wenn jemand einem anderen einen Schaden zugefügt hat, ist ein Ausgleich notwendig. Die Strafe soll der „Vergeltung" des angerichteten Schadens dienen.

Gerechtigkeit =
Relation zwischen Größe des Unrechts und Höhe der Strafe
Stimmt das?

Wahrscheinlich habt ihr selbst Strafen im Elternhaus schon einmal „genossen". Manchmal empfandet ihr eine verhängte Strafe vielleicht auch als ausgesprochen ungerecht. Muss Strafe wirklich sein und wenn ja, welche Strafe kann gerecht sein? Solche Fragen lassen sich nur beantworten, wenn man über den Sinn und den Zweck des Strafens nachdenkt.

Dem römischen Staatsmann und Philosophen Seneca (4 v.u.Z.–64) wird der Ausspruch zugeschrieben:

Q

Strafe will vorbeugen

Man soll einem Menschen nicht wehtun, weil er gefehlt hat, sondern damit er nicht wieder fehle; die Strafe soll sich nicht auf die Vergangenheit, sondern die Zukunft beziehen; sie zürnt nicht, sondern sie will vorbeugen. *(Seneca)*

Zweck der Strafe

Für das Gemeinwesen
Kanalisierung von Rachegelüsten
Abschreckung anderer potenzieller Täter
Festigung des Rechtsbewusstseins
Wiederherstellung des Rechtsfriedens

Für das Opfer
Genugtuung
Schutz vor weiteren Schädigungen
Verarbeitung von Verletzungen
Ausgleich für erlittenes Leid

Für den Täter
Individuelle Abschreckung
Sicherung des Täters auf Zeit
Schuldverarbeitung/Sühne
Resozialisierung

A

1. *Findet heraus, bei welchem der in der Tabelle genannten Zwecke der Gedanke der ausgleichenden Gerechtigkeit eine Rolle spielt.*
2. *Verständigt euch anschließend darüber, welchen Kriterien eine Strafe genügen muss, um als gerecht angesehen zu werden.*
3. *Ergänzt eure Übersicht um Aspekte der „Strafgerechtigkeit".*

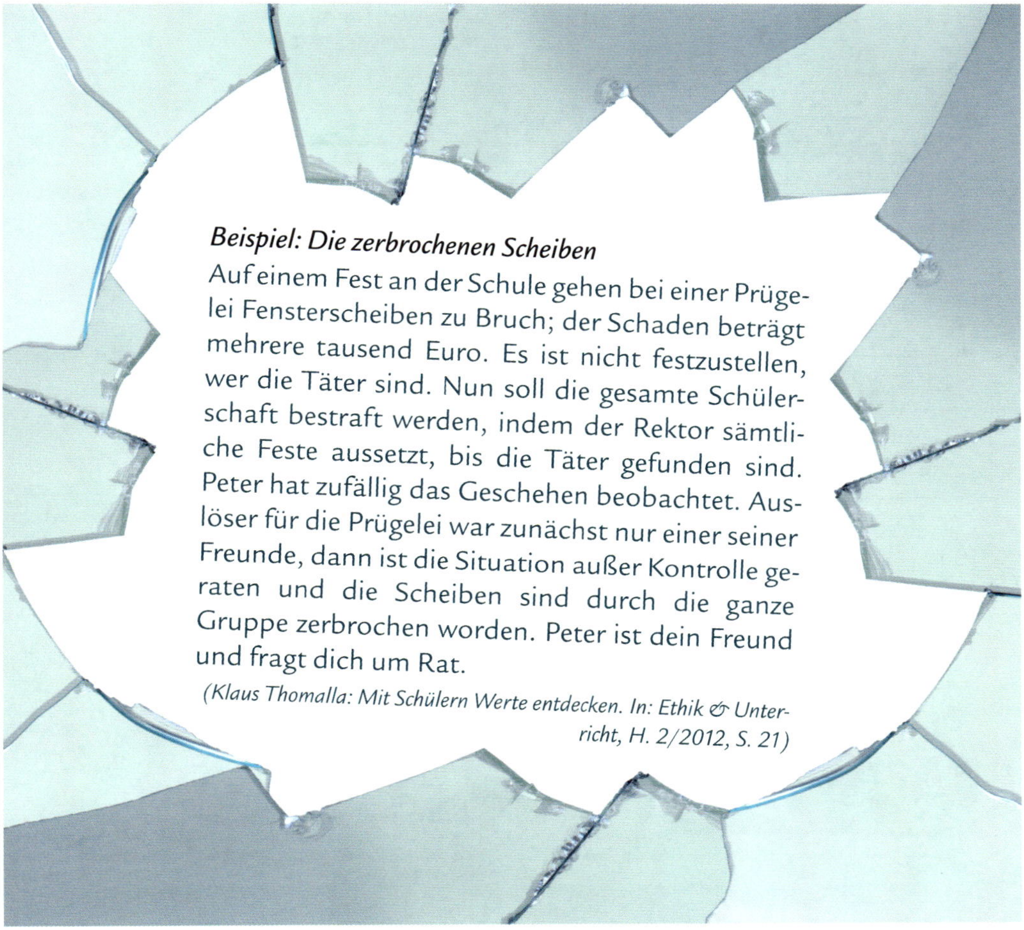

Q

Beispiel: Die zerbrochenen Scheiben

Auf einem Fest an der Schule gehen bei einer Prügelei Fensterscheiben zu Bruch; der Schaden beträgt mehrere tausend Euro. Es ist nicht festzustellen, wer die Täter sind. Nun soll die gesamte Schülerschaft bestraft werden, indem der Rektor sämtliche Feste aussetzt, bis die Täter gefunden sind. Peter hat zufällig das Geschehen beobachtet. Auslöser für die Prügelei war zunächst nur einer seiner Freunde, dann ist die Situation außer Kontrolle geraten und die Scheiben sind durch die ganze Gruppe zerbrochen worden. Peter ist dein Freund und fragt dich um Rat.

(Klaus Thomalla: Mit Schülern Werte entdecken. In: Ethik & Unterricht, H. 2/2012, S. 21)

A

1. *Informiere dich darüber, welche Strafen laut eurer Schulordnung für welche Taten von Schülern möglich sind.*
2. *Lege den Fall mit eigenen Worten dar und erläutere, wie die Schuld hier verteilt ist. Nutze dazu die Methode der Fallanalyse (siehe S. 113).*
3. *Argumentiert zu der Frage: Ist es gerecht, wenn die ganze Schülerschaft dafür büßen soll, wenn ein Einzelner oder eine kleine Gruppe von Schülern einen Schaden angerichtet hat?*
4. *Diskutiert die Frage, wie Peter als Mitwisser handeln soll.*

P

5. *Legt unter Beachtung der Zwecke der Strafe das Strafmaß für die folgenden Vergehen fest:*
   - *Ein Schüler schreibt während einer Klassenarbeit ab.*
   - *Eine Jugendliche zwingt einen jüngeren Mitschüler zur Herausgabe seines MP3-Players.*
   - *Bei einem Gerangel mit einem anderen Jungen geht der Beamer zu Bruch, den ein Schüler in das Klassenzimmer tragen sollte.*
   - *Ein Achtklässler bedroht schlecht gelaunt und grundlos einen seiner Mitschüler.*
   - *Zwei Jugendliche sprühen ein Graffiti auf die frisch sanierte Schulhofmauer ihrer Schule.*
   - *Eine Schülerin entwendet in der Schulpause aus der Tasche ihrer Banknachbarin deren Lippenstift.*

5.2 Herr-liche Zeiten vorbei? Chancengleichheit zwischen den Geschlechtern

Gleichberechtigung durch rechtliche Gleichstellung

Gerechtigkeit hat etwas mit dem Abbau von Benachteiligungen zu tun. Gerade Frauen wurden lange Zeit bestimmte Rechte vorenthalten. So war ihnen der gleichberechtigte Zugang zu sozialen Gütern wie Bildung, berufliche Entfaltung, politische Mitbestimmung versperrt.

Ein Blick zurück

Stellt euch vor,

› dass euer Vater ein Arbeitsverhältnis eurer Mutter, die gerade 'ne neue tolle Arbeit gefunden hat, von sich aus kündigt,

› dass die Auffassung vorherrscht, dass Frauen unbedingt jungfräulich in die Ehe gehen müssen, während die Männer das Recht auf sexuelle Kontakte vor der Ehe haben,

› dass dem Mann das Recht zusteht, den Geschlechtsverkehr mit seiner Ehefrau auch gegen deren Widerstand, notfalls sogar gewaltsam, durchzusetzen,

› dass Mädchen der Zugang zum Hochschulstudium wegen ihres Geschlechts verweigert oder doch zumindest erschwert wird,

› dass Frauen kein Wahlrecht besitzen, weil sie in politischen Fragen als unmündig angesehen werden, ihr Platz in der Familie sein sollte,

› dass bestimmte Sportarten wie Boxen, Ringen oder Fußball den Frauen verschlossen bleiben, weil sie als unweiblich, als für die weibliche Konstitution ungeeignet gelten.

Wer meint, das alles sei an den Haaren herbeigezogen, der irrt. Solche Praktiken waren in Deutschland im 19. Jh., zum Teil sogar noch im 20. Jh., durchaus Realität! Verglichen mit diesen Zuständen werden die großen Fortschritte sichtbar, die in der neueren Zeit in Bezug auf die Gleichstellung der Geschlechter erreicht wurden.

A

1. Deutet das Foto in Hinblick auf die Stellung des Mannes in der Familie.

Etappen der rechtlichen Gleichstellung in der BR Deutschland

Auf Initiative von Elisabeth Selbert, einer der vier „Mütter des Grundgesetzes", wurde der Grundsatz der Gleichberechtigung 1948 im Grundgesetz verankert.

Q

Grundgesetz, Artikel 3

(2) Männer und Frauen sind gleichberechtigt. Der Staat fördert die tatsächliche Durchsetzung der Gleichberechtigung von Frauen und Männern und wirkt auf die Beseitigung bestehender Nachteile hin.

(3) Niemand darf wegen seines Geschlechts, seiner Abstammung, seiner Rasse, seiner Sprache, seiner Heimat und Herkunft, seines Glaubens, seiner religiösen oder politischen Anschauungen benachteiligt oder bevorzugt werden. Niemand darf wegen seiner Behinderung benachteiligt werden.

(Grundgesetz der Bundesrepublik Deutschland. BpB, Bonn 2006, S. 11)

Q

Rechtsentwicklung seit 1948

Trotz der Festlegungen im Grundgesetz behielten in der Bundesrepublik Deutschland alte Bestimmungen des Bürgerlichen Gesetzbuches* aus dem Jahre 1896, mit denen eine Benachteiligung der Frau verbunden war, zunächst noch ihre Gültigkeit. Sie wurden erst nach und nach geändert:

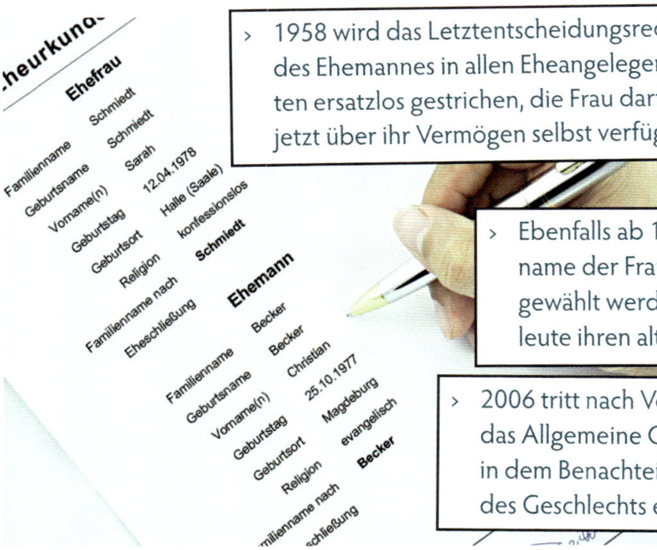

› 1958 wird das Letztentscheidungsrecht des Ehemannes in allen Eheangelegenheiten ersatzlos gestrichen, die Frau darf ab jetzt über ihr Vermögen selbst verfügen.

› Seit 1977 ist es der Frau möglich, auch ohne Einwilligung ihres Mannes erwerbstätig zu sein.

› Ebenfalls ab 1977 kann auch der Mädchenname der Frau als gemeinsamer Familienname gewählt werden; seit 1994 können beide Eheleute ihren alten Familiennamen beibehalten.

› 2006 tritt nach Vorgaben der Europäischen Union das Allgemeine Gleichbehandlungsgesetz (AGG), in dem Benachteiligungen auf Grund des Alters, des Geschlechts etc. verboten werden, in Kraft.

(Nach http://de.wikipedia.org/wiki/Gleichberechtigung; Zugriff 30.7.2012)

A

1. *Fragt eure Großmütter und eure Mutter, ob sie das Gefühl hatten, wegen ihres Geschlechts in Familie, Beruf und Gesellschaft benachteiligt gewesen zu sein.*
2. *Interpretiert den Satz aus dem Grundgesetz, der Staat fördere die tatsächliche Durchsetzung der Gleichberechtigung und wirke auf die Beseitigung bestehender Nachteile ein. Um welche Maßnahmen geht es und welche ethischen Maßstäbe dienen als Grundlage?*
3. *Informiert euch über die Bestimmungen des Allgemeinen Gleichbehandlungsgesetzes, das neue Möglichkeiten bietet, noch bestehenden Benachteiligungen von Frauen rechtlich entgegenzutreten.*

Berufliche Gleichstellung

Heute erscheint manchem von uns die Tatsache, dass eine Frau das höchste politische Amt eines Staates innehat, fast als Selbstverständlichkeit. Es hat jedoch eines langen Kampfes engagierter Frauen (und Männer) bedurft, um so weit zu kommen.

Frauenpower: Etappen auf dem Weg der beruflichen Gleichstellung

Dorothea von Erxleben

Dorothea von Erxleben (1715–1762) erwarb als erste Frau in Deutschland in Halle/Saale den medizinischen Doktortitel.

Luise Otto-Peters

Luise Otto-Peters (1818–1895) war eine Vorreiterin der modernen Frauenbewegung. Bekannt wurde sie vor allem durch ihr Werk „Das Recht der Frau auf Erwerb".

Marie Curie

Marie Curie (1867–1934) entdeckte als Physikerin gemeinsam mit ihrem Mann die radioaktiven Elemente Radium und Polonium und wurde dafür als erste Frau mit dem Nobelpreis für Physik ausgezeichnet.

Simone de Beauvoir

Simone de Beauvoir (1908–1986) war eine erfolgreiche Schriftstellerin. Mit ihrer Schrift „Das andere Geschlecht" wurde sie zu einer der wichtigsten Theoretikerinnen des Feminismus.

Indira Gandhi

Indira Gandhi (1917–1984), eine indische Politikerin, nahm als eine der ersten Frauen weltweit von 1966–1977 ein politisches Spitzenamt als Premierministerin ein.

Birgit Prinz (geb. 1977) wurde acht Mal als deutsche Fußballerin des Jahres ausgezeichnet und ist mit ihren 128 Länderspieltoren bis heute die erfolgreichste Torschützin des DFB. Sie hat mit ihrem Können dazu beigetragen, den Frauenfußball in Deutschland und international populär zu machen.

A

1. *Recherchiert, welche beruflichen Männerdomänen durch Frauen in den letzten 30 Jahren erobert wurden.*
2. *Zeichnet den Weg der Gleichstellung der Frauen im öffentlichen Leben nach. Wann erhielten Frauen in Deutschland das Wahlrecht, wann wurde eine Frau das erste Mal in das höchste politische Amt gewählt? Vergleicht diese Daten mit anderen Ländern, beispielsweise der Schweiz, Österreich oder Großbritannien.*

Fortdauernde Benachteiligungen von Frauen im Beruf?

Frauen haben heute viele berufliche Positionen erobert, die früher den Männern vorbehalten waren. Gehören Ungerechtigkeiten im Verhältnis der Geschlechter damit der Vergangenheit an, sind wir am Ziel „Gleichberechtigung" angekommen?

Das Statistische Bundesamt veröffentlicht jährlich relevante Daten zur wirtschaftlichen Entwicklung in der Bundesrepublik Deutschland. Regelmäßig werden auch die Verdienstunterschiede zwischen Männern und Frauen, der sogenannte Gender Pay Gap, erfasst.

Q

Verdienstunterschiede von Männern und Frauen

In den vergangenen Jahren lag der Gender Pay Gap in Deutschland konstant bei 23 %, das heißt der durchschnittliche Bruttostundenverdienst von Frauen fiel um 23 % geringer aus als der von Männern. Auf Basis neuer Untersuchungen der Verdienststrukturerhebung 2006 sind rund zwei Drittel des Gender Pay Gap auf strukturell unterschiedliche arbeitsplatzrelevante Merkmale von Männern und Frauen zurückzuführen. Die wichtigsten Unterschiede sind dabei die zwischen weiblichen und männlichen Arbeitnehmern ungleiche Besetzung von Positionen sowie die zwischen den Geschlechtern unterschiedlich ausfallende Berufs- beziehungsweise Branchenwahl. Darüber hinaus sind Frauen eher teilzeitbeschäftigt und tendenziell schlechter ausgebildet. [...]

Der Gender Pay Gap [...] lag in Deutschland mit 23,1 % auch im Jahr 2010 deutlich über dem Durchschnitt der Europäischen Union (16,4 %).

(Walter Joachimiak. In: http://www.destatis.de/DE/ZahlenFakten/GesamtwirtschaftUmwelt/; Zugriff: 30.7.2012)

A

1. *Warum bekommen in Deutschland die Männer im Durchschnitt mehr Lohn als die Frauen? Erläutert die Ursachen, die laut Statistischem Bundesamt dafür verantwortlich sind.*
2. *Inwieweit ist die Ungleichheit in den erzielten Einkommen zwischen den Geschlechtern aus deiner Sicht gerecht/ungerecht? Suche nach Gründen, warum Deutschland im Vergleich mit anderen europäischen Ländern in der Frage der Lohngerechtigkeit schlecht abschneidet.*
3. *Welche Maßnahmen müssten aus deiner Sicht in der Zukunft ergriffen werden, um solche Ungerechtigkeiten im Einkommensniveau zwischen den Geschlechtern abzubauen?*

Frauen- und Männerberufe?

Ein Grund für Einkommensunterschiede zwischen den Geschlechtern ist, dass es auch heute noch typische Frauen- und Männerberufe gibt.

Frauen sind überdurchschnittlich häufig in Sozial- und Dienstleistungsberufen tätig, während Männer eher Tätigkeiten im Bereich der Industrie, im Handwerk oder im Bauwesen nachgehen. Wie neuere Studien zeigen, gibt es dafür sowohl genetische als auch erziehungsbedingte Ursachen.

Q

Marie und Hans in der Schule

Bereits in der Grundschule zeigen Jungen ein ausgeprägteres Interesse an Naturwissenschaft und Technik als Mädchen. Das manifestiert sich darin, dass Jungen eher zu technischem Spielzeug greifen als ihre Altersgefährtinnen. Auch in der Umwelt und selbst in der Familie nehmen Jungen eher Technisches wahr, während Mädchen zuerst auf die (emotionale) Atmosphäre reagieren und eher ein Interesse an Menschen zeigen. Mädchen reagieren sensibler auf emotionale Spannungszustände, versuchen diese abzubauen, während Jungen davon abstrahieren und sich technischen Dingen zuwenden. Demgegenüber besitzen Mädchen im Sprachenerwerb deutliche Vorteile gegenüber Jungen. Mädchen verfügen über bessere Sprech- und Sprachfertigkeiten, sie besitzen Vorteile hinsichtlich der Lese- und Rechtschreibfertigkeiten.

(Nach Marie wird Mechatronikerin und Hans Kindergärtner. Handreichung zur geschlechtersensiblen Berufs- und Studienorientierung. Sächsisches Staatsministerium für Soziales, Dresden 2005, S. 7)

P

1. *Macht die Probe aufs Exempel, indem ihr eine anonyme Befragung zu den Berufswünschen in eurer Klasse durchführt. Jeder notiert auf einem Zettel lediglich sein Geschlecht und seinen Berufswunsch. Anschließend werden die Ergebnisse ausgewertet, indem die Berufswünsche nach Berufsgruppen geordnet werden. Rechnet aus, wie viel Prozent der Mädchen und Jungen sich für die jeweilige Berufsgruppe entschieden haben und kommentiert das Ergebnis.*

Gleichberechtigung auch für den Mann?

Wenn in der Öffentlichkeit von mehr Gleichberechtigung der Geschlechter die Rede ist, ist damit in der Regel der Abbau von Benachteiligungen für Frauen gemeint. Langsam bricht sich jedoch die Erkenntnis Bahn, dass es auch Benachteiligungen von Männern geben kann.

Q

Wasserballett nur für Nixen

London. Bei den Olympischen Spielen ist die Emanzipation der Frauen seit Jahren auf dem Siegeszug und feiert in London einen historischen Erfolg. Erstmals wollen alle Teams auch Frauen an den Start schicken. Synchronschwimmer Niklas Stoepel beklagt dagegen, dass es in seinem Sport die Gleichberechtigung für den Mann nicht gibt. „Männer sind im Synchronschwimmen bei Olympia und Weltmeisterschaften nicht erlaubt. Das finde ich diskriminierend", sagte Deutschlands einziger Wasserballett-Akteur vom FS Bochum.

Seit 14 Jahren hat sich Stoepel dem für Männer ungewöhnlichen Sport verschrieben – mit wachsender Begeisterung und gegen jedwede Hänselei. „Je länger ich es mache, desto mehr Lust habe ich daran", sagte der 20 Jahre alte Maschinenbaustudent. „Mir ist es egal, was andere Menschen davon halten. Es sind die gleichen Klischees, wie bei Männern, die Balletttänzer sind." Und die gleichen Vorurteile. „Ich bin nicht homosexuell", erklärt Stoepel.

(Andeas Schirmer: Wasserballett nur für Nixen. LVZ, 17.7.2012, S. 22)

A

1. *Recherchiert, welche olympischen Sportwettkämpfe den Frauen vorbehalten, also den Männern verschlossen sind.*
2. *Sucht nach Berufen, die fast ausschließlich durch Frauen ausgeübt werden. Argumentiert zu der Frage, ob ihr das für gerecht haltet.*

Bedeutet Gleichberechtigung, dass jede/jeder alles macht?

Früher waren die geschlechtlichen Rollen klar definiert. Heute wird eine solche strikte Rollenzuweisung zumeist abgelehnt. Heißt das, dass in einer Partnerbeziehung jede/jeder alles machen muss?

Q

Inwieweit es sinnvoll ist, die Ungleichheit zu akzeptieren

Es muss eine Rollenaufteilung geben, in jeder Partnerschaft und auch in der Gesellschaft. Es ist nur die Frage, ob man als Begründung für die Aufteilung immer das Geschlecht heranziehen muss. [...] Man sollte sich gegenseitig ergänzen. [...] Es hilft niemandem, wenn jeder versucht, alles zu können und alles zu machen. [... M]an sollte sich bemühen, genau hinzuschauen, und die Individualität des Einzelnen in den Vordergrund zu stellen.

(Julia Decker: Interview mit der Psychologin Claudia Quaiser-Pohl. In fluter Nr. 21, 2006, S. 29)

A

3. *Begründet, warum das von Quaiser-Pohl gezeichnete Bild einer Rollenaufteilung, das einzig auf der Individualität beruht, aus eurer Sicht gerechter/ungerechter ist als die alte, an das Geschlecht gebundene Arbeitsteilung.*
4. *Gibt es aus eurer Sicht trotz der Auflockerung alter Rollenmuster fortbestehende Gründe für eine Funktionsteilung nach Geschlecht?*

5.3 Gerechtigkeit erfordert mehr als Gleichbehandlung

Wie gezeigt, bestehen Einkommensunterschiede zwischen den Geschlechtern fort, unter anderem deshalb, weil es (besser bezahlte) „Männerberufe“ und (schlechter bezahlte) „Frauenberufe“ gibt. Treten wir, was das Ziel einer wirklichen Gleichberechtigung der Geschlechter betrifft, eventuell auf der Stelle? Müssen vielleicht ganz andere Wege beschritten werden, um diesem Ziel näher zu kommen?

Unterschiede der Geschlechter beachten

Früher waren Mädchen viele Bildungswege verschlossen. Heute haben beide Geschlechter die gleiche Chance, gesellschaftliche Bildungsangebote in Anspruch zu nehmen. Die Mädchen haben die Jungen sogar, wenn es um gute Schulnoten geht, längst überholt. Was als Erfolg der Gleichstellung gewertet werden kann, wird von manchen Pädagogen aber durchaus kritisch betrachtet: Das Schulsystem stelle zwar formell gleiche Anforderungen an alle, faktisch könne dies jedoch zu einen Benachteiligung vor allem von Jungen führen, weil auf deren Stärken zu wenig eingegangen werde.

Das Konzept geschlechtersensiblen Arbeitens

Die Frage lautet, wie *beide Geschlechter* in der Schule und darüber hinaus optimal gefördert werden können. Pädagogen haben dafür ein Konzept entwickelt:

Q *Was heißt „geschlechtersensibles Arbeiten“?*

Das Konzept geschlechtersensiblen Arbeitens geht davon aus, dass das menschliche Denken und Tun geschlechterspezifisch geprägt ist. Die Grundidee ist: Der Pädagoge nimmt die ganz besonderen Denk- und Verhaltensmuster von Jungen und Mädchen ernst, versucht aber zu verhindern, dass daraus Benachteiligungen werden.

Was heißt das für die Gestaltung der Berufs- und Studienfachorientierung? Zunächst einmal geht es darum, vorhandene Klischees über frauen- und männertypische Studienfächer und Berufe bewusst zu machen. So ruft zum Beispiel der Wunsch eines Jungen, Kindergärtner zu werden, in seiner Umgebung immer noch Verwunderung und zum Teil sogar Spott hervor. Die Frage lautet: Wie können Mädchen und Jungen dabei unterstützt werden, eine breite Palette von Fähigkeiten und Fertigkeiten zu entwickeln, die nicht durch vorhandene Geschlechterklischees beschränkt sind?

(Nach Marie wird Mechatroniker und Hans Kindergärtner. Sächsisches Staatsministerium für Soziales 2006, S. 13)

A
1. *Gebt das Anliegen des pädagogischen Konzepts geschlechtersensiblen Arbeitens mit eigenen Worten wieder.*
2. *Arbeitet heraus, welche besonderen Verhaltenseigenschaften von Jungen und Mädchen aus eurer Sicht in der Schule stärker beachtetet werden sollten, ohne vorhandene Geschlechterklischees zu bedienen.*

Geschlechterklischees aufbrechen

Um Mädchen an technische und naturwissenschaftliche Berufe heranzuführen, findet seit 1999 jährlich der so genannte *Girl's Day* statt. Möglicherweise haben auch Mädchen aus eurer Klasse schon einmal an solchen Aktionen teilgenommen.

Seit Kurzem gibt es ergänzend zum Girl's Day einen *Boy's Day*:

Boy's Day 2012

Q

Am zweiten bundesweit koordinierten Boy's Day – Jungen-Zukunftstag beteiligten sich mehr als 47.000 Einrichtungen und Betriebe und boten 33.600 Jungen die Möglichkeit, am Boy's Day in Berufe hinein zu schnuppern, in denen Männer bisher unterrepräsentiert sind. [...] Anlässlich des Boy's Day hat Bundesfamilienministerin Kristina Schröder 24 Jungen im Familienministerium empfangen. In einer eigenen Gruppe erkundeten die Jungen im Boy'sDay-Parcours vielfältige Stationen aus den Bereichen Erziehung, Pflege, Soziales und Gesundheit. Sie konnten sich z.B. als Erzieher im Kita-Zelt ausprobieren, „Patienten" mit dem hydraulischen Lift umbetten, oder im Apothekenlabor selbst Haargel mischen.

(http://www.boys-day.de/Boys_Day_Info/Boys_Day_2012; Zugriff: 3.8.2012)

A

1. *Berichtet in der Klasse über Erfahrungen, die ihr selbst eventuell schon mit Veranstaltungen im Rahmen des Girl's Day/Boy's Day gemacht habt.*
2. *Führt ein Streitgespräch durch, in dem es um den Nutzen solcher Maßnahmen, Mädchen und Jungen an Berufe heranzuführen, in denen das jeweils andere Geschlecht unterrepräsentiert ist, geht.*

Vorhandene Benachteiligungen abbauen

Alle Frauen haben formell die Möglichkeit, sich um gut bezahlte Professuren, politische Spitzenämter oder wirtschaftliche Führungspositionen zu bewerben. Trotzdem werden diese Positionen auch heute noch überwiegend von Männern besetzt.

Ein Weg, der beschritten wird, um vorhandene Benachteiligungen für Frauen im Beruf abzubauen, wird als *positive Diskriminierung* bezeichnet.

Als positive Diskriminierung wird die Bevorzugung einer bestimmten, bisher benachteiligten, Gruppe bezeichnet. Durch gezielte Maßnahmen (etwa Quotenregelungen) soll eine vorhandene Ungerechtigkeit im Hinblick auf den Zugang dieser Gruppe zu begehrten sozialen Gütern ausgeglichen werden.

Zunächst wollen wir uns spielerisch der Idee positiver Diskriminierung nähern.

Q *Spielanleitung „X-Quote"*

Gebraucht werden: eine gerade Zahl von Teilnehmern, ein Seil zum Tauziehen sowie Zettel, Lineal und Radiergummi für jeden.

1. *Verteilungsrunde:* Schreibt auf die eine Hälfte der Zettel ein X und auf die andere Hälfte ein Y. Legt die Zettel verdeckt aus und lasst jeden von euch einen Zettel ziehen, so dass nun jeder zur Gruppe der X oder zur Gruppe der Y gehört.
2. *Tauziehen:* Legt eine Markierung fest, auf der die Mitte des Seils liegt und über das der erste der gegnerischen Gruppe gezogen werden muss. Beachtet nun die X-Quote. Die X-Gruppe steht mindestens einen Meter weiter von der Markierung weg als die Y-Gruppe; ändert den Aufbau also: Verteilt euch nun am Seil an euren Seiten und beginnt mit dem Tauziehen. Die Gewinner bekommen keine Hausaufgaben auf.
3. *Radiergummiwettlauf:* Legt eine Strecke fest, die es zu überqueren gilt. Stellt euch nun auf der einen Seite auf und legt euren Radiergummi auf das Lineal. Beachtet dabei die X-Quote: Die Mitglieder der X-Gruppe dürfen den Radiergummi auf dem Lineal platzieren, wo sie wollen, die Y-Mitglieder müssen ihn an das vorderste Ende (Kante an Kante) legen. Nun beginnt der Wettlauf auf die andere Seite. Wer seinen Radiergummi verliert, muss noch mal von vorn beginnen. Gewonnen hat die Gruppe, die als erste vollständig auf der anderen Seite ist; diese bekommt erneut keine Hausaufgaben auf.

(Nach Silke Pfeiffer, Christian Klager: Spielend philosophieren. Militzke, Leipzig 2012, S. 68)

A 1. *Diskutiert, ob das Prinzip positiver Diskriminierung ein Gerechtigkeitsprinzip ist. Bedenkt dabei auch das Ziel, das damit verknüpft ist.*

2. *Wie ihr wisst, werden im Sportunterricht gleiche Leistungen je nach Geschlecht unterschiedlich bewertet. Argumentiert zu der Frage, ob das auch in anderen Fächern gelten sollte.*
3. *Sucht nach Beispielen für eine positive Diskriminierung anderer benachteiligter Gruppen (etwa von Menschen mit verschiedenen Arten von Handicaps) im Bereich der Schule und überlegt, ob und wem damit geholfen wird.*

Der Streit um die Quotenregelung

Ein Mittel, um Frauen den Zugang zu den begehrten gesellschaftlichen Positionen zu sichern, besteht in Quotenregelungen. In der Politik ist dieses Mittel inzwischen in einzelnen Parteien gang und gäbe.

Hingegen wird noch darüber gestritten, ob eine solche verbindliche Quote auch sinnvoll ist, wenn es um die Erhöhung des Frauenanteils in den Chefetagen der Wirtschaft geht.

Q

Frauenquote in wirtschaftlichen Führungsfunktionen?

Berlin. Der Streit um die Frauenquote in Deutschland geht weiter. Sachsen-Anhalts Justizministerin Angela Kolb hat ihre Forderung nach einer gesetzlich geregelten Frauenquote für die obersten Etagen der Wirtschaft erneuert. „Ich glaube nicht mehr an die freiwillige Durchsetzung im Rahmen von Selbstverpflichtungen, die die Europäische Kommission vorschlägt", sagte Kolb. [...] Von den 833 Vorstandsmitgliedern der 200 umsatzstärksten Unternehmen Deutschlands seien nur 21 Frauen. [...]

Bundesjustizministerin Sabine Leutheusser-Schnarrenberger (FDP) wie auch Bundesfamilienministerien Kristina Schröder (CDU) hatten einer Frauenquote für die Spitzenpositionen in der deutschen Wirtschaft bereits eine Absage erteilt. Sie setzen weiter auf freiwillige Regelungen.

(Helene Endres: Frauenquote. Frauenfreundliches Europa. In: http://www.manager-magazin.de/unternehmen/artikel/a-704800.html; Zugriff: 2.8.2012)

A

4. *Recherchiert, welche Quotenregelung für andere benachteiligten Gruppen (z.B. Menschen mit Behinderung oder Ausländer) in Kraft oder im Gespräch sind.*
5. *Erarbeitet euch in Gruppen einen Standpunkt zu der Frage, ob Quotenregelungen geeignet sind, den Zugang von Frauen zu wirtschaftlichen Führungspositionen zu verbessern. Verteidigt euren Standpunkt vor der Klasse.*
6. *Sollte es auch eine Quotenregelung für Männer bezogen auf typische „Frauenberufe" (z.B. den der Kindergärtnerin) geben? Führt dazu ein Streitgespräch.*

5.4 Gerechtigkeit als Haltung und Verfahren

Was einen gerechten Menschen ausmacht

Es scheint wesentlich einfacher zu sein, über Ungerechtigkeiten in der Gesellschaft zu schimpfen als selbst Gerechtigkeit zu üben. Aber haben die Zustände in der Welt nicht irgendwie doch etwas mit unserem Verhalten zu tun? Es lohnt sich also, darüber nachzudenken, was es bedeutet, ein gerechter Mensch zu sein, welche persönliche Haltung dafür die Voraussetzung ist.

Gerechtigkeit als moralische Einstellung – drei Antworten

Wir wollen verschiedene Antworten prüfen. Zunächst zu Überlegungen des Philosophen Immanuel Kant (1724–1804):

Regeln gerechten Verhaltens

1. Sei ein rechtlicher Mensch [...]. Die rechtliche Ehrbarkeit [...] besteht darin: im Verhältnis zu anderen seinen Wert als den eines Menschen zu behaupten, welche Pflicht durch den Satz ausgedrückt wird: „Mache dich anderen nicht zum bloßen Mittel, sondern sei für sie zugleich Zweck.“ [...]
2. Tue niemandem Unrecht [...], und solltest du darüber auch aus aller Verbindung mit anderen herausgehen und alle Gesellschaft meiden müssen [...].
3. Tritt [...] in eine Gesellschaft mit anderen, in welcher jedem das Seine erhalten werden kann [...]. – Die letztere Formel, wenn sie so übersetzt würde: „Gib jedem das Seine“, würde eine Ungereimtheit sagen; denn man kann niemandem etwas geben, was er schon hat. Wenn sie also einen Sinn haben soll, so müsste sie so lauten: „Tritt in einen Zustand, worin jedermann das Seine gegen jeden anderen gesichert sein kann“ [...].

(http://www.textlog.de/33177.html; Zugriff: 23.9.2011)

Gerechtigkeit als höchste Meisterschaft

Eine weitere Antwort, die die Seltenheit einer solchen Haltung herausstellt, gibt Friedrich Nietzsche (1844–1900):

Wenn es wirklich vorkommt, dass der gerechte Mensch gerecht sogar gegen seine Schädiger bleibt (und nicht nur kalt, maßvoll, fremd, gleichgültig: Gerechtsein ist immer ein *positives* Verhalten, wenn man selbst unter dem Ansturz persönlicher Verletzung, Verhöhnung, Verdächtigung die hohe, klare, ebenso tief als mildblickende Objektivität des gerechten, des *richterlichen* Auges nicht trübt, nun, so ist das ein Stück Vollendung und höchster Meisterschaft auf Erden [...].

(Friedrich Nietzsche: Gerechtigkeit als höchste Meisterschaft. In: Otfried Höffe: Lesebuch der Ethik. Beck, München 1998, S. 323)

A

1. *Welche Regeln sollte nach Kant ein Mensch, der nach Gerechtigkeit strebt, beachten?*
2. *Wodurch zeichnet sich nach Nietzsche ein gerechter Mensch aus?*
3. *Setze dich mit Nietzsches Position, dass Gerechtigkeit beim Menschen etwas höchst Seltenes ist, auseinander.*

Gerechtigkeit als Tugend

Eine dritte Position wurde im Rahmen der zeitgenössischen Philosophie von Robert Spaemann entwickelt:

Q

Wir sprechen zwar auch von gerechten Zuständen [...]. Aber zuerst und vor allem ist Gerechtigkeit eine Tugend. Das heißt: eine Haltung von Menschen. Gerechtigkeit kann jedem jederzeit und gegenüber jedermann abverlangt werden; denn die Forderung der Gerechtigkeit verlangt nichts anderes als die Relativierung der eigenen Sympathien, Wünsche, Vorlieben und Interessen. Es ist kein hinreichender Rechtfertigungsgrund für mein Handeln, dass es meinen Interessen dient – wenn nämlich auch die Interessen anderer von ihm betroffen sind. Es mag sein, dass meine Interessen den Vorrang vor denen anderer haben; aber dann nicht, weil es meine sind. Das aber heißt: Wenn die eines anderen wichtiger wären, dann müssten diese den Vorrang haben. Gerecht nennen wir den, der bei Interessenkonflikten darauf sieht, um *welche* Interessen es sich handelt und bereit ist, davon abzusehen, *wessen* Interessen auf dem Spiel stehen. Und da wir immer versucht sind, uns in der Bewertung von Interessen etwas vorzumachen und uns selbst zu privilegieren, so gehört zur Gerechtigkeit die Bereitschaft, sich im Zweifelsfall einer unparteiischen Instanz zu unterwerfen. [...] Gerechtigkeit heißt immer auch: Unparteilichkeit.

(Robert Spaemann: Gerechtigkeit oder: Ich und die anderen. In: Ders.: Moralische Grundbegriffe. Beck, München 1982, S. 49ff.)

A

4. *Fasst zusammen, wodurch sich nach Spaemann ein gerechter Mensch auszeichnet.*
5. *Findet eigene Worte, um auszudrücken, was für euch ein gerechter Mensch ist.*
   Fügt diese Eigenschaften in den folgenden Satz ein: Gerecht ist für mich ein Mensch, der ...
6. *Begründet, warum es zu den Eigenschaften eines gerechten Menschen gehört, sich im Zweifelsfall einer unparteiischen Instanz zu unterwerfen.*
7. *Tragt die wichtigsten Stichpunkte zur persönlichen Haltung (Tugend) der Gerechtigkeit in eure Übersicht zu Aspekten der Gerechtigkeit ein.*

Gerechtigkeit als Fairness

Gerechtigkeit als moralische Einstellung von Personen hat etwas mit Fairness zu tun. Der Begriff Fairness ist uns aus dem Sport bekannt. Gemeint ist hier, dass die Siege nicht mit unlauteren Mitteln (z.B. Doping) erzielt werden sollten. Ein fairer Mensch hält sich an elementare Regeln, ohne die ein Spiel (sprich: ein menschliches Miteinander) unmöglich wäre.

Der Arm der Gerechtigkeit

Jakob ist ein begeisterter Fußballspieler, ein exzellenter Dribbler und geradezu ein Vorbild an Fairness auf dem Platz. Weder unnötige Fouls noch Schauspieleinlagen, wenn er selbst zu Fall gebracht wurde, sind sein Ding. Während des letzten Spiels allerdings, bei dem seine Mannschaft klar überlegen war, wollte und wollte kein Tor fallen. Kurz vor Ende der Spielzeit bot ein Eckstoß die wohl letzte Gelegenheit, das Spiel doch noch zu kippen. Alle Spieler hatten sich im gegnerischen Strafraum versammelt, um das Siegtor zu „erzwingen". Bei der Hereingabe des Balls herrschte solch ein Gedränge, dass Jakob den Ball mit dem Unterarm ins Tor beförderte. Der Schiedsrichter hatte im Gedränge nichts gesehen und das Tor gegeben. Nur der gegnerische Torwart protestierte: Handspiel! Jakob war schnell zur Mittellinie zurückgelaufen. Klar, das Tor war vielleicht nicht ganz regelkonform zustande gekommen, aber den Sieg hatten sie sich doch mehr als verdient.

A

1. *Bewerte Jakobs Verhalten unter Gerechtigkeitsaspekten – nutze dafür die von Kant und Spaemann (siehe S. 134 f.) erarbeiteten Grundsätze.*
2. *Schaut in Wörterbüchern nach, welche bedeutungsgleichen Ausdrücke (Synonyme) ihr zum Wort fair (Fairness) findet. Haltet die Ergebnisse der Begriffsanalyse in einer Mindmap fest.*
3. *Begründet, warum sich ein gerechter Mensch vor allem fair verhalten sollte und was das für euch bedeutet.*

Selbstgerechtigkeit

Die Ausdrücke *gerecht* und *selbstgerecht* scheinen ganz nahe beieinander zu liegen, trotzdem bezeichnen sie fast das Gegenteil voneinander. Von einem selbstgerechten Menschen spricht man dann, wenn er anmaßend, überheblich, selbstherrlich, besserwisserisch auftritt.

Selbstgerechte Menschen verhalten sich oft höchst ungerecht, wie die folgende Geschichte zeigt.

Gerecht gerächt?

Lucas hatte mitten im Schuljahr eine neue Geschichtslehrerin bekommen, weil die andere in Schwangerschaftsurlaub gegangen war. Das Fach Geschichte gehörte nicht gerade zu Lucas' Lieblingsfächern. „Das ist ein Mädchenfach", behauptete er immer wieder, „da braucht man keine Intelligenz, da muss man nur brav alles auswendig lernen." Bisher hatte er sich, weil er im Unterricht immer mal 'ne Frage stellte, aber ganz gut behaupten können. Nun war zum Schuljahresende von der neuen Lehrerin eine große

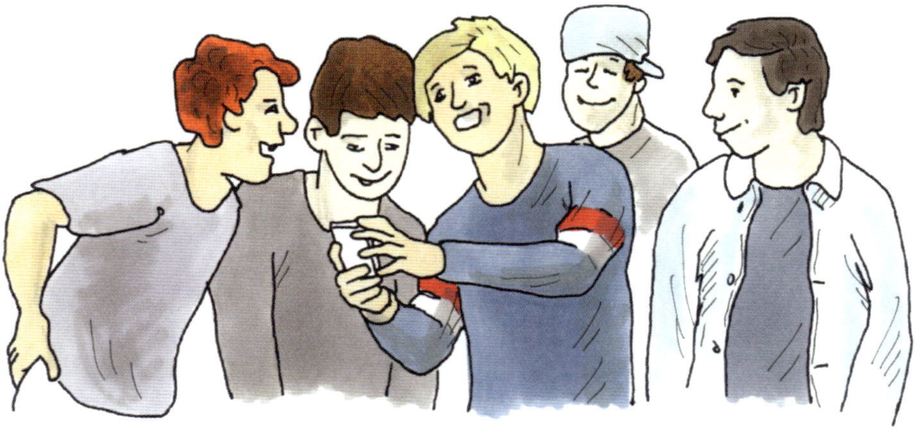

Klassenarbeit angekündigt worden. Lucas glaubte Besseres zu tun zu haben als sich in seiner kostbaren Freizeit mit trockenen geschichtlichen Daten abzuquälen. Als er dann aber wenig später mit dem Ergebnis der Klassenarbeit – einer Fünf – konfrontiert wurde, war er doch empört. Er empfand die Bewertung im höchsten Maße als ungerecht: Wen interessierte es schon, ob der erste Weltkrieg 1914 oder 1933 begonnen hatte? Er wusste, dass er viel besser argumentieren konnte als die blinden Hühner, die eine Eins geschrieben hatten. Jetzt würde auf dem Zeugnis im Fach Geschichte eine Vier stehen. Und das ersehnte iPad, vom Vater als Zielprämie für ein gutes Zeugnis ausgesetzt, war auch futsch. Er beschloss, sich für diese Demütigung zu rächen. Per Internet verbreitete er anonym Unwahrheiten über angeblich unfaire Bewertungsmethoden, insbesondere die krasse Bevorzugung der Mädchen, durch die Lehrerin. Als die Lehrerin davon erfuhr, erlitt sie einen Nervenzusammenbruch. Sie ließ sich später in eine andere Schule versetzen. Die Untersuchung, die der Direktor einleitete, verlief im Sande. Lucas hatte sein Ziel erreicht, er hatte für die erlittene „Ungerechtigkeit" Genugtuung erfahren.

A

1. *Was verstehst du unter Selbstgerechtigkeit? Halte das Ergebnis deiner Überlegungen fest, indem du folgenden Satz vervollständigst: „Selbstgerecht ist ein Mensch, der …"*
2. *Deute im Zusammenhang mit Selbstgerechtigkeit das Bibelsprichwort: Den Splitter im Auge deines Bruders siehst du, nicht aber den Balken im eigenen Auge.*
3. *Hältst Du Lucas' Verhalten für gerecht oder ungerecht? Positioniere dich in dieser Frage.*
4. *Suche nach Argumenten für die Behauptung, dass jemand, der sich maßlos rächen will, selten gerecht handelt.*

Faire Verfahren des Interessenausgleichs

Robert Spaemann meint, dass zur Gerechtigkeit als menschliche Haltung die Bereitschaft gehört, sich im Streitfall einer unparteiischen Instanz zu unterwerfen. Wie könnte eine solche Institution, die für Gerechtigkeit sorgt, aussehen?

Die Institution des Schiedsrichters

Oft gehen die Bewertungen von Menschen weit auseinander. Nehmen wir ein typisches Beispiel aus dem Sport: Ein Fußballer, der im Strafraum zu Fall kommt, wälzt sich zuerst auf dem Boden und fordert dann lautstark einen Elfmeter. Der Verteidiger hebt seine Hände und spricht von „Schwalbe". Als Fans der einen oder anderen Mannschaft ergeht es uns nicht besser. Kann es angesichts solcher starken Interessengegensätze überhaupt Gerechtigkeit geben?

Aus dem Sport ist aber nicht nur das Problem, sondern auch die Lösung bekannt: Ein Schiedsrichter soll als „Unparteiischer" darüber wachen, dass die Auseinandersetzung zwischen den Streitparteien fair und ohne Betrug verläuft und somit der Beste gewinnt.

Dennoch gibt es, wie wir wissen, in Spielen immer wieder Ungerechtigkeiten.

Torklau von Donezk

Bei der Fußballeuropameisterschaft 2012 in Polen und der Ukraine trafen in einem Vorrundenspiel England und Gastgeber Ukraine aufeinander. Das Spiel wurde letztlich dadurch zugunsten Englands entschieden, dass der Schiedsrichter einen regulären Treffer der ukrainischen Mannschaft nicht anerkannte. Jeder Fernsehzuschauer konnte sehen, was dem Schiedsrichter entging, nämlich, dass der Ball die Torlinie bereits überquert hatte, als der englische Verteidiger den Ball aus dem Torraum schlug. Aufgrund dieser Fehlentscheidung schied die Ukraine bereits in der Vorrunde der EM aus.

A

1. *Welche Bedingungen sollte ein Schiedsrichter erfüllen, damit er seine Funktion als „Unparteiischer" in Streitfällen erfüllen kann? Legt dazu eine Liste mit Anforderungen an.*
2. *Auch Schiedsrichter sind Menschen und Menschen machen Fehler. Führt eine Pro-Contra-Diskussion zur Frage durch, ob für eine objektive Bewertung von Regelverstößen durch Schiedsrichter im Spiel technische Hilfsmittel (im angesprochenen Fall etwa Torkameras oder Chips im Ball) eingeführt werden sollten.*
3. *Stellt euch eine Situation vor, in der der (Unsicherheits-)Faktor Mensch als Bewerter menschlicher Leistungen ganz durch objektive Maschinen ersetzt würde. Überlegt, ob in einer solchen Situation alle Gerechtigkeitsprobleme behoben wären.*

Streitschlichter in Aktion

Die Institution des (unparteiischen) Schiedsrichters spielt nicht nur im Sport eine Rolle. Auch in manchen Schulen arbeiten Streitschlichter. Kann das, was im Kleinen möglich ist, auch im Großen funktionieren? Können Schlichter auch bei Bewältigung scheinbar unlösbarer sozialer Spannungen weiterhelfen?

Proteste gegen den Ausbau des Stuttgarter Bahnhofs

Warnstreik der Beschäftigten des öffentlichen Dienstes für mehr Lohn

Zum Beispiel Tarifverhandlungen

Im Jahr 2010 konnte der Tarifkonflikt im öffentlichen Dienst erst durch einen Schlichterspruch beigelegt werden, der als beispielhaft bewertet wurde.

Vorausgegangen waren machtvolle Warnstreiks der Beschäftigten von Bund und Kommunen für mehr Lohn und Gehalt. Schulen blieben geschlossen, Busse und Bahnen fuhren nicht, ja selbst das Personal von Kliniken ging auf die Straße. Patienten mussten sich mit einer Notversorgung zufriedengeben und Berufstätige, die auf öffentliche Verkehrsmittel angewiesen waren, kamen zu spät zur Arbeit.

Nachdem die Gewerkschaften angesichts der schwierigen wirtschaftlichen Lage in den Jahren zuvor bei den Tarifverhandlungen lediglich geringfügige Lohnerhöhungen für ihre Mitglieder gefordert hatten, sollten die Beschäftigten des öffentlichen Dienstes nun auch etwas vom wirtschaftlichen Aufschwung abbekommen.

Die Gewerkschaften forderten 5 % mehr Lohn für die Beschäftigten. Das Angebot der Arbeitgeberseite lag bei 1,2 %.

Da trotz intensiver Verhandlungen der Tarifpartner keine Annäherung der Streitparteien zustande kam, wurde ein Schlichtungsverfahren in Gang gesetzt. Als Schlichter fungierten Herbert Schmalstieg, früherer Oberbürgermeister der Stadt Hannover, und Georg Milbradt, früherer Ministerpräsident des Freistaates Sachsen.

Im Ergebnis der Schlichtung wurde ein neuer Tarifvertrag vereinbart, die Beschäftigten bekamen 2,3 % mehr Lohn und Einmalzahlungen.

1. *Wiederholt aus Klasse 5/6, welche Regeln für die Arbeit von Streitschlichtern an Schulen gelten sollten.* A
2. *Recherchiert im Internet, in welchen anderen sozialen Bereichen neben der Schule und dem Sport die Institution eines unparteiischen Schiedsrichters als Streitschlichter gang und gäbe ist.*
3. *Informiert euch über das Projekt „Stuttgart 21“ und das damit verbundene Schlichtungsverfahren.*

Faire Rechtsprechung – das Gericht

Bei gravierenden Streitfragen zwischen Menschen bleibt als letzter Ausweg oft nur der Gang zum Gericht. Beim Gericht handelt es sich um eine sehr alte, schon aus der Antike bekannte menschliche Einrichtung. Der griechische Dichter Aischylos (525–465 v.u.Z.) erzählt, wie die Göttin Athene* den Menschen das Gericht brachte:

Q

Die Geburt des Gerichts

Athene: Vernehmt nun meine Stiftung, Bürger Attikas*
Ihr, die als erste richtet über vergossnes Blut;
Es wäre auch für alle Zeiten künftighin
Von Richtern stets dem Volk des Aigeus* dieser Rat. [...]
Die wehren allem Unrecht, so am Tag wie nachts,
Sofern sie selber die Gesetze nicht erneu'n
Mit schlechtem Zuguss. Denn besudelst du mit Schlamm
Das Wasser, ist kein reiner Trunk dir mehr vergönnt.
Nicht ohne Herr, nicht unter eines Herrn Gewalt
Zu leben, sei der Bürger Sorge, rate ich,
Auch nicht den Schrecken ganz zu bannen aus der Stadt.
Denn welcher Mensch, der nichts mehr fürchtet, bleibt gerecht?
Sofern ihr redlich diese heilge Würde ehrt,
Besitzt ihr eine Wehr des Landes und der Stadt,
So wie sie unter Menschen keiner je besaß [...].
Den Rat von Richtern, den Gewinnsucht nicht berührt,
Ehrfürchtigen und strengen Sinnes, setz ich ein,
wenn alles schläft, zu wachen über dieses Land.
Nun da ich meinen Bürgern auch für künftige Zeit
Die Mahnung ausgedehnt, gebührt sich, dass ihr euch
Erhebt, den Stimmstein nehmt und das Recht erkennt,
Des Eides scheu gedenkend. Dies ist mein Bescheid.

(Aischylos: Die Geburt des Gerichts. In: Otfried Höffe: Lesebuch zur Ethik: Philosophische Texte von der Antike bis zur Gegenwart, Beck, München 1998, S. 69)

A

1. *Welche Voraussetzung für Gerechtigkeit in der griechischen Stadt nennt Aischylos?*
2. *Deutet den Satz, dass die Bürger der Stadt weder ohne Herrn sein noch unter der Gewalt eines Herrn stehen sollten. Welchem „Herrn" schulden Bürger Gehorsam?*
3. *Welche Anforderungen an den „Rat der Richter" werden von Aischylos formuliert?*
4. *Setzt euch mit der These von Aischylos auseinander, dass ein Mensch, der nichts mehr zu fürchten hat, nicht gerecht bleiben kann.*
5. *Formuliert zusammenfassend Bedingungen dafür, dass in einem Gerichtsverfahren ein faires Urteil gefällt werden kann. Nutzt dazu auch das nachfolgende Spiel.*

Spielanleitung „Robin Hood vor Gericht“

Stellt euch vor: Eine Gruppe von Gerechtigkeitsaktivisten, die sich „Modern Robin Hood“ nennen, haben einem großen schwedischen Modelabel mehrere Millionen Euro gestohlen, indem sie sich in die elektronischen Bankkonten der Firma eingehackt haben. Dabei haben sie nicht bedacht, dass jeder im Internet Spuren hinterlässt und sind einige Tage später von Interpol identifiziert worden. Vom Geld finden die Ermittler jedoch keinen Cent. Zum Gerichtstermin warten die jungen Leute mit einer Überraschung auf. Die gesamte Summe haben sie unter Arbeiterinnen des Modehauses aufgeteilt, die in Kambodscha und anderen asiatischen Ländern in 14-Stunden-Schichten 6 Tage pro Woche für 240 Euro im Monat arbeiten. Sie wollen so zu einer gerechten Welt beitragen, sagen die Aktivisten von „Modern Robin Hood“.

Rollenspiel:

Spielt die Gerichtsverhandlung für diesen Fall nach. Dazu benötigt ihr mindestens:

› einen Richter und zwei Schöffen
› einen Staatsanwalt (Ankläger)
› einen Anwalt (Verteidiger)
› die Angeklagten (Vertreter der Gruppe „Modern Robin Hood“)
› verschiedene Zeugen (der Modefirma selbst, aus den Produktionsstätten in Kambodscha, Ermittler von Interpol etc.)
› einen Gerichtsreporter

Überlegt euch vor der Verhandlung für die von euch gespielte Rolle (Anklage, Verteidigung etc.) eine Strategie. Spielt die Gerichtsverhandlung anschließend durch und trefft ein begründetes Urteil. Der Gerichtsreporter fasst den Verlauf der Verhandlung und das Ergebnis kurz zusammen.

(Nach Silke Pfeiffer, Christian Klager: Spielend philosophieren. Militzke, Leipzig 2012, S. 69)

1. *Diskutiert im Anschluss an diese Gerichtsverhandlung die Frage: Ist gerecht, was laut Gesetz vorgeschrieben bzw. erlaubt ist? Worin bestehen aus eurer Sicht Unterschiede zwischen Recht und Gerechtigkeit?*
2. *Warum gelten Robin Hood und Klaus Störtebeker als Helden, während die Piraten vor Somalia von internationalen Kriegsschiffen gejagt werden?*

Gerechte Rechtsprechung?

Unsere Idealvorstellung vom Gericht lautet, dass es unparteiisch, das heißt ohne Ansehung der Person, des sozialen Ranges, des Geschlechts etc. urteilt. Aber Staatsanwälte und Richter sind auch nur Menschen. Am Ende des Jahres 2006 sorgten zwei Gerichtsentscheidungen für erhebliche öffentliche Diskussionen. Auch die Justizministerin, Sabine Leutheusser-Schnarrenberger, meldete sich zu Wort: Mit solchen Urteilen, so die Ministerin, werde das Rechtsverfahren entwertet und das Vertrauen der Bevölkerung in das Recht verspielt.

Zwei Gerichtsfälle

Q

Bei der Übernahme des Mannesmann-Konzerns durch Vodafone wurden an das Vorstandsmitglied Josef Ackermann überhöhte Prämien gezahlt, wodurch dem Unternehmen ein immenser Schaden entstand.
Im daraufhin anberaumten Gerichtsverfahren einigten sich Verteidigung und Staatsanwalt darauf, den Prozess gegen Zahlung einer Geldauflage in Höhe von 5,8 Millionen Euro einzustellen. Von dieser Summe zahlte Ackermann, der zu Verfahrensbeginn angab, ein Jahreseinkommen von 15 bis 20 Millionen Euro zu erzielen, letztlich 3,2 Millionen.
Bei einer Verurteilung hätte Ackermann, Chef der Deutschen Bank, hingegen als vorbestraft gegolten und seinen Posten verloren.

Das Landgericht Berlin bestätigte die fristlose Entlassung einer Verkäuferin, die 31 Jahre lang im Dienst einer Berliner Supermarktkette stand, als rechtens. Barbara E. soll einen Pfandbon in Höhe von 1,30 Euro unterschlagen haben. In der Urteilsbegründung hieß es, eine Kassiererin müsse sich in ihrer Vertrauensstellung unbedingt korrekt und zuverlässig verhalten, da sonst ein Vertrauensverlust eintrete.

A

1. *Begründet, warum ihr den oben erhobenen Vorwurf von Leutheusser-Schnarrenberger für gerechtfertigt/nicht gerechtfertigt haltet.*
2. *Sucht nach weiteren Beispielen für strittige Gerichtsurteile aus der aktuellen Tagespresse.*
3. *Erstellt zu einem dieser Urteile eine Art Gutachten. Nutzt für die Bewertung die von euch angelegte Übersicht zu wichtigen Aspekten der Gerechtigkeit.*

Ping-Pong

M

Was ist Ping-Pong?

Ping-Pong ist ein Argumentationsspiel, bei dem die Argumente wie ein Ping-Pong-Ball hin und her fliegen.

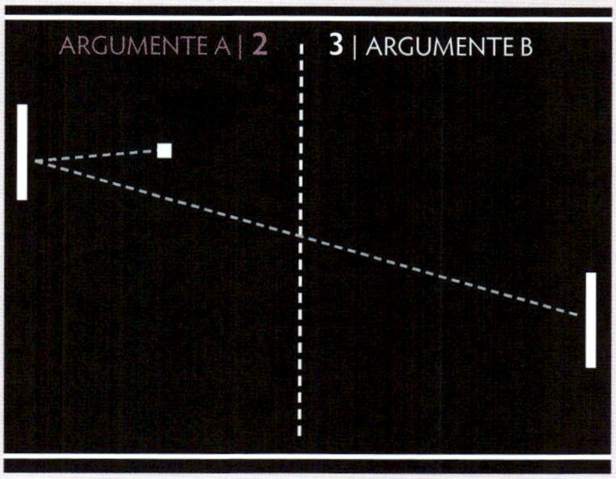

Anliegen des Spiels

Das Ziel besteht darin, sich mit einem Problem tiefgründig, mittels möglichst vieler Argumente und Beweise, auseinanderzusetzen. Zudem soll die Gesprächsfähigkeit und das aktive Zuhören der Spielteilnehmer geübt werden.

Ablauf und Spielregeln

- Es werden zwei Gruppen, eine Pro- und eine Contra-Gruppe, gebildet.
- In der ersten Gruppe erarbeitet jeder für sich mehrere Pro-Argumente zur Frage, in der anderen mehrere Contra-Argumente.
- Danach eröffnet ein Schüler der Pro-Gruppe die Diskussion mit einem begründenden Argument.
- Der erste Contra-Schüler fasst dessen Argumente zusammen und stellt sein Argument dagegen.
- Der zweite Pro-Schüler fasst das Contra-Argument zusammen und stellt sein Argument dagegen usw.
- Jeder Schüler muss auf seinen Vorredner reagieren und sein eigenes Argument schlüssig darstellen.

A

Im Aufgabenteil des Kapitels zur Gerechtigkeit finden sich eine Reihe von Fragen, die sich für eine tiefgründige Erörterung anbieten. Wählt aus der Spektrum der folgenden Fragen eine euch besonders interessierende aus und nutzt die Ping-Pong-Methode zu ihrer Beantwortung:

- *Ist es gerecht, dass ein Spitzenmanager der Autoindustrie das Hundertfache (und mehr) eines normalen Arbeiters am Band verdient?*
- *Ist es gerechtfertigt, dass das Kindergeld an Familien mit Kindern unabhängig vom Einkommen der Eltern gezahlt wird?*
- *Sind über das Normalmaß („Hartz IV") hinausgehende zusätzliche Unterstützungen für Kinder aus einkommensschwachen Familien in Form des Bildungsgutscheins gerechtfertigt?*
- *Bemisst sich die Gerechtigkeit einer Strafe daran, dass sie a) der Vergeltung (von erlittenem Unrecht) oder b) der Vorbeugung (weiterer Straftaten) dient?*
- *Ist in Zeiten der Gleichberechtigung eine geschlechtsspezifische Arbeitsteilung in der Familie zu rechtfertigen/nicht zu rechtfertigen?*
- *Ist eine Quotenregelung für Frauen in wirtschaftlichen Führungsfunktionen unter Gerechtigkeitsgesichtspunkten sinnvoll/nicht sinnvoll?*
- *Verhält sich jemand gerecht, wenn er sich rächt?*

6 Religionen und ihre Deutungen existenzieller Fragen

Muss ich glauben und wenn ja, an was oder wen?

Ich bin nicht religiös. Haben die Zehn Gebote der christlichen Religion für mich dennoch eine Bedeutung?

Religionen helfen dem Einzelnen, schwierige Lebenssituationen wie Leid, Krankheit oder gar den Tod von Nahestehenden zu meistern.

Die Religion hat die Fragen nach Woher und Wohin von Mensch und Welt nicht gepachtet. Es sind Fragen unserer Existenz, uralte Fragen, die sich auch ohne Rückgriff auf Gott beantworten lassen.

Weltanschauungen und Religionen wären sinnentleert, wenn sich ihre Anschauungen nicht im praktischen Handeln der Menschen niederschlagen würden. Die Zuwendung zum Nächsten, der Einsatz für eine gerechtere Welt hat lange Traditionen.

Religionen geben vielen Menschen Vertrauen und Sicherheit beim guten Handeln und beantworten ihre Fragen nach Sinn.

Die Freiheit des Glaubens, des Gewissens und die Freiheit des religiösen und weltanschaulichen Bekenntnisses sind unverletzlich. (GG, Art. 4, Abs. 1)

A *1. Wähle einen Ausspruch aus, notiere drei Fragen, die sich für dich aus dem Ausspruch ergeben und entwickle eine eigene Position dazu.*

6.1 Glaube in unserem Leben

Seit es Menschen gibt, stellen sie Fragen nach dem Woher und Wohin, hegen sie Hoffnungen und Befürchtungen, die sich in ihrem Glauben manifestieren.

Woran glaubst du?

„An irgendetwas musst du doch glauben!" Diesen Satz hast du bestimmt auch schon gehört. Und es stimmt, jeder glaubt an etwas. Doch nicht jeder, der an etwas glaubt, kann gleichzeitig als religiöser Mensch bezeichnet werden.

Glaubensvielfalt

Wenn sich für die Gegenwart eine Aussage hinsichtlich des Verhältnisses zu Religion und Glauben treffen lässt, dann die, dass es ein Nebeneinander vielfältiger weltanschaulicher und religiöser Meinungen gibt. Nur noch ein Drittel der Jugendlichen hierzulande glaubt an einen personalen Gott, wie ihn die monotheistischen* Religionen kennen, und befolgt dessen Gebote.

Doch was ist mit den anderen zwei Dritteln? Sind diese Jugendlichen ohne jeglichen Glauben?

> *Glaube*
> ist eine innere Gewissheit, die unabhängig von Beweisen existiert. Er äußert sich darin, dass eine Person unerschütterliches Vertrauen und Zuversicht in den Gegenstand ihres Glaubens (z.B. Gott, Frieden, Gerechtigkeit) setzt und diesen Gegenstand als hohen Wert betrachtet.

Woran Menschen glauben?

Außerirdische
HFC
Die Macht des Geldes
Schutzengel
Mich
Mode
Gott
Die Vernunft
Die Liebe
Horoskope
Die Schönheit
Wiedergeburt
Zufall
Weiterleben nach dem Tod
Gerechtigkeit
Das Gute im Menschen
Nichts
Schicksal

1. *Untersucht den Begriff „Glauben". Sucht Synonyme! Findet Beispiele dafür, wie er verwendet wird. Ordnet sie und klärt, welche Bedeutung „Glauben" haben kann.* A
2. *Notiere, welche Sehnsüchte und Hoffnungen es sein könnten, die Jugendliche und Erwachsene an etwas glauben lassen?*
3. *Notiere, an wen oder was du glaubst. Wobei hilft dir dein Glaube? Fertige dazu eine Text-Bild-Collage an.*

Dem Glauben Ausdruck verleihen

Die Sehnsüchte und Ängste der Menschen äußern sich nicht nur in ihrem Glauben, sondern veranlassen sie auch, für ihren Glauben einzutreten, ihn zu leben.

A

1. *Erläutere, woran die Menschen auf den Fotos glauben und was sie sich wahrscheinlich von ihrem Tun erhoffen.*
2. *Verständigt euch in einem Gespräch darüber, was ihr für euren Glauben zu tun bereit seid.*
3. *Ein Sprichwort behauptet: „Der Glaube kann Berge versetzen.“ Meditiere* (siehe S. 167) dazu und stelle das Ergebnis deiner Meditation zur Diskussion.*

Glauben und Glaubensbekenntnis in den Religionen

Jede Religion hat ihr eigenes Glaubensbekenntnis.

Jüdisches Gebet

Höre Israel, der Ewige, unser Gott, der Ewige ist einzig. Und du sollst lieben den Ewigen, deinen Gott, mit deinem ganzen Herzen und mit deiner ganzen Seele und mit all deiner Kraft.

Aus dem Apostolischen Glaubensbekenntnis der Christen

Ich glaube an Gott,
den Vater, den Allmächtigen,
den Schöpfer des Himmels und der Erde,
und an Jesus Christus, unseren Herrn ...
Ich glaube an den Heiligen Geist ...

Die Schahada

Ich bezeuge, es gibt keinen Gott außer Allah und Mohammed ist sein Prophet.

Die „drei Juwelen“ des Buddhismus

Ich nehme meine Zuflucht zu Buddha.
Ich nehme meine Zuflucht zum Dharma*.
Ich nehme meine Zuflucht zum Sangha*.

A

1. *Wiederholt, was „Glauben“ bedeutet (siehe auch S. 145).*
2. *Versucht auf der Grundlage der Textfragmente zu ergründen, welche Besonderheiten der religiöse Glaube aufweist.*

Was ist Religion?

Religionen haben ein eigenes Verständnis der Welt und eigene Antworten auf *Grundfragen der menschlichen Existenz* entwickelt.

„Religion" kann in der lateinischen Sprache zwei Bedeutungen haben:

Q ***Worauf alle Religionen Wert legen***

Alle Religionen zeigen uns unseren Platz in der Welt. Ihn zu finden heißt, den Sinn des Lebens zu erkennen. Sie tun das, indem sie uns Geschichten über die Welt und Menschen erzählen, die lange vor uns gelebt haben.

Alle Religionen lehren uns, einander zu helfen, wann immer wir können, aufrichtig zueinander zu sein, uns nicht zu schlagen, zu töten, zu bestehlen oder zu betrügen.

Sie lehren uns, zu verzeihen und über die Fehler der anderen hinwegzusehen, denn auch wir sind nicht ohne Fehler. Deshalb zeigen sie uns, wie wir von Neuem beginnen können, wenn wir etwas falsch gemacht haben.

Religionen fordern von uns, unsere Familien zu lieben, unsere Eltern zu achten und neue Familien zu gründen, wenn wir erwachsen sind.

Menschen möchten ihr Staunen und ihre Furcht, ihren Dank und ihr Suchen in passende Worte kleiden. Durch Gebete zeigen uns die Religionen, wie wir ausdrücken können, was wir fühlen.

Religionen lehren, dass der Tod nicht unser völliges Ende ist. Zwar haben sie von dem, was nach dem Tod geschieht, unterschiedliche Vorstellungen, aber alle geben uns Hoffnung und helfen uns, das Leben zu bewältigen und dem Tod entgegenzusehen.

(Frei nach Marc Gellman, Thomas Hartman: Wie buchstabiert man Gott? Carlsen, Hamburg 1996, S. 15ff.)

A

1. *Überlegt gemeinsam, was sich hinter den beiden Bedeutungen von Religion verbergen könnte. Was sollen religiöse Menschen beachten? Womit sollen sie sich wieder verbinden?*
2. *Fasst zusammen, mit welchen Themen sich alle Religionen beschäftigen. Nutzt für eure Textdeutung die oben formulierten Grundfragen menschlicher Existenz als Schlüssel.*
3. *Ergänzt die Grundfragen menschlicher Existenz um weitere und versucht selbst erste Antworten auf sie zu geben.*

Deutungen der Welt

In unserer Zeit wird die Frage nach der Entstehung der Welt und dem Wesen des Menschen meist beantwortet, indem man auf Erkenntnisse der modernen (Natur-)Wissenschaften zurückgreift. Im Unterschied dazu verweisen fast alle Religionen auf das Wirken eines Gottes bzw. mehrerer Götter. Müssen sich beide Deutungen zwangsläufig ausschließen?

Q

Wirbelsturm auf dem Autofriedhof?

An der Ingenieurhochschule Köthen hatte ich einen Kollegen, der vorher in der Oberschule mein Chemielehrer war [...]. Als er von meiner kirchlichen Aktivität erfuhr, fragte er mich ganz fassungslos, wie ich denn als Physiker in die Kirche gehen und „solches Zeug" glauben könnte. Christlicher Glaube sei doch mit der modernen Wissenschaft nicht zu vereinbaren und werde über kurz oder lang durch sie überwunden.

Diese Sicht der Beziehung zwischen Naturwissenschaft und christlichem Glauben entspricht allerdings dem Erkenntnisstand des 19. Jahrhunderts. Inzwischen ist die Wissenschaft eher zu einer Stütze des Glaubens an Gott geworden. Denn an Gott zu glauben, ist zwar schwer, aber sich die ganze Welt in letzter Konsequenz ohne Gott vorzustellen, ist noch viel schwerer.

Es braucht wirklich eine Menge Glauben, um zu glauben, dass das Universum und alles Leben ganz durch Zufall geworden ist. Die Wahrscheinlichkeit dafür ist etwa so, wie wenn ein Wirbelsturm durch einen Autofriedhof jagt und die zufällig empor gerissenen Teile nachher zusammen genau als ein komplettes und funktionsfähiges Düsenflugzeug landen – derart unwahrscheinlich ist die zufällige Entstehung der Welt und des Lebens. Ich persönlich habe nicht genügend Glauben um zu glauben, dass nicht jemand wie Gott hinter dem allem ist.

(Wilfried Büchse. In: Mitteldeutsche Zeitung (Köthener Ausgabe), 12.6.2004, S. 13)

A

1. *Tragt wesentliche Aussagen über die Entstehung des Universums und der Erde aus wissenschaftlicher (z.B. Urknalltheorie) und religiöser Sicht zusammen (siehe auch S. 191ff.). Vergleicht die Standpunkte miteinander und klärt, was die Begriffe Wissen und Glaube in diesem Zusammenhang bedeuten.*
2. *Heute versuchen manche Theologen und Wissenschaftler (wie Wilfried Büchse), einen Kompromiss zwischen religiösem Glauben und wissenschaftlicher Welterklärung zu finden. Verfasst einen Leserbrief, in welchem ihr euch zur Position von Wilfried Büchse äußert.*

6.2 Gibt es Erlösung?

Der Wunsch nach Erlösung

Jeder Mensch erfährt in seinem Leben Ängste und Nöte, bedrückende Situationen, Leid und Traurigkeit, von denen er befreit, „erlöst“ werden möchte.

Langeweile

Mathestunde und immer noch 20 Minuten bis zur Pause …

Einsamkeit

Warum kann ich ihr nicht sagen, dass es mir leid tut …

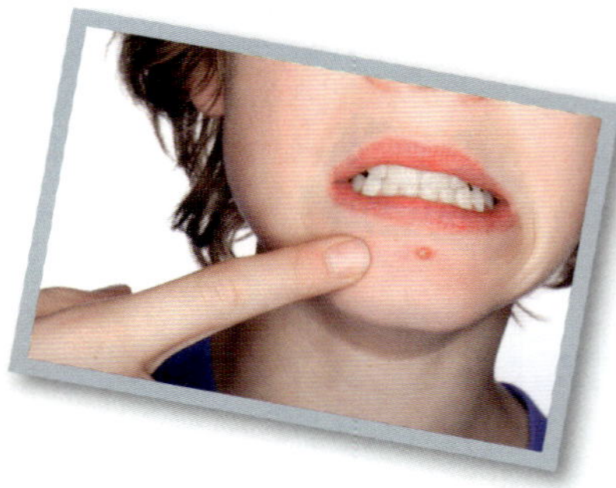

Angst

Ständig streiten sich meine Eltern …

A

1. *Schaut euch die Bilder und Beispiele genauer an. Beschreibt, wie sich die Menschen hier fühlen und wovon sie möglicherweise erlöst werden möchten.*
2. *Diskutiert darüber, welche Beziehung es zwischen dem Wunsch nach Erlösung und dem Streben nach Freiheit gibt (siehe auch S. 56 ff.).*
3. *Gedankenexperiment: Angenommen, du könntest alles Bedrückende hinter dir zurücklassen. Wovon möchtest du erlöst werden? Was würdest du dafür tun und in Kauf nehmen? Welche Freiheiten kannst du dadurch erreichen? Notiere deine Gedanken. Vielleicht hebst du dir diesen Zettel auf und liest ihn in ein paar Jahren noch einmal …*

„Erlösung“ light?

Finanzielle Schwierigkeiten? Da hilft ein Kredit mit supergünstigen Zinsen.

Einsam? Melde dich im sozialen Netzwerk an und schon hast du mehr Freunde als du dir vorstellen kannst.

Schulstress? Wie wäre es mit einer Shopping-Tour durch unser hypermodernes Einkaufszentrum?

In der heutigen Gesellschaft erscheint Erlösung käuflich. Vor allem die Werbung verspricht ein gelingendes Leben, Glück und Schönheit: Uns geht es gut, wir können alles haben und erreichen, was wir nur wollen.

Werde unsterblich

A

1. *Untersucht die dargestellten Lösungsansätze für die alltäglichen Sorgen und Nöte, die jeder von uns einmal hat. Erörtert die positiven Seiten und die Grenzen derartiger Angebote.*
2. *Erlösung bedeutet Befreiung aus einer existenziellen Notlage hin zur Freiheit. Diskutiert darüber, in welchem Maße uns diese angebotenen Dinge wirklich frei werden lassen.*
3. *Der Fußballclub Rapid Wien bietet seinen Fans die im Bild dargestellte Form von Erlösung an. Erläutere, wie du zu dem Angebot stehst.*

Die Antwort der Religionen

Die Frage nach der Erlösung des Menschen steht in vielen Religionen im Zentrum. Hinduismus und Buddhismus suchen Erlösung eher in der Loslösung von der Welt, Judentum, Christentum und Islam verbinden sie mit dem Befolgen der göttlichen Gebote. In diesem Zusammenhang stehen auch die Fragen nach dem Ende der Welt, Jüngstem Gericht und Auferstehung sowie dem Jenseits.

Gebet zu Jom Kippur

Der Versöhnungstag, der höchste Feiertag des Judentums, ist ein Tag des Gebets um durch innere Einkehr die Vergebung der Schuld und seelische Erneuerung zu erlangen. Der Mensch soll sein Verhältnis zu Gott und seinen Mitmenschen in Ordnung bringen und sich aussöhnen, damit er das neue Jahr harmonisch und friedlich beginnen kann.

Q

Vom Abend an steige empor unser Flehen,
am Morgen, o neige dich unserm Gebet,
dass zum Abend sich zeige Erquickung.

Vom Abend an steige empor unser Rufen,
am Morgen, o neige dich uns mit Liebe,
dass zum Abend sich zeige Erlösung.

Vom Abend an steige empor unsre Reue,
am Morgen, o neige dich unsrer Buße,
dass zum Abend sich zeige Gewährung.

Vom Abend an steige empor unser Seufzen,
am Morgen, o neige dich zu uns hernieder,
dass zum Abend sich zeige Erhörung.

Else Schubert-Christaller

(In: Robert Raphael Geis: Vom unbekannten Judentum. Herder, Freiburg 1961, S. 47)

A

1. *Suche aus dem Gebet die Schlüsselwörter bezüglich der jüdischen Erlösungshoffnung heraus. Fasse kurz zusammen, auf was ein Betender hofft.*
2. *Die jüdischen Erlösungsvorstellungen sind eng mit der Erwartung des Messias verbunden. Informiert euch dazu in geeigneten Texten und Medien (z.B. www.bibel-online.de).*

„Der Aufstieg in das himmlische Paradies", Hieronymus Bosch (ca. 1450–1516)

Erlösung im Christentum

Erlösung ist eng mit einem guten und gerechten Leben im Diesseits verbunden, liegt aber letztendlich immer in der Gnade Gottes. Man kann sie sich nicht durch gute Werke erarbeiten, aber der religiöse Mensch darf hoffen.

Der Maler Hieronymus Bosch (ca. 1450–1516) hat seine Vorstellungen von Erlösung gemalt.

Eine dieser Tafeln ist „Der Aufstieg in das himmlische Paradies". Die anderen zeigen den „Sturz der Verdammten" und die „Hölle".

A

1. *Erörtert, warum die Hoffnung auf Erlösung religiösen Menschen die Kraft und Zuversicht geben kann, ihrer eigenen Überzeugung trotz Kritik und Widerstand treu zu bleiben oder sogar das eigene Leben für andere zu opfern. Recherchiert dazu die Biografien von Dietrich Bonhoeffer, Oscar Romero, Ernesto Cardenal, Mutter Teresa*, Martin Luther King und anderen.*
2. *Diskutiere darüber, ob die Menschen selbst etwas zu ihrer Erlösung beitragen können und welche Rolle dabei die religiösen Gebote spielen.*
3. *Fantasiert darüber, was auf den Bildern „Sturz der Verdammten" und „Hölle" zu sehen ist und vergleicht eure Vorstellungen mit denen Boschs.*

Gelingendes Leben: Was sollen wir tun?

Damit ein Miteinander gelingen kann, müssen wir uns an bestimmte gesellschaftliche Werte und Normen halten, wie sie beispielsweise im Grundgesetz verankert sind. Für religiös gebundene Menschen gelten darüber hinaus die Gebote ihrer Religion, die das Verhältnis des Einzelnen zu Gott/den Göttern und zu seinen Mitmenschen regeln.

Q

Die Würde des Menschen ist unantastbar.

(GG, Art.1,1)

[...] jener ist gerecht, der an Allah glaubt und an den Jüngsten Tag und an die Engel und an die Schrift und die Propheten; der voll Liebe von seinem Vermögen gibt: den Verwandten, Waisen, und Armen und den Pilgern, überhaupt jedem, der darum bittet [...].

(Koran, 2. Sure, Vers 178)

Wer auch immer ein einziges Leben rettet, der ist, als ob er die ganze Welt gerettet hätte.

(Babylonischer Talmud. Traktat Sanhedrin 37a)

Du sollst den Herrn, deinen Gott, lieben mit ganzem Herzen, mit ganzer Seele und mit all deinen Gedanken. Das ist das wichtigste und erste Gebot. Ebenso wichtig in das zweite: Du sollst deinen Nächsten lieben wie dich selbst.

(Bibel. NT. Mt 22, 37-39)

Auf mich selbst achtend, achte ich auf den anderen, auf den anderen achtend, achte ich auf mich selbst.

(Aus dem Palikanon)*

A

1. *Das Zimmer aufräumen, um acht zu Hause sein, freundlich grüßen – welchen Regeln und Geboten unterliegt dein eigenes Leben? Bewerte den grundsätzlichen Sinn solcher Vorschriften. Schätze ein, ob sie deinem Lebensglück entgegenstehen oder ihm förderlich sind.*
2. *Für Juden und Christen haben die Zehn Gebote seit Jahrhunderten Geltung. Trotz allem ist es nicht immer leicht, sie zu befolgen. Wo seht ihr Schwierigkeiten? Denkt dabei auch an euer eigenes Verhalten.*
3. *Setze die moralischen Gebote der Religionen zu humanistischen Idealen unseres aufgeklärten Zeitalters, etwa der Idee gleicher Menschenrechte, in Beziehung.*
4. *Brauchen die Menschen von heute neue Gebote? Diskutiert darüber.*

Mit Liebe gegen Diskriminierung

Martin Luther King (1929–1968) war ein Pfarrer, der für die Rechte der farbigen Minderheit in den USA kämpfte, dabei aber von der Idee des gewaltfreien Widerstands überzeugt war.

In den 50er- und 60er-Jahren des 20. Jahrhunderts herrschte in den USA eine ausgeprägte Diskriminierung der farbigen Bevölkerung. Farbige durften beispielsweise in öffentlichen Bussen und Bahnen und in Restaurants nur Sonderbereiche nutzen, sie wohnten in abgeschotteten Stadtteilen und es gab massive Anfeindungen gegen sie. Auch Martin Luther King war davon betroffen, aber er ließ sich davon nicht einschüchtern. Er überlebte mehrere Attentatsversuche, bevor er 1968 in Memphis ermordet wurde.

Trotz eigener bitterer Erfahrungen erwiderte er Hass und Diskriminierung nicht ebenfalls mit Hass.

Die Feindesliebe Q

Kein anderes Gebot ist wohl so schwer zu befolgen wie der Befehl: „Liebet eure Feinde!" Manche Menschen halten es für unausführbar. Es sei zwar leicht, so sagen sie, den zu lieben, von dem man geliebt wird, wie aber könne man den lieben, der einem offen oder insgeheim schadet?

Trotz dieser immer wiederkehrenden Fragen und Einwände gilt dieser Befehl Christi heute mit besonderer Dringlichkeit. Immer neue Umwälzungen zeigen, dass der Mensch sich auf der Straße des Hasses befindet. Er ist auf einer Reise begriffen, die zu Untergang und Verdammnis führt.

Der Befehl, unsere Feinde zu lieben, ist nicht die fromme Bitte eines schwärmerischen Träumers; er ist eine unbedingte Notwendigkeit für unser Überleben. Die Liebe auch zu unseren Feinden ist der Schlüssel, mit dem sich die Probleme der Welt lösen lassen.

(Martin Luther King: Kraft zum Lieben. Christliche Verlagsanstalt, Konstanz o.J., o.S.)

A

1. *Informiert euch über den Lebensweg und das Lebenswerk Martin Luther Kings. Präsentiert eure Ergebnisse in Gestalt eines Posters.*
2. *Die Feindesliebe ist eine hohe ethische Anforderung, die den meisten Menschen unerreichbar erscheint. Findet in eurem Alltag Beispiele, die für bzw. gegen das Gebot sprechen.*
3. *Verfasst ein kurzes Statement über den Sinn des Gebots der Feindesliebe in unserer Zeit.*

6.3 Auf den Spuren fernöstlicher Religionen

Haben fernöstliche Religionen überhaupt irgendeine Bedeutung für mich? Spiegeln sie eine ganz andere Wirklichkeit wider? Was soll ich da von ihnen schon lernen können?

Ich meditiere* manchmal. Das hilft mir, zur Ruhe zu kommen und die Gedanken zu ordnen.

Auch in Deutschland leben Buddhisten. Ich sehe sie manchmal, wenn sie mit ihrem komischen Singsang in ihren orangenen Gewändern auf dem Boulevard herumlaufen und die Aufmerksamkeit der Passanten auf sich ziehen. Ich frage mich dann immer, was für eine Botschaft sie uns eigentlich vermitteln wollen. Was tun sie für die Gemeinschaft? Helfen sie den Armen und Schwachen oder dreht sich bei ihnen im Grunde genommen alles nur um ihre eigene Erlösung?

Seine Schüler bestürmten einen Zen-Mönch,
ihnen das Rätsel seines Lebens zu offenbaren.
Da erwiderte der Mönch:
Wenn ich stehe, dann stehe ich.
Wenn ich gehe, dann gehe ich.
Wenn ich sitze, dann sitze ich.
Wenn ich esse, dann esse ich.
Wenn ich spreche, dann spreche ich.

A

1. *Wählt jeweils zwei Wortmeldungen aus, die euch zusagen bzw. die ihr ablehnt und begründet eure zustimmende bzw. ablehnende Position.*

Das ewige Gesetz – die Lehren des Hinduismus

Der Sri Ganesha Hindu Tempel in Berlin, das buddhistische Kloster Viên Giác in Hannover oder der Zen-Tempel Wolkentor in Halle/Saale – sie alle zeugen davon, dass Hinduismus und Buddhismus auch in Deutschland zu finden sind.

Zen-Tempel Wolkentor in Halle/Saale

Was ist Hinduismus?

Der Hinduismus ist keine einheitliche Religion. Er hat keinen Religionsstifter, keine allgemeingültige Lehre und kennt auch kein für alle Hindus verbindliches Glaubensbekenntnis. Vielmehr ist das, was wir Hinduismus nennen, ein System unterschiedlicher religiöser, philosophischer und ethischer Vorstellungen, die im Laufe der Jahrhunderte gewachsen sind. Nach der Tradition wird man in den Hinduismus hineingeboren, man kann also kein Hindu werden. Genauso wenig kann man aufhören, ein Hindu zu sein.

Göttervielfalt

Reisende, die aus Indien zurückkehren, berichten einhellig über die bunte religiöse Vielfalt. Überall auf den Straßen und Plätzen, in privaten Gärten, ja selbst in Bussen und Taxis findet man kleinere oder größere Altäre, die der Verehrung einer Vielzahl von Göttern dienen. Zu jeder Gottheit gibt es Geschichten und Mythen, sie werden mit menschlichen Eigenschaften versehen, sie können heiraten und Kinder haben. Dem Gläubigen helfen die Götter bei der Bewältigung des Alltags. Durch die Einhaltung bestimmter Riten* versichern sich die Gläubigen des Wohlwollens und Beistands der Götter. Einen besonderen Stellenwert im Hinduismus besitzt jedoch das „Dreigestirn" Brahma*, Vishnu* und Shiva*, die den menschlichen Grunderfahrungen von Schöpfung, Erhaltung und Zerstörung entsprechen.

Die drei Götter Brahma, Shiva und Vishnu

1. *Vergleicht die Gottesvorstellungen des Hinduismus mit denen von Judentum, Christentum und Islam. Stellt eure Ergebnisse in geeigneter Form dar.* A

Samsara* und Karma*

Für die Hindus besteht die Welt seit Ewigkeiten. Immer wieder ist sie entstanden und vergangen, immer wieder wird sie neu entstehen und vergehen. Ebenso alle Lebewesen. Diesen ewigen Kreislauf nennen die Hindus *Samsara*, das bedeutet Wanderung oder Umherwandern. Die Seele verlässt den Körper eines Sterbenden, um nach einer gewissen Zeit im Körper eines neu entstehenden Lebewesens auf die Erde zurückzukehren.

Das Rad symbolisiert den Kreislauf des Lebens, hier in Stein gemeißelt am Tempel des Sonnengottes Surya in Konaraka

Raus aus der ewigen Verdammnis

Im Gegensatz zu Jugendlichen hierzulande, die sich wünschen, unsterblich zu sein oder nach dem Tod wiedergeboren zu werden, empfinden Hindus Samsara* nicht als etwas Positives. Es ist eine Art „ewiges Leben" und eng mit der Lehre vom Karma* verbunden. *Karma* bedeutet Tat oder Handlung und ist das Gesetz der Vergeltung. Jede Tat eines Menschen hat eine Ursache, die ihr vorangeht, und Folgen, die nach der Tat weiter bestehen. Was ein Mensch jetzt ist und was er tut, hat seine Ursachen in früheren Handlungen und wird Auswirkungen auf die Zukunft haben, die sich auch auf das nächste Leben erstrecken können. Deshalb betrachten die Hindus Samsara als ewige Verdammnis. Die Seele ist „verdammt" dazu, von Körper zu Körper zu wandern und das Karma mitzunehmen. Es begleitet die Seele also über Tod und Wiedergeburt hinweg. Man könnte es sich wie eine Art Konto vorstellen, auf das etwas eingezahlt und von dem etwas abgehoben wird. So wie das Konto anwachsen kann, so kann es auch weniger werden, je nachdem, ob das Tun des Menschen positives oder negatives Karma hervorruft.

Vorbereitungen für das Hindu-Fest Divali

A

1. *Halte schriftlich fest, welche Antworten Judentum, Christentum und Islam auf die Frage finden, was nach dem Tod mit dem Menschen geschieht.*
2. *In der heutigen Zeit findet die Vorstellung von der Wiedergeburt auch in der westlichen Welt immer mehr Anklang. Sprecht über mögliche Gründe dafür.*

Wege zur Erlösung

Das Lebensziel eines gläubigen Hindus ist Moksha*, die endgültige Befreiung aus dem Kreislauf der Wiedergeburt und die Erlösung von allen weltlichen Bindungen. Der Hinduismus kennt im Gegensatz zu anderen Religionen gleich mehrere Wege, dieses Ziel zu erreichen.

Befreiung aus dem Kreislauf der Wiedergeburten

karma-marga	bhakti-marga	jnana-marga
Der Weg des Handelns	**Der Weg der Gottesliebe**	**Der Weg der Erkenntnis**
› selbstloses Handeln beeinflusst das Karma und bringt uns der Erlösung näher › gutes Handeln, rechtes Leben › einfacher als der Weg der Erkenntnis	› gottesfürchtiges Leben führt zur Erlösung durch einen Gott › absolute Hingabe an einen persönlichen Gott (meist wird der Gott Vishnu* verehrt, vor allem in seiner Verkörperung als Krishna) › für alle Gläubigen geeignet	› Erlösung durch die Erkenntnis: Atman* (das Selbst) und Brahman (Urgrund allen Seins) sind identisch › langwieriger Prozess geistiger Konzentration und Meditation*, verbunden mit Askese* › nur geeignet für Menschen, die philosophisch geschult sind

Atman und Brahman*

Brahman bezeichnet das Urprinzip, das Eine. Es ist das Absolute, das Göttliche, der Urgrund allen Seins. Alles, was existiert – das Universum, die Welt, Menschen, Tiere, Pflanzen und auch Götter – sind Erscheinungsformen des Brahman.

Atman dagegen bezeichnet das innere Selbst bzw. die individuelle Seele, die die Identität eines Menschen ausmacht. Wenn die ganze Welt aus Brahman besteht, dann ist Atman auch Brahman. Diese Erkenntnis führt zur Befreiung aus dem Samsara und damit zur Erlösung.

A

1. *Vergleicht die Erlösungswege des Hinduismus mit den Erlösungsvorstellungen von Juden, Christen und Muslimen. Stellt eure Ergebnisse in einer Übersicht zusammen. Siehe dazu auch die Seiten 150ff.*
2. *Das Urprinzip Brahman verbindet alles, was auf der Erde existiert. Was bedeutet das für den Umgang mit unseren Mitmenschen, mit der Natur und mit uns selbst? Könntest du dir vorstellen, deine Handlungen und Entscheidungen daran zu orientieren?*

Das Rad dreht sich – die Lehren des Buddhismus

Der Name dieser Religion ist abgeleitet von einem Ehrentitel für ihren Stifter Siddhartha Gautama, den Buddha*. Der Buddhismus beruht auf Buddhas Lehre und seiner Ordensgründung.

Buddhist ist man weder durch Geburt noch durch ein formelhaftes Glaubensbekenntnis. Jeder Mensch, der die Lehre des Buddha als Wahrheit erkennt, darf sich als Buddhist betrachten. Der Buddhist bekennt sich zu Buddha, zu dessen Lehre und zur Gemeinschaft der Mönche und Laien. Damit verbunden sind bestimmte Regeln, die er in seinem Leben einhalten soll.

Das Leben des Buddha

Siddhartha Gautama lebte etwa 560 bis 480 v.u.Z. Er wurde als Sohn des Landadligen Suddhodana und der Prinzessin Maya in Kapilavastu im heutigen Nepal geboren. Der Reichtum der Familie ermöglichte ihm eine unbeschwerte Kindheit mit allen Annehmlichkeiten und einer erstklassigen Ausbildung. Mit 16 Jahren heiratete Siddhartha die schöne Yasodara. Beide haben einen Sohn, den sie Rahula, Fessel, nennen.

Trotz seines Lebens in Luxus geriet Siddhartha in eine tiefe Krise. Er verließ seine Familie und seine Heimat und suchte als Asket* die Erlösung vom Leiden. Zunächst folgte er verschiedenen Lehrern, später zog er sich als Bettelmönch in die Einsamkeit zurück.

Strengste Askese sollte die Erleuchtung erzwingen. Die erhoffte religiöse Einsicht blieb jedoch aus. Schließlich erkannte er, dass es einen Mittelweg zwischen Luxus und Askese* geben müsse.

Darstellung des Buddha als unbeugsamer Asket

A

1. *Eine Legende erzählt, dass Siddhartha vom Palast seines Vaters aus vier Ausfahrten unternahm. Bei den ersten drei Ausfahrten begegnet er einem Alten, einem Kranken und einem Toten. Siddharthas Jugend war unbeschwert, man hielt alles Leid von ihm fern. Er kannte weder Alter noch Krankheit noch Tod. Sein Wagenlenker musste ihm alles erklären. Bei der letzten Ausfahrt trifft Siddhartha einen Wanderasketen, der ihm versichert, er habe durch die Abkehr von allem Weltlichen seinen inneren Frieden gefunden.*
   Versetzt euch in Siddhartha. Formuliert mögliche Gedanken und Empfindungen. Erarbeitet dazu einen Dialog. Vergleicht eure Ergebnisse.

Die Lehre des Buddha*

Die Vier Edlen Wahrheiten

Der Achtfache Pfad

Der Achtfache Pfad zeigt eine Möglichkeit auf, wie der Mensch vom Gesetz des Karma* befreit werden und endgültige Erlösung finden kann.

Q

Der Edle Achtfache Pfad

Wissen

1. Rechte Erkenntnis – Erkenntnis der Ursachen des Leidens und des Weges, der zur Aufhebung des Leidens führt. Erkenntnis der Vier Edlen Wahrheiten.
2. Rechte Gesinnung, rechter Entschluss – Entschluss zu Wohlwollen, Friedfertigkeit und Nicht-Schädigung von Lebewesen.

Sittlichkeit

3. Rechte Rede – Vermeiden von Lüge und Verleumdung, Kraftausdrücken und Geschwätz.
4. Rechtes Handeln – Vermeiden von unmoralischen Handlungen wie: Töten, Stehlen, Ehebrechen.
5. Rechter Lebenserwerb, rechte Lebensführung – Vermeidung von Berufen, die zur Schädigung anderer Lebewesen führen wie: Schlächter, Drogenhändler, Waffenhändler ...

Schüler beim Studium der Texte

Sammlung/Meditation

6. Rechte Anstrengung, rechtes Streben – Förderung von Dingen, die das Karma* verbessern.
7. Rechte Achtsamkeit – Beständiges Achten auf Körper, Gefühle, Bewusstsein und Denken.
8. Rechte Konzentration und Sammlung – Sammlung des Geistes, Meditation*.

(Frei nach Buddhistisches Wörterbuch. Christiani, Konstanz 1952)

A

1. *Buddha spricht vom Leiden. Was verbindest du damit?*
2. *Keine Zahnbehandlung ohne Schmerzspritze, keine Trauerbewältigung ohne professionellen Trauertherapeuten ... Untersucht, wie die Menschen unserer Zeit mit Leiden umgehen und findet mögliche Erklärungen für ihr Verhalten.*
3. *Rechtes Leben schließt ein, dass man keinen Beruf wählt, der das eigene Leiden oder das Leiden anderer Wesen vergrößert. Buddha sprach beispielsweise von Schwindel, Wahrsagerei, dem Verkauf berauschender Getränke, dem Handel mit Lebewesen und auch mit Waffen, von der Arbeit als Jäger oder Räuber. Welche Berufe könnte Buddha heute dazu zählen?*

Erlösung finden

Ebenso wie für Hinduisten besteht auch für Buddhisten das Ziel darin, aus dem ewigen Kreislauf von Werden und Vergehen erlöst zu werden und letztlich das Nirvana* zu erreichen.

„Nirvana" bedeutet so viel wie Erlöschen oder Verwehen. Eine genaue Beschreibung gibt es nicht, weil diese die Vorstellungskraft eines nicht erleuchteten Menschen übersteigt.

Auf dem Weg zur Erlösung kann jedoch jeder Einzelne etwas tun, wobei es nicht nur auf seine Taten, sondern auch auf die gute Absicht ankommt. Beide, gute Tat und gute Absicht, helfen, das Karma* zu verbessern. Davon erzählt eine alte Legende.

Priester und Widder

Q

Ein Priester bereitete einen Widder für das Opferzeremoniell vor, da bemerkte er, dass der Widder ihn beobachtete und lächelte.

„Warum freust du dich?", wandte er sich an das Tier.

„Lieber Priester", erwiderte der Widder mit menschlicher Stimme, „in meinem früheren Leben war ich genau das, was du jetzt bist, ein Opferpriester und ich tat genau das, was du jetzt tun wirst: Ich nahm das große Schlachtbeil und spaltete dem Widder das Haupt. Deshalb habe ich seither in 499 Leben, so wie ich es einst erwirkt hatte, erleben müssen, dass mir das Haupt gespalten wurde. Heute werde ich das alles zum fünfhundertsten Male durchleben und werde erlöst sein. Daran musste ich denken, als du mich gebadet hast und mich durchfuhr eine tiefe Freude. Dann aber musste ich an dich und dein Los denken, das stimmte mich traurig."

Der Priester erschrak angesichts dieser Worte. Spontan schenkte er dem Widder das Leben.

Dieser sprang erfreut von dannen und begann im Gebirge zu grasen. Plötzlich toste ein mächtiger Donner. Der Widder erhob das Haupt, um sich umzuschauen. Just in diesem Moment löste sich ein gewaltiger Felsblock und spaltete dem Widder das Haupt.

(Frei nach Vorlesebuch fremde Religionen. Kaufmann, Lahr o.J., S. 84)

A

1. *Zieht aus der Legende Schlussfolgerungen, wie sich das Verhalten des Widders und des Priesters auf deren Karma* auswirken werden.*
2. *Am Ende der Legende wird deutlich, dass man seinem Schicksal nach buddhistischer Vorstellung nicht entfliehen kann. Diskutiert, ob es sich angesichts dessen überhaupt lohnt, moralisch zu sein.*

Der ethische Anspruch des Buddhismus

Im Palikanon, den frühesten buddhistischen Schriften, ist zu lesen: Auf mich selbst achtend, achte ich auf den anderen, auf den anderen achtend, achte ich auf mich selbst.

Q

Die Tugend der Achtsamkeit

Achtsamkeit bedeutet: jeden Augenblick des Tages aus dem wahren Selbst zu leben. Das Wischen des Bodens, das Trinken eines Glas Wassers, das Tippen am Computer, das Ordnen von Blumen in der Vase – was immer du tust, sei mit deinem ganzen Wesen in dem, was du tust! Dann verringert sich mit der Zeit die Nervosität; Bewegungen und Sprache werden harmonischer, der „Herz-Geist" beginnt, den Alltag zu prägen.

(Pia Gyger. In: Katechetische Blätter 7–8/1995, Kösel, München)

Q

Das Nichtverletzen

Ahimsa* ist also nicht eine so einfache Sache, wie sie oft dargestellt wird. Kein lebendes Wesen zu verletzen, ist zweifellos ein Teil von Ahimsa. Doch ist das wirklich nur ihre geringste Ausdrucksform. Das Prinzip von Ahimsa wird ja schon durch jeden übelwollenden Gedanken, durch unnötige Eile, durch Lüge, durch Hass und Missgunst gegenüber anderen verletzt, indem wir an Dingen festhalten, die die Welt benötigt. Die Welt braucht zum Beispiel alles das, was wir täglich essen; der Platz, auf dem wir stehen, gehört Millionen von Mikroorganismen, die durch unsere schlichte Anwesenheit dort schon verletzt werden. Was sollen wir also tun?

(Mahatma Gandhi in einem Brief aus dem Jahr 1930; Quelle: unbekannt)

A

1. *Was verstehen Buddhisten unter Achtsamkeit? Schildere Handlungen aus deinem Alltag, die du mit bzw. ohne Achtsamkeit ausführst. Sprecht darüber, was mehr Achtsamkeit in deinem Leben bewirken könnte.*
2. *Welche Haltung zu anderen Lebewesen kommt in dem Brief von Gandhi zum Ausdruck? Erörtert, welche Konsequenzen sich daraus für das tägliche Leben ergeben.*

Was heißt Buddhist sein hier und heute

Der Buddhismus ist bis heute eine überwiegend in Fernost beheimatete Religion. Dennoch gibt es auch in Europa und in Deutschland Buddhisten. Die erste buddhistische Gemeinde außerhalb Asiens wurde bereits im Jahr 1903 in Leipzig begründet. Sie war zahlenmäßig klein. Heute bekennen sich deutschlandweit zirka 150.000 Menschen zum Buddhismus. Es gibt buddhistische Tempel, buddhistische Friedhöfe und in Hamburg ein Tibetisches Zentrum.

Aber was bedeutet es, als Buddhist hier zu leben?

Der Dalai Lama zu Besuch in Deutschland, 2011

Gespräch mit einem deutschen Buddhisten Q

Interviewer: Sie sind praktizierender Buddhist in Hannover. Der Buddhismus ist ein gelebter Glaube. Wie äußert sich das im täglichen Leben?

Buddhist: Ich übe mich in reiner buddhistischer Lebensweise. Das bedeutet, dass ich Leid, wann immer es mir möglich ist, verhindern möchte und so viel Glück geben möchte, wie ich kann. Das bezieht sich sowohl auf meine Mitmenschen als auch auf alle anderen Wesen. Ich bemühe mich um Liebe und Mitgefühl für alle Wesen, wobei ich diese als wichtiger, nicht aber als höherwertiger erachte als mich selbst.

Interviewer: Können Sie ein Beispiel nennen?

Buddhist: Wenn ich z.B. in ein überfülltes Kaufhaus gehe und mir tritt jemand auf den Fuß oder Ähnliches, bemühe ich mich, das nicht negativ zu sehen. Das Leid, das ich erfahre, hat seinen Grund in meinem Karma. Das bedeutet, dass derjenige, der mir auf den Fuß getreten hat, eigentlich gar nicht schuld ist. Würde ich nun schimpfen oder dem anderen vorhalten, er hätte mir wehgetan, würde ich zusätzliches Leid schaffen, indem sich der andere wiederum ärgern würde oder es ihm wortwörtlich leid täte.

Interviewer: Was ist, wenn ein Tier Ihnen Schmerz zufügt? Z.B. wenn eine Mücke Sie sticht?

Buddhist: Ich würde sie mich stechen lassen. Alle Wesen, in welchem Formkörper sie auch auftreten, haben den gleichen Geist. Ich will keinem anderen geistigen Wesen Leid zufügen, also töte ich die Mücke nicht. Zusätzlich wünsche ich so viel Glück wie möglich für alle Wesen, und da die Mücke Hunger hat und mein Blut zum Leben benötigt, lasse ich sie mein Blut saugen.

(Anja Bogdanski: Interview mit Hartmut Stender, einem praktizierenden Buddhisten in Hannover. In: Buddhismus. Beate Christmann, Ilsede, o.J., S. 23)

1. *Welche Einstellung zu anderen Lebewesen kommt im Interview zum Ausdruck? Ist sie auf alle Lebewesen übertragbar? Begründe, ob du selbst danach leben könntest.* A

Was westliche und fernöstliche Religionen voneinander lernen können

Befragt man Jugendliche, die hier und heute leben, die alles haben, was sie zum Leben brauchen und sogar vieles besitzen, das nicht unbedingt lebensnotwendig ist, was sie am Buddhismus und Hinduismus am meisten fasziniere, dann wird oft die Fähigkeit, auf materielle Dinge verzichten zu können, genannt. Indes: Trotz der Bewunderung sind die wenigsten von ihnen bereit, auf ihre „Reichtümer" zu verzichten.

A

1. *Tragt in einem Brainstorming Gründe zusammen, die Menschen trotz ihrer Bewunderung für die Besitzlosigkeit fernöstlicher Religionen daran hindern könnten, sich vom eigenen Besitz zu trennen.*
2. *Diskutiert, ob die Besitzlosigkeit, wie sie für die Masse der Inder und Chinesen charakteristisch ist, überhaupt ein erstrebenswerter Wert für alle ist. Fasst das Ergebnis eurer Diskussion in einem Thesenpapier zusammen.*

Q

Was der Westen von Osten lernen kann

Die Kunst des Lebens [...]. Konzentriere dich auf das Jetzt! Nicht auf die Patzer von gestern und nicht auf die Stapel, die morgen anzuarbeiten sind! Wer gelegentlich durchatmet, dem geht auch das Business [gemeint ist die Arbeit] besser von der Hand.

(Christine Keilholz: Yoga-Meister Shankar. Der Westen kann viel vom Osten lernen. LVZ, 4.6.2011)

Q

Was der Osten vom Westen lernen kann

Die christlichen Mönche halten sich streng an ihre ursprünglichen Regeln. Das ist wunderbar. Gleichzeitig verbinden die christlichen Brüder und Schwestern ihre religiöse Praxis mit einem starken Engagement im sozialen Bereich [...]. In der buddhistischen Tradition fehlt uns das. Geistig üben wir wohl die Haltung des Mitleidens, des Gebens und der Toleranz [...] aber praktisch werden diese Übungen oft nicht umgesetzt.

(Dalai Lama. In: Erwin Koller (Hg.): Erwarten Sie keine Wunder von mir! München, Pendo 1998, S. 64ff.)

Ü

3. *Ergänzt in Partnerarbeit die Liste dessen, was Menschen, die fernöstlichen bzw. westlichen Religionen anhängen, voneinander lernen können. Besprecht eure Vorschläge in der Klasse.*

Meditation

Meditation (lat. meditatio: Nachsinnen, Denken) ist eine Übung der Konzentration bzw. Versenkung.

Als philosophische Methode ist sie vor allem mit dem Namen René Descartes (1596–1650) verbunden. Sie charakterisiert ein konzentriertes Nachdenken, das durch ein „In-sich-Versenken“ erreicht wird. Ziel ist es, störende (Außen-)Einflüsse auszuschalten und sich ganz und gar auf ein philosophisches Problem zu konzentrieren, um zu neuen Fragen, Einsichten oder Ableitungen zu gelangen.
Um meditieren zu können, brauchst du:

› innere Ruhe, d.h. eine bestimmte Grundstimmung (z.B. keine drängenden Termine)
› die Fähigkeit, dich ganz auf deine Atmung zu konzentrieren und andere Gedanken „fallen zu lassen“
› die Bereitschaft, die „Zeit zu verlieren“ und nach innen zu schauen.

Im Buddhismus und anderen Religionen verfolgt sie das Ziel, einen veränderten Bewusstseinszustand zu erreichen.

Hierzulande wird sie oft – unabhängig von der Religion – als Entspannungstechnik empfohlen. Sie kann nachweislich die Konzentrationsfähigkeit verbessern, zu mehr Achtsamkeit führen und bei Nervosität, Stimmungsschwankungen oder Ängsten helfen.

1. *Setze dich mit geradem Rücken im Schneidersitz auf eine Decke oder ein Kissen. Lege die Hände mit den Handflächen nach oben übereinander, die rechte Hand ist oben, die Daumen berühren sich leicht und bilden ein Dreieck. Der Kopf ist leicht nach unten geneigt, die Augen schauen an der Nase vorbei nach vorne.*
   Atme langsam durch die Nase ein und aus und zähle dabei deine Atemzüge. Wenn du bei 21 angelangt bist, beginne wieder von vorn. Wenn Gedanken in deinem Kopf auftauchen, versuche sie loszulassen und dich nur auf das Atmen zu konzentrieren. Wiederhole diese Übung etwa 10 Minuten lang.
2. *Probiere diese einfache Meditation selbst aus. Sprecht danach über eure Empfindungen. Ist es dir gelungen, dich auf deinen Atem zu konzentrieren oder warst du abgelenkt?*
3. *Tragt Gründe zusammen, warum es wichtig sein kann, sich für eine gewisse Zeit aus dem Alltag zurückzuziehen, sein Gedankenkarussell anzuhalten.*

Tipp für Anfänger: Kurzzeitwecker (Handy) auf 10 Minuten stellen – eine bequeme Position finden, mit Ohrstöpsel ablenkende Geräusche abwehren, die Augen schließen und sich an einen schönen fernen Ort versetzen ...

7 Liebe und Sexualität

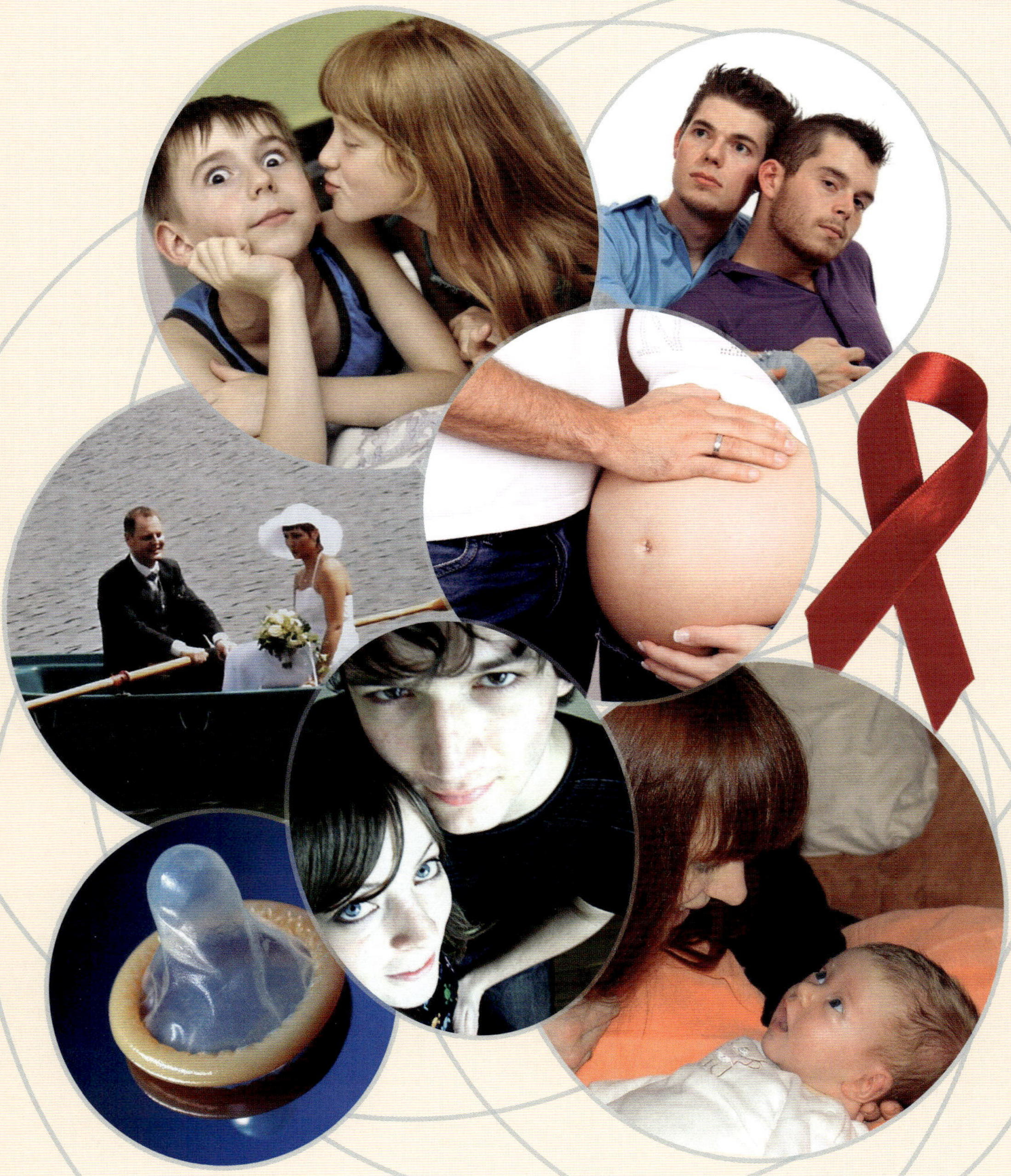

A

1. Führt in Gruppenarbeit an eurer Schule eine kleine Umfrage (siehe S. 55) durch: „Was fällt dir spontan zu Liebe und Sexualität ein?“ Welche Gedanken und Vorstellungen verbinden eure Mitschüler mit dem Thema?

7.1 Liebe ist ...???

Q

... was andere sagen!

Du und *ich*:
Wir sind *eins*.
Ich kann dir nicht wehtun,
ohne mich zu *verletzen*.
(Mahatma Gandhi)

Was du liebst, lass frei.
Kommt es zurück,
gehört es dir – für immer.
(Konfuzius)

Wer nicht mehr liebt
und nicht mehr irrt,
der lasse sich begraben.
(Johann Wolfgang von Goethe)

Liebe ist meine Droge.
Ich rauche nicht.
Ich trinke nicht.
Ich bin nur süchtig nach Liebe.
(Jennifer Lopez)

Liebe ist überall zerbrechlich
wie ein Streichholz im Wind.
(Ilja Ehrenburg)

A

1. *Gestalte eine Mindmap zum Thema „Liebe ist ...!“. Nutze dazu alle Aussagen, die du bisher finden konntest.*
2. *Wähle jeweils ein Zitat, dem du zustimmst und eines, das du widersprüchlich findest. Erkläre anhand eines selbst gewählten Beispiels, wie du die Zitate verstehst, und begründe deine Wahl. Diskutiert im Plenum die verschiedenen Auffassungen.*
3. *Ergänze die Mindmap mit deinen eigenen Gedanken zum Thema „Liebe ist ...!“ und gestalte zu einer deiner Aussagen ein passendes Comicbild oder einen Songtext.*

Arten und Formen der Liebe

Formen der Liebe

Agape (griech.)
göttliche Liebe
bedingungslose und selbstlose Liebe, „Liebe deinen Nächsten wie dich selbst" (Nächstenliebe)

Philia (griech.)
Freundschaft
jemanden mögen, sympathisch finden, „auf einer Wellenlänge sein"

Eros (griech.)
Begehren
leidenschaftliche Liebe, starkes Verlangen

Sexus (griech.)
Geschlechtlichkeit
rein körperliche Beziehung

A

1. *Klärt in Partnerarbeit die Begriffe. Findet weitere Zusammensetzungen mit dem Wort „Liebe".*
2. *Lege deine persönliche Rangfolge der Arten der Liebe fest und begründe diese. Bedenke dabei auch die Möglichkeit, dass mehrere Arten kombinierbar sind. Diskutiert im Klassenverband über die verschiedenen Ansichten.*
3. *Finde passende Symbole für die unterschiedlichen Arten der Liebe und gestalte eine Seite, die deine Meinung über die ideale Liebe zum Ausdruck bringt.*

Die besitzergreifende Liebe

Schon der Philosoph Friedrich Nietzsche (1844–1900) hat sich mit einer Art der Liebe befasst, die bis heute – vor allem in Gestalt des Stalkings* – immer einmal wieder von sich reden macht.

Q

Liebe als wilde Habsucht

Habsucht und Liebe: wie verschieden empfinden wir bei jedem dieser Worte! – und doch könnte es derselbe Trieb sein, zweimal benannt, das eine Mal verunglimpft vom Standpunkt der bereits Habenden aus, in denen der Trieb etwas zur Ruhe gekommen ist, und die nun für ihre „Habe" fürchten; das andere Mal vom Standpunkt der Unbefriedigten, Durstigen aus, und daher verherrlicht als „gut". Unsere Nächstenliebe – ist sie nicht ein Drang nach neuem *Eigentum*? [...] Am deutlichsten aber verrät sich die Liebe der Geschlechter als Drang nach Eigentum: der Liebende will den unbedingten Alleinbesitz der von ihm ersehnten Person, er will eine ebenso unbedingte Macht über ihre Seele wie ihren Leib, er will allein geliebt sein und als das Höchste und Begehrenswerteste in der anderen Seele wohnen und herrschen. Erwägt man, dass dies nichts anderes heißt, als alle Welt von einem kostbaren Gute, Glücke und Genusse *auszuschließen*, erwägt man, dass der Liebende auf die Verarmung und Entbehrung aller anderen Mitbewerber ausgeht und zum Drachen seines Goldenen Hortes werden möchte, als der rücksichtsloseste aller „Eroberer" und Ausbeuter: erwägt man endlich, dass dem Liebenden selbst die ganze Welt gleichgültig, blass, wertlos erscheint und er jedes Opfer zu bringen, jede Ordnung zu stören bereit ist, so wundert man sich in der Tat, dass diese wilde Habsucht und Ungerechtigkeit der Geschlechtsliebe dermaßen verherrlicht und vergöttlicht worden ist, wie zu allen Zeiten geschehen, ja dass man aus dieser Liebe den Begriff Liebe als den Gegensatz des Egoismus hergenommen hat, während sie vielleicht gerade der unbefangenste Ausdruck des Egoismus ist.

(Friedrich Nietzsche: Die fröhliche Wissenschaft. In: Ders.: Werke in drei Bänden. Bd. 2. Hanser, München 1966, S. 47/48)

A

1. *Lies den Text mit der 5-Schritt-Lesetechnik.*
2. *Gib Nietzsches Sicht auf die Liebe mit eigenen Worten wieder oder formuliere mithilfe der gegebenen Stichworte eine kurze Zusammenfassung seiner Aussagen.*

Habsucht und Liebe | derselbe Trieb | der Habende – fürchtet Verlust | Egoismus | der Unbefriedigte – Drang nach Besitz | ersehnte Person – Macht über Leib und Seele | Liebende – rücksichtslose Eroberer

3. *Setze dich in einer Standpunktrede mit Nietzsches Position auseinander. Belege deine Meinung auch mit Beispielen.*

Philosophen über die Liebe

Ein geradezu poetischer Mythos* von der Entstehung der Liebe ist uns aus der Antike überliefert. Der Philosoph Platon (427–347 v.u.Z.) erzählt:

Q

Der Mythos von den Kugelmenschen

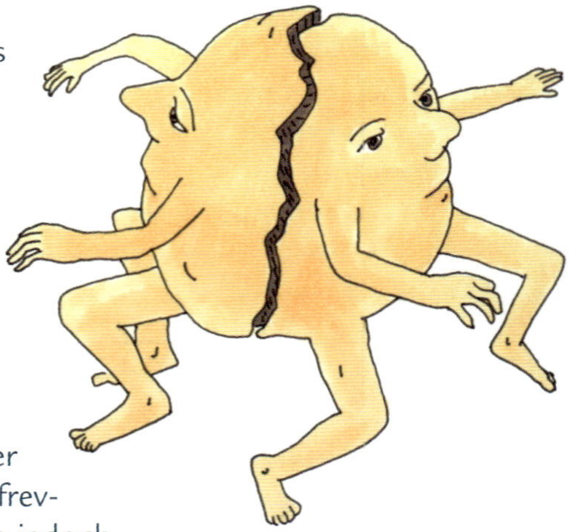

Im Anfang der Zeiten waren die Menschen anders als heute: ihr Wesen war männlich und weiblich zugleich, und ihr Körper war rund, geformt wie eine Kugel. Jeder Mensch hatte zwei Gesichter, zwei Rücken, vier Hände und Beine, männliche und weibliche Geschlechtsorgane, und auch alles andere war doppelt vorhanden. Diese Kugelmenschen waren so gewaltig an Kraft und Stärke, dass sie sich für gottgleich hielten und es unternahmen, den Himmel zu ersteigen, um die Götter anzugreifen. Die Götter waren zunächst ratlos, denn sie wollten zwar das frevlerische Trachten der Menschen unterbinden, sie jedoch nicht vom Erdboden vertilgen. Schließlich hatte Zeus* eine Idee. Er sprach: „Ich glaube, ich habe einen Weg gefunden, der die Menschen von ihrem Übermut abbringt. Ich schneide sie in zwei Teile, dann sind sie nicht mehr so stark und mächtig wie zuvor." Zeus zerschnitt also die Menschen in zwei Hälften, und immer, wenn er einen zerschnitten hatte, wies er Apollon* an, das Gesicht und den halben Hals zur Schnittfläche hin herumzudrehen, die Haut von den Seiten her nach vorne zu ziehen und sie in der Mitte an einer Stelle, die man jetzt Nabel nennt, wie einen geschnürten Geldbeutel zusammenzubinden.

Seit dieser Zeit existiert die Liebe zwischen den Menschen. Seit dieser Zeit ist jeder von uns ständig auf der Suche nach seiner fehlenden Hälfte, getrieben von dem tiefen Bedürfnis, wieder ganz zu werden, aus zweien Eins zu machen, um so die menschliche Natur zu heilen. Trifft ein Mensch nun irgendwann im Leben auf sein Gegenstück, dann fühlen die beiden sich wunderbar vertraut und wollen keinen Augenblick voneinander lassen, und obwohl sie der Liebesgenuss zueinander treibt, will die Seele mehr: ihr größter Wunsch es ist, eins zu werden und eins zu bleiben mit ihrer anderen Hälfte – im Leben, im Tod und über den Tod hinaus.

(Nach Platon: Das Gastmahl oder von der Liebe. Reclam, Leipzig 1981, S. 25ff.)

A

1. *Beschreibe die Kugelmenschen und deren Eigenschaften vor und nach ihrer Teilung.*
2. *Formuliere eine These (also eine bestimmende Hauptaussage) zu Platons Deutung über das Phänomen „Liebe".*
3. *„Zu jedem Topf gibt es den passenden Deckel!" (Volksweisheit zum Thema: Jeder findet seine Liebe.) Kannst du diese Meinung teilen? Begründe deine Auffassung.*

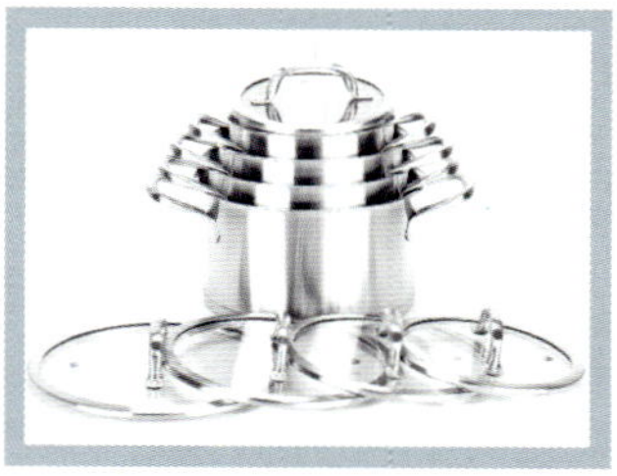

Der Philosoph Wilhelm Schmid (geb. 1953) betrachtet die Liebe, ebenso wie Kant (1724–1804), als eine Empfindung.

Liebe – eine Emotion

Zunächst ist Liebe das, was ohne weitere Überlegungen als solche erfahren wird: *Sie ist, was sie ist und genügt vollkommen sich selbst*. „Es ist unmöglich/sagt die Erfahrung/Es ist was es ist/sagt die Liebe“ (Erich Fried, „Was ist es?“, Es ist was es ist, Gedichtband, 1983) [...] wir sprechen von einer vibrierenden Intensität, von Kräften, die zuströmen und schwinden, von einem Feuer, das entzündet wird und verglimmt, von einer Flamme, die lichterloh brennt, bevor sie plötzlich erlischt [...].

Gängige Deutungen der Liebe sind die starken Gefühle füreinander, das dauerhafte Einssein, das wechselseitige Verständnis, die Treue, das gemeinsame Wachsen, die beiderseitige Bereitschaft, Schwierigkeiten durchzustehen, ohne die Beziehung in Frage zu stellen, auch die Gewissheit, sich in allen Lebenslagen aufeinander verlassen zu können. Aber auch *andere Deutungen* sind möglich und können veränderte Erfahrungen mit anderen Intensitäten anstoßen: Dass zur Liebe Gewohnheit gehören kann, sogar der zumindest zeitweilige Verzicht auf Sentimentalität, vielleicht auch auf Sexualität, ein geringes Augenmerk auf Treue, eine größere Selbstständigkeit des Einzelnen, weniger Scheu vor Konflikten, mehr Bereitschaft zu Kompromissen. Erst dann, wenn die Liebe, ihre Energie und ihr Sinn endgültig entbehrt werden müssen, beginnt das Spiel wieder von vorn, nämlich mit der Sehnsucht nach Liebe. Jede Deutung der Liebe aber macht deutlich, dass sie sich noch hundertfach anders deuten ließe. Selbst wissenschaftliche Erklärungen der Liebe erscheinen nur als Momente in diesem unablässigen Strom der Deutungen.

(Wilhelm Schmid: Die Liebe neu erfinden. Suhrkamp, Berlin 2010, S. 47–49)

> Liebe ist eine Sache der Empfindung,
> nicht des Wollens,
> und ich kann nicht lieben, weil ich will,
> noch weniger, weil ich soll.
>
> (Immanuel Kant)

1. *Nenne Merkmale, die nach Schmids und Kants Auffassung die Liebe als Emotion charakterisieren.*
2. *Unterscheide die Verhaltensweisen, die das Feuer der Liebe löschen würden von denen, die die Liebe fördern könnten.*
3. *Erstelle mithilfe des Textes und des Ausspruches von Kant eine allgemeingültige Definition von Liebe. Recherchiere das Gedicht von Erich Fried „Was ist es?“, aus dem Wilhelm Schmid zitiert, und nutze es als zusätzliche Hilfe.*

Liebe in der Werbung

Q ***Hallo liebe Liebenden!***

Ihr habt es geschafft. Ihr habt ein bedeutungsvolles Wort unserer Sprache zur banalen Allerweltsphrase degradiert. Während Pro7 mit „We love to entertain you" aufgrund der Verwendung der englischen Sprache wenigstens noch erkennbar macht, dass die Liebe oberflächlicher Natur ist – quasi eine Höflichkeitsfloskel – ist in immer mehr Slogans der ungleich stärkere deutsche Begriff „Liebe" eingeflossen. Shell warb bereits 1959 mit „Autos lieben Shell". Als McDonalds 2003 „Ich liebe es" einführte, schaute und hörte jeder noch hin. Dies schauten sich offensichtlich viele Texter ab. Eine Liebesbekundung nach der nächsten schoss (wie Unkraut) aus dem Werbeboden. Ob Hunde (Pedigree), Pflanzen, Fußball, Neues, Fliegen, Kino, Lebensmittel oder nun auch Technik – alles wird so was von geliebt. Wenn man mal davon ausgeht, dass Werbung die Bedürfnisse der Käufer widerspiegelt, war der Wunsch nach Geborgenheit noch nie so groß wie in diesen Tagen. Man hat den Eindruck jeder möchte dabei sein – auf der größten Knuddel- und Schmuseparty aller Zeiten. Frei nach dem christlichen Motto: „Liebet das nächste, was auf den Markt kommt."

(http://www.designtagebuch.de/alle-lieben-liebe; Zugriff: 2.4.2013)

A

1. *Bestimme mögliche Deutungen für das Wort „Liebe" in den Werbebeispielen. Untersuche und beschreibe, was der Verfasser des Leserbriefs kritisiert. Erläutere, ob du seine Meinung teilen oder nicht teilen kannst.*
2. *Erstelle eine Collage mit weiteren Werbebeispielen (aus Katalogen/Zeitschriften/Internet), in denen der Begriff Liebe genutzt wird. Versuche aber nun das Wort zu umschreiben.*

Wert(volle) Liebe

Wie kommt es, dass wir das Wort „lieben" durch die Werbung derartig entwerten lassen, ohne uns daran zu stoßen? Kann es sein, dass wir meinen, dass wir das, was wir lieben, wie einen Gegenstand besitzen, haben müssen? Eine solche Sicht kritisiert der Psychoanalytiker* Erich Fromm (1900–1980).

Die Kunst des Liebens

Die meisten Menschen sehen das Problem der Liebe in erster Linie als das Problem, *selbst geliebt zu werden*, statt *zu lieben* und lieben zu können. Daher geht es für sie nur darum, wie man es erreicht, geliebt zu werden, wie man liebenswert wird. Um zu diesem Ziel zu gelangen, schlagen sie verschiedene Wege ein. Der eine, besonders von Männern verfolgte Weg ist der, so erfolgreich, so mächtig und reich zu sein, wie es die eigene gesellschaftliche Stellung möglich macht. Ein anderer, besonders von Frauen bevorzugter Weg ist der, durch Kosmetik, schöne Kleider und dergleichen möglichst attraktiv zu sein [...].

Unsere gesamte Kultur gründet sich auf die Lust am Kaufen, auf die Idee des für beide Seiten günstigen Tauschgeschäfts. Schaufenster anzusehen und sich alles, was man sich leisten kann, gegen bares Geld oder auf Raten kaufen zu können – in diesem Nervenkitzel liegt das Glück des modernen Menschen. Er (oder sie) sieht sich die Mitmenschen auf ähnliche Weise an. Der Mann ist hinter einem attraktiven jungen Mädchen und die Frau ist hinter einem attraktiven Mann her. Dabei wird unter „attraktiv" ein Bündel netter Eigenschaften verstanden, die gerade beliebt und auf dem Personalmarkt gefragt sind.

(Erich Fromm: Die Kunst des Liebens. Econ, München 2001, S. 11ff.)

1. *Gib mit eigenen Worten wieder, welches Problem die meisten Menschen nach Meinung Erich Fromms mit der Liebe verbinden und beziehe dazu Stellung.*
2. *Erläutere den Vergleich der Liebe mit der Idee des „für beide Seiten günstigen Tauschgeschäfts".*
3. *Finde Argumente für und gegen Fromms kritische Sicht auf die Liebe! Startet im Klassenverband eine Pro-Contra-Diskussion.*

7.2 Sexualität, was bedeutet das überhaupt?

Sexualität gehört zu einem guten Leben

Es gab und gibt auf der Welt viele Kulturen, die Sexualität als zur Fortpflanzung notwendiges Übel betrachten. Alles, was darüber hinausreicht, wird abgewertet, als „unsittlich“ verpönt und mit Verboten belegt.

Aber ist eine solche Sicht berechtigt? Und woraus resultiert sie?

Q

Freude empfinden

Sex ist nicht unmoralischer als Essen oder Spazierengehen, es sei denn, jemand verhält sich beim Sex unmoralisch, indem er jemandem Schaden zufügt. Sexuelle Beziehungen lösen bei den Beteiligten Emotionen aus und knüpfen starke Bande. Deshalb ist gerade beim Sex Rücksichtnahme auf den Partner nötig. Aber, was zwei im gegenseitigen Einvernehmen tun, was ihnen keinen Schaden zufügt, sondern Genuss verschafft, ist nichts Schlechtes.

Eine der wichtigsten Funktionen des Sex ist die Fortpflanzung. Diese Funktion sollte stets mitbedacht werden, weil sie jedem eine unzweifelhafte ethische Verpflichtung auferlegt. Jedoch menschliche Sexualität ist nicht auf die Fortpflanzungs- und Arterhaltungsfunktion beschränkt wie das bei den Tieren der Fall ist. Beim Menschen kommen Verfeinerungen und Symbole* hinzu, die im Tierreich nicht existieren, und die uns eine Freiheit gewähren, welche die Menschen in diesem Bereich erst zu Menschen macht.

Gerade diejenigen, die Sex als etwas *Schmutziges* und *Tierisches* verunglimpfen, übersehen, dass Tiere Sex ausschließlich zur Fortpflanzung gebrauchen, während der Mensch die Erotik* erfunden hat. Dieser Effekt wirkt beim Sex wie Lyrik, wie ein schönes Lied. Er erzeugt Vergnügen, Spaß und Freude am Sex. Die Freude, die wir beim Sex erleben, gehört zu den intensivsten und lebendigsten Freuden, die wir kennen.

Vorbehalte gegen Sex resultieren daher möglicherweise aus der Sorge, dass wir uns darin verlieren könnten, denn das Höchste, Beglückendste, was wir als Menschen überhaupt erreichen können, ist *Freude*, Freude, die wir beim Sex geben und erhalten.

Je mehr man Sex also von der einfachen Fortpflanzung trennt, umso weniger tierisch und umso menschlicher wird er.

(Frei nach Fernando Savater: Tu, was du willst. Campus, Frankfurt/M./New York 2007, S. 111ff.)

A

1. *Suche die Umschreibungen für das, was Sexualität sein soll, aus dem Text heraus.*
2. *Gib mit eigenen Worten wieder, was den Sex im Tierreich und beim Menschen voneinander unterscheidet.*
3. *Begründe, warum bzw. warum nicht Sex zu einem lebenswerten Leben dazugehört. Gehe dabei auch auf die sogenannte „Bedürfnispyramide*“ von Maslow ein.*

Sexualität ist mehr als „Verkehr zu haben“

Jeder Mensch bleibt von seiner Geburt an bis zu seinem Tod ein sexuelles Wesen, denn Sexualität ist weit mehr als Geschlechtsverkehr.

Sexualität führt dazu, dass wir uns als männliches oder weibliches Wesen empfinden. Sie äußert sich in Lebensfreude und veranlasst uns, auf andere zuzugehen und uns auf sie einzulassen.

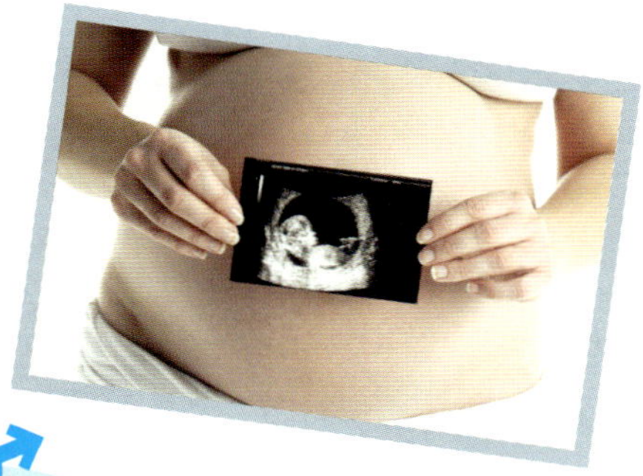

1. *Was verstehst du unter Sexualität? Fertige dazu eine Mindmap an.* A
2. *Suche im Internet oder in der Bibliothek eine Definition von „Sexualität“ und vergleiche diese mit deinem Verständnis.*
3. *Erläutere, was sich hinter den vier Orientierungen in der Sexualität verbirgt.*
4. *Ergänze die von dir angelegte Mindmap, indem du Aussagen zur Sexualität von Freundinnen und Freunden, von Eltern, aus der Biologie, aus Religionen, aus verschiedenen Medien etc. einbeziehst.*

Sexualität und Toleranz

Sexualität kommt in vielen „Orientierungen“ vor, eine davon ist die (männliche oder weibliche) Homosexualität. Obwohl die gesellschaftliche Toleranz gegenüber Homosexuellen gewachsen ist, ist es nach wie vor für Homosexuelle nicht einfach, öffentlich dazu zu stehen.

Q

Schwulsein, ein Makel?

Als ich jünger war, habe ich mein Schwulsein nicht bemerkt. Wir haben als Jungen gespielt und getobt, alles war rein freundschaftlich. Meine ersten erotischen Träume aber handelten meist von Jungen, während meine Kumpels von Frauen träumten und die Mitschülerinnen anbaggerten. Das machte mir Angst. Allmählich begriff ich: Ich bin schwul! Irgendwann erzählte ich es meinem besten Freund. Er konnte damit nicht umgehen und wandte sich von mir ab. Die Freundschaft zerbrach. Doch damit nicht genug, er posaunte sein Wissen überall herum. Meine Mitschüler machten anzügliche Bemerkungen und schnitten mich. Ich war total am Ende und unternahm einen Selbstmordversuch. Meine Schwester fand mich und meinen Abschiedsbrief. Ich kam ins Krankenhaus. Als ich danach in die Schule zurückkam, herrschte betretenes Schweigen. Einige Mitschüler bezeigten zaghaft Sympathie, andere wandten sich auch weiterhin ab. Meine Familie stand zu mir. Inzwischen habe ich einen festen Freund. Ich bin total happy. Ja, ich bin schwul, na und?!

(Frei nach einer Idee von Peter Brokemper: Sex, Zahnspangen und der andere Stress. Verlag an der Ruhr, Mülheim 2008, S. 25)

Meine Mutter und ihre Frau

Tanja und Frieder haben sich ineinander verliebt. Sie sitzen in der Schule nebeneinander, sie gehen zusammen ins Kino ... Frieder hat Tanja mit zu sich nach Hause genommen. In seinem Zimmer hören sie ihre Lieblingsmusik als plötzlich jemand klopft und dann eintritt.

„Das ist die Frau meiner Mutter, Charlotte“, erklärt Frieder ganz unbefangen.

Tanja fühlt sich ein wenig überfahren.

„Hi, ich bin Tanja“, bringt sie schließlich heraus.

A

1. *Stell dir vor, dein bester Freund/deine beste Freundin gesteht dir, dass er/sie schwul bzw. lesbisch ist. Er/sie ist in jemand aus der Nachbarschaft verliebt und möchte deinen Rat und deine Freundschaft behalten. Notiere, wie du dich wahrscheinlich verhalten würdest.*
2. *Versetze dich an Tanjas Stelle. Wie würdest du reagieren?*
3. *Erarbeitet in Partnerarbeit eine Liste mit Fragen, die ihr Frieders Mutter und ihrer Frau gern stellen würdet.*
4. *Versucht, die Fragen in einer Unterrichtsdiskussion zu klären oder ladet euch dafür einen Fachmann bzw. eine Fachfrau ein.*

Sexuelle Toleranz und sexuelle Selbstbestimmung

Sex, so versicherte Fernando Savater auf S. 176, ist nichts Unmoralisches, Sexualität gehört zu einem guten und lebenswerten Leben. Sie ist Ausdruck von Lebensfreude und gehört als Lebensäußerung zu jedem gesunden Menschen dazu. Was die Beteiligten beim Sex im gegenseitigen Einvernehmen freiwillig tun und was ihnen Spaß macht, ist erlaubt.

Grenzziehungen

Nico und Luisa sind schon länger ein Paar. Heiße Küsse haben sie oft getauscht und sich auch ausgiebig befummelt. Nico möchte mehr, aber Luisa zögert. Heute aber erklärt Nico: „Entweder wir poppen heute oder ich mach Schluss mit dir. Ich lass mich doch nicht ewig hinhalten."

Jakob steht total auf Tina, aber die will von ihm nicht viel wissen. Wenn sich die Clique trifft, dann nutzt Jakob jede Gelegenheit, Tina zu berühren: ihr über den Arm oder den Rücken zu streichen, ihre Hand zu ergreifen ... Heute hat er sie mit dem Rücken an die Wand gedrückt und versucht, sie auf den Mund zu küssen. Als Tina ihren Kopf abwendet, dreht er ihn mit hartem Griff wieder zu sich.

Marvin ist ein sehr schüchterner Junge, der sich nie in den Mittelpunkt drängt. Seit Wochen hat Raffael, samt seinem „Fanklub", Marvin als Zielscheibe seiner Provokationen und seines Spottes erwählt. Nach der letzten Stunde hielten sie Marvin im Umkleideraum fest und haben ihn gezwungen, sich nackt auszuziehen und ihn in verschiedenen Posen mit ihren Handys fotografiert. Den Protest und die stummen Tränen Marvins ignorierten sie.

Ü

1. *Bildet Gruppen. Jede Gruppe beschäftigt sich intensiver mit einem der Fälle.*
   - › *Verständigt euch zuerst darüber, ob und inwiefern die Verhaltensweisen der Beteiligten gerechtfertigt/nicht gerechtfertigt sind. Begründet eure Meinungen.*
   - › *Zeichnet eine Messlatte, deren Eckpunkte die Worte „unmoralisch (–)" und „moralisch gut (+)" bilden. Ordnet dazwischen die nachstehenden Begriffe an.*

Vergewaltigung | Lust empfinden | Beleidigungen anhören müssen | berühren

einen Kuss dulden | angefasst werden | Handybilder | angemacht werden

zu sexuellen Handlungen genötigt werden | Ausprobieren, was Spaß macht

einander verführen | Stalking | überredet werden | Liebes-SMS oder -Mails erhalten

   - › *Versucht den Punkt zu fixieren, an dem die Toleranz gegenüber sexuellen Aktivitäten enden sollte.*
   - › *Bewertet die einzelnen Verhaltensweisen in den Fallbeispielen nach den Kriterien „moralisch vertretbar", „noch zu tolerieren" oder „als unmoralisch abzulehnen" und begründet eure Zuordnung.*

7.3 Verantwortungsvoller Umgang mit Sexualität

Das erste Mal

Sexualität erfahren wir in unterschiedlichen Formen: Eine Umarmung, ein Kuss, eine zärtliche Berührung ... Besonderer Stellenwert jedoch kommt auch heute noch dem ersten Geschlechtsverkehr zu. Bis ins 20. Jahrhundert hinein, in bestimmten Kulturkreisen auch heute noch, war bzw. ist Frauen der Geschlechtsverkehr erst nach der Eheschließung erlaubt.

Dies hat sich hierzulande seit den 1960-er Jahren geändert. Dennoch will „das erste Mal" wohlüberlegt sein.

Q

Erstes Liebeserlebnis?

Margarete ging gerne in die Disco; es war immer etwas los dort: Musik, Leute, Unterhaltung – und seit sie Kai kennengelernt hatte, war ihr Wunsch, in den „Nightclub" zu gehen, noch brennender. Bisher hatte sie ihm nur hin und wieder zugelächelt, ein paar Worte gewechselt. Aber dann interessierte er sich plötzlich intensiv für Margarete, tanzte mit ihr, drückte sie fest an sich. Margarete war im siebten Himmel. Klar hatte sie sich mit ihren 15 Jahren schon oft verliebt, aber so süß wie Kai war ihr noch keiner erschienen. Sie war auch ein bisschen stolz darauf, dass er sie mochte, denn schließlich war er schon über 20. Sie tanzten gerade ganz eng miteinander, Margarete spürte seinen Atem an ihrem Hals und sie schauderte. So hatte sie sich das immer vorgestellt, so nah und geborgen zu sein. „Komm, hier ist es so stickig", flüsterte Kai ihr ins Ohr, „lass uns eine Weile rausgehen." Margarete sah ihn an und nickte bereitwillig. Draußen zog Kai sie in seine Arme und küsste sie, Margarete wurde es ganz schwindelig vor Aufregung und Verliebtsein. „Komm", sagte Kai und führte sie zu seinem Wagen, „da sind wir ungestört." Margarete war wie berauscht und erwiderte unsicher seine Zärtlichkeiten, die immer drängender wurden. Der Scheinwerfer eines vorüberfahrenden Autos tauchte das Innere des Wagens in helles Licht und das Mädchen sah erschreckt, dass es fast nackt war. Kai griff immer fordernder nach ihr – und Margarete erwachte: Er war gar nicht verliebt in sie, er suchte nur seinen Spaß. Sie stieß ihn weg und schämte sich ihrer Nacktheit. „Hey", sagte Kai erstaunt und verärgert, „wirst du jetzt zickig? Das ist ja eine ganz neue Masche." Aber Margarete nahm ihre Kleider, öffnete den Wagen und lief weg. Hinter einem Busch zog sie sich an, völlig ernüchtert. „Das war also Liebe!" dachte sie.

(Ursula Sottong u.a.: Alec und Sara: über Freundschaft, Liebe und Zärtlichkeit. Oldenbourg, München 1998, S. 202)

A

1. *„Margarete war im siebten Himmel." Beschreibe das Gefühl mit eigenen Worten.*
2. *Untersuche, gegliedert nach Handlungsabschnitten, die Motive und Interessen von Margarete und Kai.*
3. *Kannst du die Reaktionen von Margarete und von Kai am Ende nachvollziehen? Begründe deine Meinung.*
4. *Überlege, an welcher Stelle des Handlungsverlaufs du persönlich eine Toleranzgrenze ziehen würdest und begründe die Entscheidung.*
5. *Was könnte Margarete gemeint haben mit dem Satz „Das war also Liebe".*

Manchmal wird von älteren Menschen der Vorwurf erhoben, die Jugend gehe zu freizügig und gedankenlos mit ihrer Sexualität um. Doch stimmt dieser Vorwurf? Die Internetseiten „Dummefrage“ sprechen eine andere Sprache.

Das erste Mal – Ich stell mir das nicht schön vor …

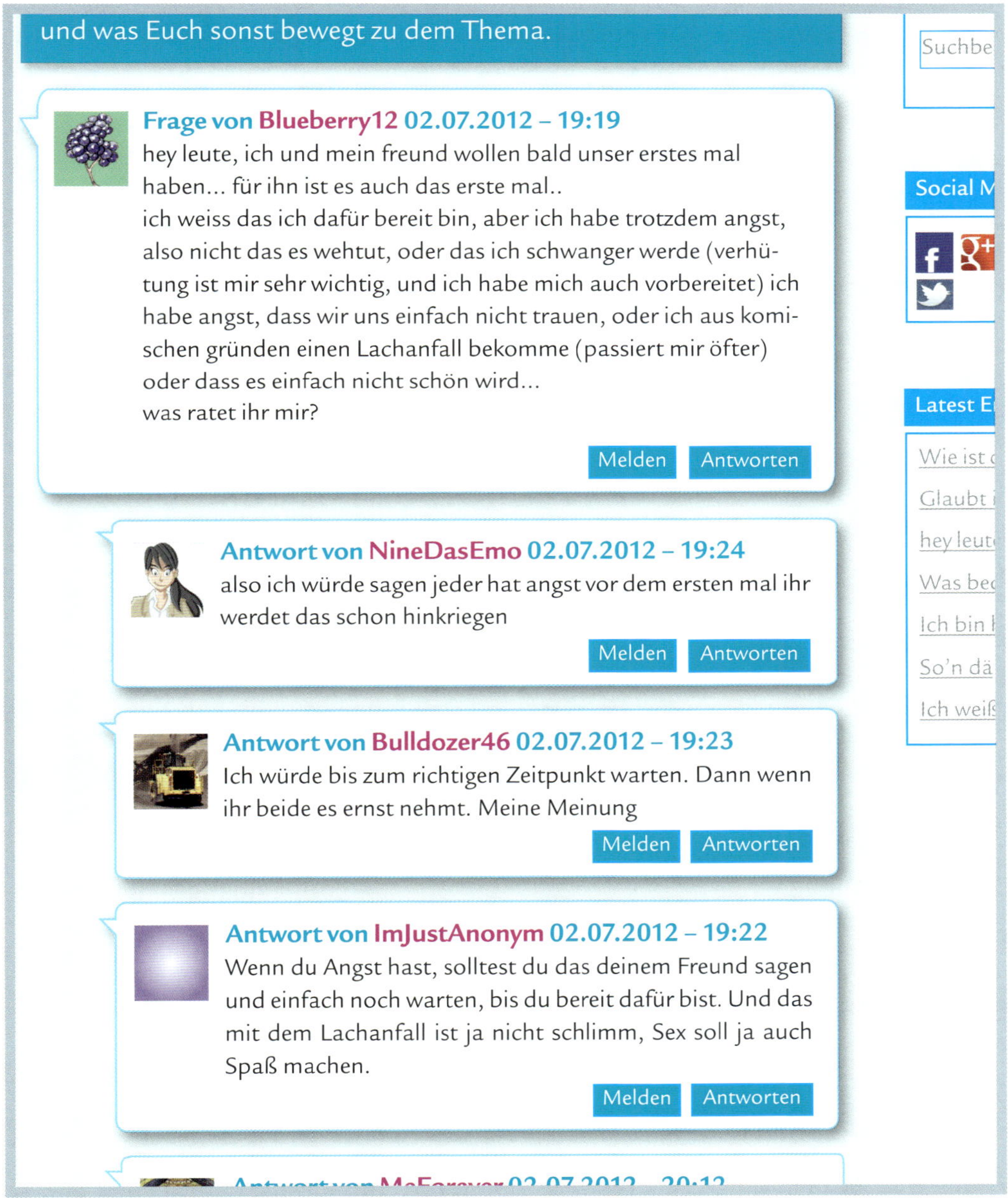

und was Euch sonst bewegt zu dem Thema.

Frage von Blueberry12 02.07.2012 – 19:19
hey leute, ich und mein freund wollen bald unser erstes mal haben... für ihn ist es auch das erste mal..
ich weiss das ich dafür bereit bin, aber ich habe trotzdem angst, also nicht das es wehtut, oder das ich schwanger werde (verhütung ist mir sehr wichtig, und ich habe mich auch vorbereitet) ich habe angst, dass wir uns einfach nicht trauen, oder ich aus komischen gründen einen Lachanfall bekomme (passiert mir öfter) oder dass es einfach nicht schön wird...
was ratet ihr mir?

Melden Antworten

Antwort von NineDasEmo 02.07.2012 – 19:24
also ich würde sagen jeder hat angst vor dem ersten mal ihr werdet das schon hinkriegen

Melden Antworten

Antwort von Bulldozer46 02.07.2012 – 19:23
Ich würde bis zum richtigen Zeitpunkt warten. Dann wenn ihr beide es ernst nehmt. Meine Meinung

Melden Antworten

Antwort von ImJustAnonym 02.07.2012 – 19:22
Wenn du Angst hast, solltest du das deinem Freund sagen und einfach noch warten, bis du bereit dafür bist. Und das mit dem Lachanfall ist ja nicht schlimm, Sex soll ja auch Spaß machen.

Melden Antworten

Suchbe
Social M
Latest E
Wie ist
Glaubt
hey leut
Was be
Ich bin
So'n dä
Ich weiß

1. *Stell dir vor, du bist im Chatforum. Beantworte die Frage von Blueberry12.* A
2. *Sammelt im stillen Schreibgespräch in Gruppen eure Gedanken zum ersten Mal, Gedanken, die euch bewegen.*

Verhütung

Zu einem verantwortungsvollen Umgang mit Sexualität gehört auch die Verhütung einer nicht gewollten Schwangerschaft.

Die Bandbreite der Verhütungsmethoden ist groß – doch welche Verhütungsmittel bieten ausreichend Sicherheit? Jedes Paar muss zunächst für sich selbst herausfinden, welche Verhütungsmethode am besten für es geeignet ist. Nicht vergessen sollte man dabei jedoch, dass manche Verhütungsmethoden nicht sehr sicher sind, während andere bei korrekter Anwendung zuverlässig vor einer Schwangerschaft schützen.

Die verschiedenen Verhütungsmethoden lassen sich in fünf Kategorien einordnen:

- hormonelle Verhütungsmethoden
- Barrieremethoden
- natürliche Familienplanung (NFP)
- operative Verhütungsmethoden
- chemische Verhütungsmittel

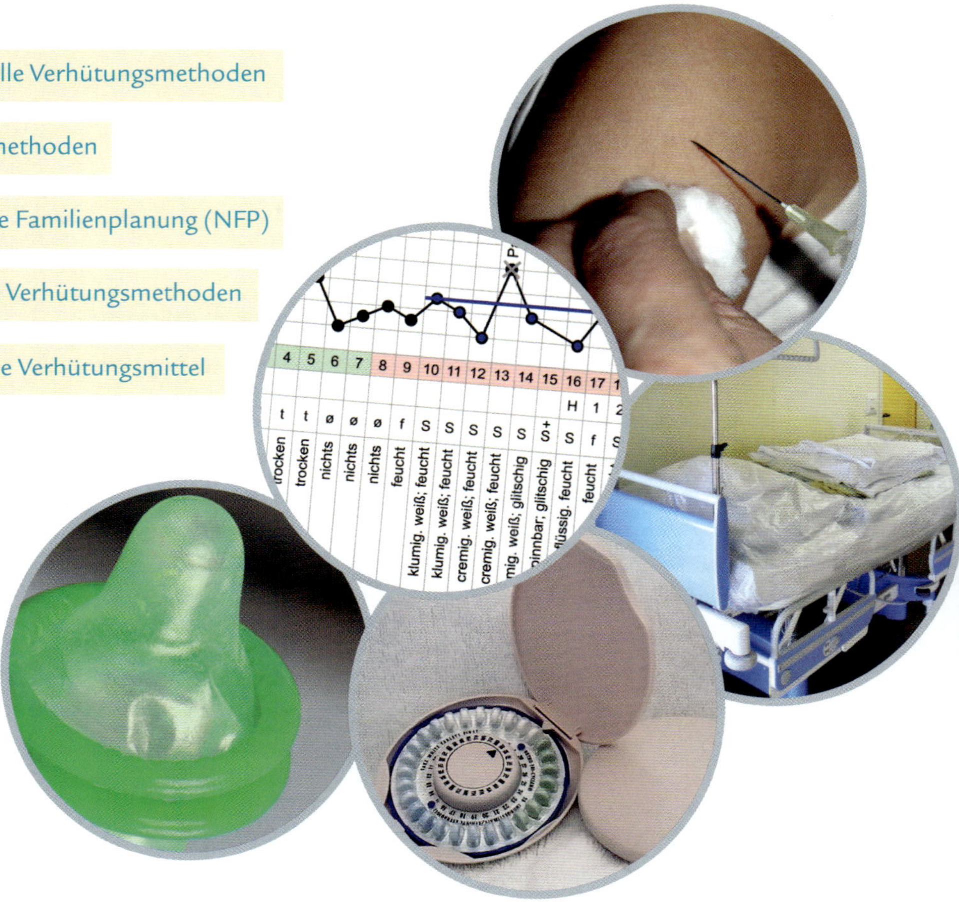

(http://www.onmeda.de/ratgeber/verhuetung/pearl_index/methoden_sicherheit.html; Zugriff: 13.3.2012)

A

1. *Ordne den Arten der Verhütung die entsprechenden Bilder zu. Welche kennst du bereits?*
2. *Informiere dich über die Wirkungsweise der verschiedenen Verhütungsmethoden.*
3. *Erläutere, welche Verhütungsmethoden als sicher und welche als unsicher gelten.*

Teste dein Wissen zum Thema Verhütung mit dem Verhütungsquiz:
http://www.onmeda.de/ratgeber/verhuetung/tests/verhuetungs-quiz.html

Wer ist für die Verhütung verantwortlich?

Verhütung: ihre Sache – seine Sache?

Bea: Er verlässt sich einfach auf mich, dass ich schön regelmäßig die Pille nehme, und damit ist die Sache für ihn erledigt.

Ron: Sie macht es sich einfach und sagt: Du willst ja deinen Spaß, dann sorg' auch gefälligst dafür, dass nichts passiert.

Lina: Es ist einfach irre, sich so dem Glücksrausch hinzugeben. Hinterher denk' ich dann allerdings immer: Hoffentlich ist es gut gegangen, und er hat aufgepasst.

Robert: Klar muss man über Verhütung nachdenken, bevor man mit jemandem schläft. Aber darüber reden? – Das ist unromantisch.

Marie: Wenn einer sagt: „Für Verhütung habe ich schon gesorgt", dann soll man auch nicht weiter nachfragen.

Niklas: Es gibt Verhütungsmittel, die sind 100%ig sicher.

Sandra: Wenn ich meinen Freund liebe und er mit mir schlafen will, muss ich das tun, mit oder ohne Verhütung. Schließlich gibt es ja noch die Möglichkeit, abzutreiben.

Nico: Ohne Kondom läuft bei mir nichts. Das bin ich mir schuldig!

A

1. *Lies die verschiedenen Meinungen durch. Welchen stimmst du zu, welchen nicht? Begründe.*
2. *Formuliere ein eigenes Statement zum Thema „Verhütung".*
3. *Führt eine Pro-Contra-Diskussion durch zum Thema „Verhütung: Frauensache?! Männersache?!"*

Schwanger – was tun?

In der Sexualität gilt es nicht nur Verantwortung für das eigene Leben, die eigene körperliche und geistige Gesundheit wahrzunehmen. Sexualität ist auch mit Verantwortung für den Partner und für ein mögliches neu entstehendes Leben verbunden.

Q

Ein Kind als Ausweg

Anja war 14, als sie ihre Tochter Fiona bekam. Der Enge der elterlichen Wohnung, der ständigen Streitereien ums liebe Geld und der Nörgeleien wegen ihrer Schulleistungen überdrüssig flüchtete sie in eine Beziehung. Marc, ihr Freund, war 16. Er lernte in der Stadt Koch und wohnte in einer Ein-Raum-Wohnung. Anja zog bei ihm ein. Es dauerte nicht lange, da wurde sie schwanger; an Verhütung hatten beide nicht gedacht. Mehr noch, Anja wollte ein Kind. Es würde sie von der Schulpflicht erlösen und Marc an sie binden. Außerdem hätte sie dann jemanden, den sie liebhaben konnte.

Marc jedoch war alles andere als begeistert. Er verlangte, dass sie das Kind abtreiben sollte. Er wollte das Leben erst noch genießen und setzte sie, als sie das ablehnte, kurzerhand vor die Tür.

Ob sie wollte oder nicht, Anja musste zurück zu den Eltern. Doch auch die waren für die Abtreibung. Sie, so die Eltern, hätten genug Esser – Anja hat noch drei jüngere Geschwister – zu versorgen. Außerdem sei die Wohnung schon jetzt zu klein und überhaupt solle Anja erst einmal die Schule beenden, einen Beruf erlernen und eigenes Geld verdienen, damit sie für ein Kind sorgen könne.

Wieder floh Anja aus den elterlichen Vorhaltungen. Sie zog aus und lebte fortan auf der Straße bis sie im Winter – bereits hochschwanger – aufgegriffen und in einer Einrichtung für minderjährige Mütter untergebracht wurde.

Inzwischen lebt sie mit Fiona schon fast ein Jahr hier. Unter Anleitung lernt sie, für ihr Kind zu sorgen, mit ihm zu spielen, es zu windeln, ihm etwas zu essen zu kochen und es zu füttern. Tagsüber, wenn Fiona in der Tagesbetreuung ist, muss Anja zur Schule gehen – auch das gehört zu den strengen Regeln, die einzuhalten sind, denn wie soll sie sonst später einmal allein für ihr Kind sorgen können. Freizeit, Zeit zum Ausgehen oder Abhängen bleibt ihr selten. So hatte sich Anja das nicht vorgestellt.

(Frei nach einer Idee von Susanne Erbach: Verantwortung im Doppelpack. Sozialcourage Spezial 2008, S. 16/17)

A

1. *Schreibe aus dem Text alle Gründe heraus, die für bzw. gegen ein Kind mit 14 sprechen. Ergänze die Listen um weitere Argumente.*
2. *Vergleicht eure Listen und bewertet die Gründe.*
3. *Formuliere kurz und knapp in Form eines Fünf-Satzes* deine Position zu der Frage: Sollte man mit 14 ein Kind bekommen?*

Schwangerschaftsabbruch – ja oder nein?

In Deutschland gibt es – wie in anderen modernen Staaten auch – die Möglichkeit, eine ungewollte Schwangerschaft abzubrechen.

Aus dem Gesetz über den Schwangerschaftsabbruch, StGB §§218, 218a–c und 219

Ein Schwangerschaftsabbruch gilt als rechtswidrig. Er bleibt aber straffrei, wenn drei Bedingungen erfüllt sind:

1. Der Abbruch muss innerhalb der ersten zwölf Schwangerschaftswochen nach der Befruchtung (Empfängnis) stattfinden.
2. Dem Abbruch geht eine Pflichtberatung in einer anerkannten Beratungsstelle für Schwangerschaftsfragen voraus.
3. Der Schwangerschaftsabbruch darf nur von einem Arzt, frühestens drei Tage nach der Pflichtberatung vorgenommen werden.

Abgetrieben

Q

Ich war nicht ich selbst. Ich habe gemacht, was andere wollten, aber es war nicht, was ich wollte. Ich war zwar die Person, die auf dem Stuhl lag, aber ich dachte: Alleine mit einem Kind ... Dass es MEIN Kind ist, dass ich es über alles lieben würde, weil es ein Teil von mir ist, daran habe ich nicht gedacht. Diese Liebe war schon von Anfang an da und ich habe sie zerstört. Das bereue ich so sehr.

(Vanessa, 22 Jahre)

Ich liebe meinen Freund und er liebt mich. Unsere Zukunft haben wir uns oft ausgemalt, aber ein Kind kam darin noch nicht vor. Es ist noch zu früh dafür. Wir brauchen noch ein paar Jahre für uns, unsere Ausbildung und für ein Leben ohne Eltern. Später möchte ich Kinder haben.

Da ich den Schwangerschaftstest gleich in den ersten Wochen gemacht habe, ist ein Abbruch für mich zwar nicht angenehm, aber vertretbar. Ich lasse mir kein schlechtes Gewissen einreden.

(Maja, 15 Jahre)

P

1. *Bildet Gruppen und teilt die Arbeitsaufträge unter den Gruppen auf. Jede Gruppe präsentiert am Ende die Ergebnisse ihrer Arbeit in ansprechender Form (Vortrag, Poster o.Ä.).*
   - *Die Geschichte des Schwangerschaftsabbruchs in Deutschland*
   - *Welche unterschiedlichen Positionen werden in der gegenwärtigen Debatte um den Schwangerschaftsabbruch vertreten? Welche Konsequenzen ergeben sich jeweils daraus?*
   - *Was sagt die Statistik über die Anzahl der Schwangerschaftsabbrüche in Deutschland, die Entwicklung in den verschiedenen Altersgruppen, speziell den Anteil Minderjähriger, aus? Welche Gründe könnte es geben, eine Schwangerschaft abzubrechen?*
2. *Führt am Ende der Projektarbeit eine Abschlussdiskussion (gern auch als Pro-Contra-Diskussion) durch, in der ihr euch zur gesetzlichen Regelung des Schwangerschaftsabbruchs in den §§ 218, 218 a–c und 219 StGB verständigt und diese bewertet.*
3. *Entwickele ausgehend von deinen derzeitigen Kenntnissen und Überzeugungen einen persönlichen Standpunkt zu dem Problem und setze diesen in deinem Verhalten um.*

Aids – ein Stachel der Liebe?

Aids ist eine Immunschwächekrankheit, die durch das HI-Virus* ausgelöst wird. Das Virus schädigt die körpereigenen Abwehrkräfte in solch einem Maße, dass eindringende Krankheitserreger nicht mehr abgewehrt und lebensbedrohliche Erkrankungen ausgelöst werden können. Aids wird weltweit vor allem durch ungeschützten Geschlechtsverkehr übertragen.

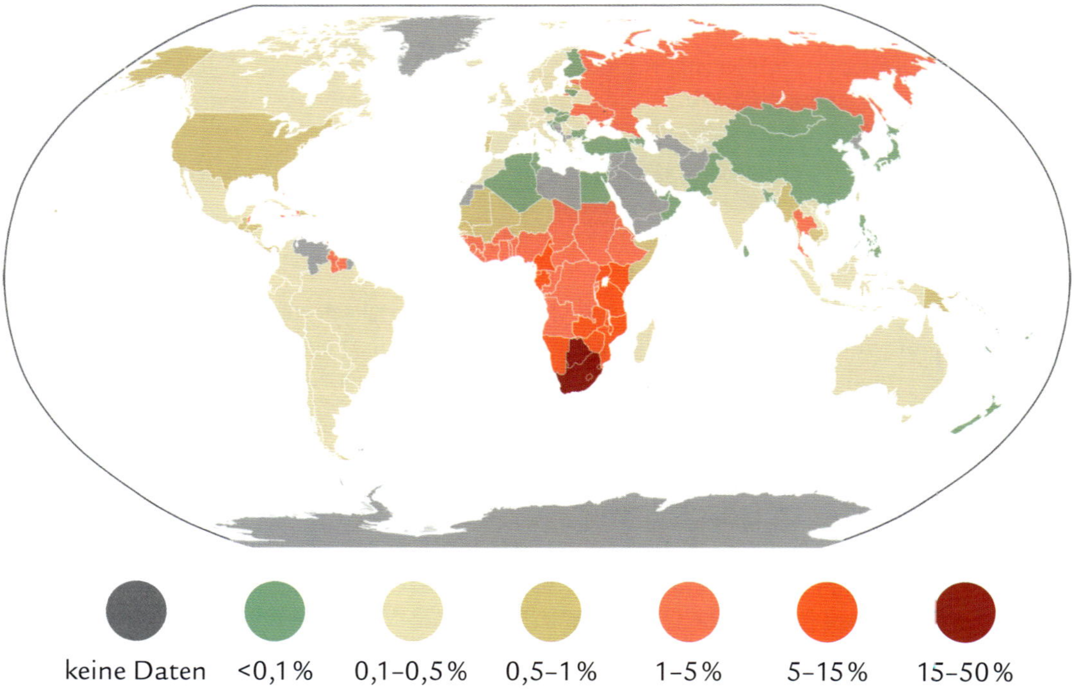

A

1. *Wie die Abbildung zeigt, gibt es auf der Erde deutliche Unterschiede bezüglich der Verbreitung von Aids. Nimm einen Atlas zur Hilfe, um zu erklären, in welchen Ländern der Anteil der HIV-Infizierten und Aids-Kranken besonders hoch ist. Erforsche die Ursachen dafür.*
2. *Entwickele sinnvolle Umgangsregeln für a) Menschen mit dem HI-Virus und b) gesunde Menschen. Dies kann auch in Form eines Mesostichons oder eines Akrostichons geschehen.*

Aids – das Ende aller sexuellen Aktivität?
Auch in Deutschland leben Menschen, die unter der Immunschwächekrankheit leiden. Auch diese Menschen leben in Beziehungen. Auch diese Menschen haben sexuelle Bedürfnisse und Wünsche.

Fälle
Jenny ist 20 und HIV-positiv. Vor drei Monaten lernte sie Alex kennen, mit dem sie gern zusammenleben möchte. Immer, wenn sie Sex hatten, bestand Jenny darauf, dass Alex ein Kondom benutzt. Dennoch überlegt sie, ob sie Alex sagen muss, dass sie HIV-positiv ist.

Lukas ist ein Barebacker.* Er gehört zu einem Klub, dessen Mitglieder sich ganz bewusst gegen Kondome beim Sex entschieden haben, die Sex mit vollem Risiko wollen. Dabei ist Lukas HIV-positiv.

Gib Aids keine Chance

1. *Bewerte die Handlungen in den beiden Fällen und erörtere die Folgen für alle Beteiligten. Trage deine Position zu einem der Fälle in einer Standpunktrede vor.* A
2. *Klärt in Partnerarbeit, was „Safer Sex" bedeutet und gestaltet dazu selbst ein Plakat.*

Wenn Liebe endet

Gerade junge Menschen, die sich zum ersten Mal verlieben, glauben, dass dieser prickelnde Zustand, der sie über sich hinauswachsen lässt, niemals enden werde. Jedoch die Liebe ist ein Gefühl. Sie lässt sich weder verordnen noch erzwingen und manchmal endet sie recht abrupt.

Robert & Nele

Robert und Nele waren wochenlang das Traumpaar der Schule. In den Pausen standen sie eng umschlungen auf dem Schulhof. Wenn es zur Stunde klingelte, dann trennten sie sich auf dem Podest im Schulhaus mit Abschiedsküssen, als müsse einer von ihnen für Jahre verreisen. Die ganze Welt schien für die beiden nur aus Robert und Nele zu bestehen.

Doch diese Welt zerbrach urplötzlich.

Auf dem Schulfest, Robert spielte in der Schulband und er spielte nur für Nele, bemerkte er, dass Nele ausgelassen mit Max aus der Neunten tanzte. Plötzlich war sie verschwunden und auch Max konnte er nirgends mehr entdecken. Sofort kochte eine unbekannte Angst, vermischt mit Wut, in ihm hoch. Seine Band und die Musik waren ihm gleichgültig. Er legte den Bass zu Seite und ging Nele suchen. Er fand sie draußen, an der frischen Luft, wo sie mit Max knutschte. Noch ehe Max oder Nele überhaupt etwas bemerkten, riss er Nele weg und schlug ihr wütend ins Gesicht. Nele taumelte gegen die Wand.

Erst jetzt begriff Robert, was er getan hatte. Er wollte Nele helfen, ihr die Hand reichen, doch sie schob sie weg und ging ohne ein Wort davon.

Seither würdigt Nele Robert keines Blickes mehr. Sie öffnet ihm nicht die Tür, wenn er klingelt. Sie beantwortet keine Mail, keine SMS und wenn ihre Freundin fragt, erklärt sie nur: „Der ist für mich gestorben."

Robert indes tönt überall herum, Nele sei eine Schlampe: Sie habe ihn arglistig getäuscht und seine Liebe mit Füßen getreten. In Wirklichkeit sei sie ein billiges Flittchen, das es mit jedem triebe.

Wenn Nele in der Schule an ihm vorübergeht, ruft er ihr böse Worte nach und wenn Nele ihn anschaut, dann funkeln ihre Augen wütend.

Ü

1. *Tragt in einem Brainstorming Gründe zusammen, an denen eine Liebe zerbrechen kann.*
2. *Legt eine Tabelle an und haltet darin fest, was aus Roberts und was aus Neles Sicht zum Ende ihrer Liebe geführt hat.*
3. *Benennt die Ursachen, die nach eurer Meinung zum Bruch der Liebe führten und bewertet die einzelnen Verhaltensweisen.*
4. *Formuliert für Nele und für Robert jeweils einen guten Rat, wie sie nach dem Ende ihrer Liebe miteinander umgehen sollten.*

Präsentation von Arbeitsergebnissen in einem Kurzvortrag

M

Bei vielen Aufgaben steht am Schluss die Forderung, die gewonnenen Ergebnisse zu präsentieren, sie anderen mitzuteilen.

Überlegungen im Vorfeld

› Welches sind die wichtigsten Ergebnisse, die du vorstellen willst?
› Warum sind sie wichtig? Geht es um Informationen zu einem Sachthema oder um eine Problemlösung zu einer philosophisch-ethischen Frage?
› Wie können die Inhalte am besten dargestellt werden? Wie baut man den Vortrag (übersichtlich und nachvollziehbar) auf?
› Welche Hilfsmittel (Handzettel, Tafel, Overheadprojektor, Beamer) sollen eingesetzt werden?

Inhaltlicher Aufbau des Vortrags

› Zu Beginn sollte in einer kurzen *Einleitung* das Thema genannt und gegebenenfalls (an der Tafel oder mittels einer Folie) visualisiert werden. Mit einem Zitat, Bild oder einer interessanten Frage kann in die Thematik eingeführt und Aufmerksamkeit geweckt werden.
› Den *Hauptteil* bilden einige wenige *Thesen*, also Aussagen, die durch *Argumente* bzw. Argumentationsketten und Beispiele zu belegen sind. Dabei sollten die Argumentationen knapp und überzeugend, die Beispiele wohlüberlegt sein. Bedenke auch die Anordnung deiner Argumente bzw. die Art der Argumentation im Vorab!
› Im *Schlussteil* des Vortrags wiederhole deine Hauptthese(n) noch einmal knapp und ziehe Schlussfolgerungen oder ein Resümee.
› Um die *Diskussion* anzuregen, bitte dann die Zuhörer um Fragen oder Anmerkungen und versuche, diese zu beantworten oder erläuternd darauf einzugehen.

Ratschläge zur sprachlichen Gestaltung des Vortrags

› Bedenke, dass der Vortrag *kurz* sein muss, die Redezeit sollte zehn Minuten nicht überschreiten.
› Versuche *langsam*, nicht zu leise und deutlich zu sprechen sowie Pausen einzubauen.
› Stelle so oft als möglich *Blickkontakt* zum Publikum her. Dies gelingt am besten, wenn du den Vortrag *nicht wortwörtlich* abliest, sondern versuchst, ihn frei zu halten.
› Das *freie Sprechen* lässt sich üben, indem du auf einseitig beschriebenen Karteikarten die Stichworte und Leitgedanken notierst und dich an diesem Gerüst „entlanghangelst“.
› Auch mit PowerPoint angefertigte und mit Beamer an die Wand projizierte Schemata stellen solch ein Stichwort-Gerüst dar, das im Vortrag erläutert werden kann.

Ein guter Rat zum Schluss: Probe deinen Vortrag zu Hause vor einem Spiegel. Dabei merkst du nicht nur, wo die „Stolpersteine“ (schwierige Stellen) liegen, sondern auch, ob du die Zeit richtig kalkuliert hast.

8 Natur und Mensch

A

1. *Entwerft für die Bilder treffende Bildunterschriften.*
2. *Deutet die Bilder unter dem Gesichtspunkt, welches Mensch-Natur-Verhältnis sich in ihnen ausdrückt.*

8.1 Die Erschaffung der Welt und des Menschen im Mythos

Menschen sind als Lebewesen Teil der Natur. Sie unterscheiden sich von anderen Lebewesen dadurch, dass sie sich ein *Bild* von der Natur machen und die Naturbedingungen nicht einfach hinnehmen, sondern diese zu erkennen und zu gestalten versuchen.

Von jeher hat sie deshalb die Frage interessiert, wie die natürliche Ordnung und der Mensch selbst entstanden sind, wer „dahintersteckt". Erste Antworten darauf fanden sie in Form von Mythen*.

Die Welt der Götter und der Menschen in den Mythen der Griechen

Homer* und Hesiod* gelten als die bedeutendsten Überlieferer der antiken griechischen Mythen. Ihre Werke entstanden vor zirka 2.800 Jahren und bilden die Grundlage für zahlreiche, bis in die heutige Zeit reichende Nacherzählungen.

Vom Chaos zum Kosmos

Q

Im frühesten Weltbild (der Griechischen Antike) erscheint zu Beginn das Chaos. Nachdem sich Erde, Über- und Unterwelt getrennt hatten, desgleichen Licht und Finsternis, begann, so würden wir sagen, die Erdgeschichte. Für die Mythologen waren bei der Erdgestaltung wilde Kräfte, in Gestalt von Giganten, Titanen, Göttern und Dämonen am Werk, die um die Vorherrschaft rangen. Schließlich siegten die ordnenden Kräfte, der kreative Eros, und es entstand der Kosmos, die geordnete, gesetzmäßige und geregelte Welt mit Zeus* an der Spitze. Drei Hauptgötter [...], Poseidon, Hades und Zeus, teilten nun die Welt unter sich auf: Poseidon wurde Herr der Gewässer, Hades erhielt die Unterwelt und Zeus, der jüngste der Brüder, herrschte seitdem über Himmel und Erde, Blitze und Donner.

(Ernst R. Sandvoss: Sternstunden des Prometheus. Insel, Frankfurt/M. 1998, S. 99f.)

A

1. *Zeus ist der oberste Gott des Olymp. Ihm zu Ehren wurden bereits ca. 1.500 Jahre v.u.Z. in Olympia erste Wettkämpfe veranstaltet, aus denen später die Olympischen Spiele hervorgingen. Recherchiert, in welcher Form diese Wettkämpfe ausgetragen wurden.*
2. *Informiert euch über den Kampf zwischen Uranos, Kronos, den Titanen, und Zeus um die Vorherrschaft der Götter. Stellt diesen auf einem Plakat dar.*
3. *Die „Olympischen Götter" sind nicht von Anfang an in der Welt, haben diese nicht geschaffen, sondern sind selbst „Schöpfung". Was bedeutet das für das Verhältnis zwischen den Menschen und diesen Göttern?*

Erdenkloß mit göttlichem Atem

Am Mythos von Prometheus* und der Erschaffung des Menschen lässt sich zeigen, dass es von einer „Ur-Erzählung“ häufig Mythenvarianten gibt. So soll Prometheus einer Variante zufolge den Menschen aus Lehm geformt haben. Einer anderen Variante nach hätten er und sein Bruder Epimetheus von Zeus den Auftrag bekommen, alle Lebewesen mit den Merkmalen und Eigenschaften auszustatten, die sie zum (Über-)Leben benötigten. Der Philosoph Platon (427–347 v.u.Z.) berichtet in seinem Mythos „Protagoras“ davon, wie Epimetheus seinen Bruder Prometheus bittet, diese Verteilung allein vornehmen zu dürfen. Epimetheus verteilt alle zur Verfügung stehenden Eigenschaften und Merkmale zunächst an die Tiere. Doch dann steht vor Epimetheus der Mensch, der „Zweibeiner ohne Federn“, wie Platon ihn einmal genannt hat, und wartet auf seine Ausstattung ...

Das Geschenk des Prometheus

Q

Wie aber Epimetheus doch nicht ganz weise war, hatte er unvermerkt alle Kräfte schon aufgewendet für die unvernünftigen Tiere; übrig also war ihm noch unbegabt das Geschlecht der Menschen, und er war ratlos, was er mit diesem tun sollte. In dieser Ratlosigkeit nun kommt ihm Prometheus, die Verteilung zu besichtigen, und sieht die übrigen Tiere zwar in allen Stücken weislich bedacht, den Menschen aber nackt, unbeschuht, unbedeckt, unbewaffnet, und schon war der bestimmte Tag vorhanden, an welchem auch der Mensch hervorgehen sollte aus der Erde an das Licht. Auf Rettung sinnend, stiehlt Prometheus die kunstreiche Weisheit des Hephaistos* und der Athene*, nebst dem Feuer, und schenkte sie dem Menschen. Die zum Leben nötige Wissenschaft und Handwerkskunst also erhielt der Mensch auf diese Weise, [...] und von da an genießt nun der Mensch die Behaglichkeit des Lebens.

(Platon: Protagoras. In: Werke Bd. 1. Rowohlt, Reinbek 1963, S. 62)

„Prometheus bringt der Menschheit das Feuer“ (um 1817), Heinrich Friedrich Füger (1751–1818)

A

1. *Stellt eine Liste mit Merkmalen zusammen, aufgrund derer der Mensch den meisten Tieren unterlegen ist.*
2. *Erläutert anhand von Beispielen, wieso das Feuer und die Handwerkskunst es dem Menschen ermöglichen, ein „behagliches Leben“ zu führen.*
3. *Prometheus bringt den Menschen quasi „göttliche“ Gaben, da Hephaistos und Athene olympische Götter sind. Überlegt, in welcher Weise diese Gaben den Menschen gegenüber den anderen Lebewesen in eine privilegierte Rolle versetzen und welche Konsequenzen aus dieser Überlegenheit für die Mit-Geschöpfe des Menschen resultieren.*

↗ *Wolfgang Storch/Burghard Damerau (Hg.): Mythos Prometheus. Reclam, Leipzig 1995*

Ungeheuer oder Ameise: zwei Blicke auf ein Wesen

Die Fähigkeit des Menschen, sich innerhalb einer unwirtlichen Natur zu behaupten, ist von den antiken Schriftstellern unterschiedlich gestaltet worden. In dieser Unterschiedlichkeit zeigt sich die schon früh erkannte Ambivalenz des Verhältnisses zwischen Mensch und Natur:

Q

Antigone

Viel Ungeheures ist, doch nichts
So Ungeheures wie der Mensch.
Der fährt auch über das graue Meer
Im Sturm des winterlichen Süd
Und dringt unter stürzenden Wogen durch.
Und der Götter Heiligste, die Erde,
Die unerschöpfliche, unermüdliche,
Plagt er ab,
Mit wendenden Pflügen Jahr um Jahr
Sie umbrechend mit dem Rossegeschlecht.
Und der leichtsinnigen Vögel Schar
Holt er mit seinem Garn herein
Und der wilden Tiere Völker und
Die Brut des Meeres in der See
Mit netzgesponnenen Schlingen:
Der alles bedenkende Mann. Er bezwingt
Mit Künsten das draußen hausende Wild,
Das auf Bergen schweift,
Und schirrt das rauhnackige Pferd
An dem Hals unters Joch
Und den unermüdlichen Bergstier. [...]

(Sophokles: Tragödien. Artemis, Zürich 1968, S. 82f.)*

Der gefesselte Prometheus

Aber von der Menschen Not
Lasst mich erzählen, wie die vorher Törichten
gedankenvoll ich machte [...].
Sie, die zu Anfang Augen hatten, doch nicht sahn.
Und Ohren, und nicht hörten,
Sondern ihre lange Lebenszeit hindurch
Blind in eines wirrten und nichts wussten von
Ziegelgewebten Häusern noch von Zimmerwerk
Sondern vergraben hausten wie die wimmelnden
Ameisen, im Geklüft von Höhlen, sonnenlos. [...]
Führwahr die Zahl auch und die Fügungen der
Schrift erfand ich ihnen. [...]
Als erster schirrt ich unters Joch das Wildgetier,
Dass es im Pfluge frone, Lasten trag und so
Die schwersten Müh'n den Menschen nehme ab.
Und an den Wagen führt ich die dem Zügel gern
Fügsame Rosse, Überreichtums Lustgepräng.
Auch übers Meer zu treiben – niemand außer mir
Erfand der Schiffer linnenbeflügeltes Gefährt [...].
Mit kurzem Wort erfahre alles in eins gefasst:
Was Menschen wissen, von Prometheus haben sie's.

(Aischylos: Die Tragödien. Reclam, Stuttgart 2002, S. 299ff.)*

A

1. *Das Wort „Ungeheuer" kann viele Bedeutungsausprägungen haben. Stellt eine Liste zusammen, was es bedeutet, wenn jemandem etwas „nicht geheuer" ist.*
2. *Arbeitet Gemeinsamkeiten, aber auch Unterschiede zwischen den beiden Texten heraus. Was sagt die jeweilige Perspektive über das Verhältnis Mensch – Natur aus?*

Römische Welt und Hellenismus

Das Denken der Römer wurde über Jahrhunderte geprägt durch die Kultur und Philosophie der griechischen Antike. Griechische Götter waren den Römern schon früh bekannt durch die griechischen Kolonien in Unteritalien und auf Sizilien. Die griechischen Gottheiten wurden sogar „eingemeindet", mit bereits bestehenden alt-römischen Göttern „identifiziert". Beispielsweise wurde der altrömische Gott Jupiter mit Zeus gleichgesetzt.

Diese Periode, in der sich griechische und römische Denk- und Lebensweisen zu einer – die weiteren Zeiten prägenden – Kulturepoche verbanden, nennt man *Hellenismus*.

Die vier Zeitalter

Vom römischen Dichter Ovid wird der altgriechische Mythos von den vier Jahreszeiten aufgegriffen. Ihm zufolge soll der altrömische Gott des Ackerbaus Saturn das „Goldene Zeitalter" begründet haben. Hierin wird er mit Kronos gleichgesetzt, dem Vater des Zeus.

Q

Prometheus erscheint im Goldenen Zeitalter Saturns (Kronos) als Schöpfer des Menschen. Damals lebten die Menschen in Muße und ewigem Frühling sorglos dahin, ohne Richter und Gesetze zu benötigen. Als aber Jupiter im silbernen Zeitalter zur Weltherrschaft gelangte, führte er vier Jahreszeiten ein und verdammte die Menschen zu harter Arbeit, zu Ackerbau und Viehzucht. Im Ehernen Zeitalter, das darauf folgte, nahmen die Menschen das Ruder in die Hand. Aus Pflugscharen schmiedeten sie Schwerter und begannen Krieg zu führen. Noch schlimmer wurde es nach Ovid im Eisernen, seinem Zeitalter, als Betrug, Habgier, Untreue und Verrat anfingen, das Feld zu beherrschen.

(Ernst R. Sandvoss: Sternstunden des Prometheus. Insel, Frankfurt/M. 1996, S. 101)

„Das Goldene Zeitalter" (um 1530), Lucas Cranach der Ältere (1472–1553)

A

1. *Arbeitet die Unterschiede zwischen den vier Zeitaltern heraus. Überlegt, aus welchen Gründen es in den Vorstellungen der Menschen zu diesen negativen Veränderungen gekommen sein mag.*
2. *Vergleicht die Darstellung der Lebenssituation der Menschen im „Goldenen Zeitalter" mit den Texten von Sophokles* und Aischylos* (S. 193). Wie wird Landbearbeitung jeweils qualifiziert? In welchem Verhältnis stehen Mensch und Natur? Was wird über die Natur des Menschen ausgesagt?*

Germanische Mythen

Die „Edda" gilt als das älteste Buch, in dem die mündlich überlieferten Sagen der Germanen von der Entstehung der Welt und der Götter aufgezeichnet sind:
Erzählt wird vom Riesen Ymir und der Kuh Audumla, die in einer Kluft zwischen dem eiskalten Nordland (Niflland) und dem glühendheißen Südland (Muspelheim) hausten. Den unter einer Eisschicht verborgenen BUR leckte die Kuh nach und nach frei, und dieser BUR war der Vater der drei Asen (Götter) Odin, Wili und We; diese erschlugen Ymir und schufen aus seinen Teilen die Erde (Midgard) und den Himmel, benannten die Tages- und Jahreszeiten und schufen aus zwei Bäumen die ersten Menschen, während die Nachkommen von Ymir (die Riesen) um Midgard herum siedelten und in ewiger Feindschaft die Werke der Götter bedrohen.

Thors Hammer

Ein wichtiger Gott in dieser Mythologie ist Thor, der den Hammer schwingt und mit diesem die heiligen Ordnungen schützt und mit Blitzen den Frost und die Eisriesen zertrümmert; sein heiliger Baum ist die Eiche. Baldur, der Sohn Odins und Freyas, ist sowohl der Gott des Lichts wie auch der Weissagung; er wird durch eine List von Loki (Sohn eines Riesen und Blutsbruder von Odin) getötet. Loki stiehlt auch der Göttin Freya das Feuer und zeugt wüste Unholde, so auch die Midgardschlange. Über allen Göttern der Germanen waltet jedoch das Schicksal, und dieses bestimmt die Kämpfe zwischen den verschiedenen Göttergeschlechtern und den hasserfüllten Riesen, aus denen den Menschen aber letztlich die Chance für einen Neuanfang erwächst.

Q

Aber aus dem Meere steigt eine neue Erde auf mit frisch grünenden Fluren und golden wogenden Ährenfeldern und über Silber sprühenden Wasserfällen schwebt in blauer Luft der Aar. Baldur kehrt heim und mit ihm alle Söhne Odins und Thors. [...] Verbannt in die tiefste, dunkelste Schlucht ist die Midgardschlange, und mit ihr sind Hass und Neid, Zank und Streit erloschen. Unbesät tragen die Äcker schwere goldene Frucht und Freude und Friede herrschen auf Erden.

(Johannes Dieckhaus (Hg.): Germanische und deutsche Sagen. Schönigh, Paderborn 1999, S. 13)

A

1. *Vergleicht die verschiedenen Götter und ihre Funktionen mit denen der griechischen Mythologie. Nennt Ähnlichkeiten wie Unterschiede.*
2. *Worin unterscheidet sich die germanische von der griechischen Welt-Sicht?*

8.2 Die Entstehung des Menschen im Spiegel von Wissenschaft und Religionen

Der Mensch: Ebenbild Gottes oder Ergebnis der Evolution?

Das antike Griechenland war nicht nur Heimat der olympischen Spiele, sondern auch Geburtsstätte des abendländischen philosophischen Denkens. Bereits in der Antike begann das analytische Denken, das bis heute das Verhältnis des erkennenden Menschen zur ihn umgebenden Natur maßgeblich prägt. Dieses Denken gipfelte in den Erkenntnissen der modernen Naturwissenschaften, dass der Mensch sich infolge der Evolution aus anderen Lebensformen entwickelt hat, dass er kein Geschöpf Gottes, sondern ein Produkt der Natur ist.

Vom Mythos zum Logos*

Im antiken Griechenland bereits bemühten sich Naturphilosophen, die man unter dem Namen „Vorsokratiker"* zusammenfasst, darum, rationale Erklärungen für die Entstehung der Welt und des Menschen zu finden. Gemeinsam war ihnen, dass sie nach einem Ur-Grund oder Ur-Stoff alles Seienden suchten.

Luft, Wasser, Atomklumpen ...? – Was ist der Ur-Grund?

Q

Der Urgrund aller Dinge ist die Luft. Aus dieser entsteht alles und in diese löst sich alles „dereinst" wieder auf.
(Anaximenes, 575–525 v.u.Z.)

Empedokles setzte als stoffliche Elemente vier an: Feuer, Wasser, Luft und Erde, die ewig sind und sich in größerer oder geringerer Menge infolge von Vereinigung und Trennung wandeln.
(Empedokles, ca. 490–430 v.u.Z.)

Die Welt entsteht aus Feuer und löst sich wieder in Feuer auf.
(Heraklit, um 500 v.u.Z.)

Der Urgrund des Seins ist das Wasser, auf dem die Erde schwimmt.
(Thales, 624–546 v.u.Z.)

[Demokrit behauptet, d]ass sich unzählige unteilbare und indifferente Substanzen im leeren Raum bewegten. Wenn sie aber einander näherten oder zusammenträfen, dann käme als Ergebnis solcher Vereinigung in dem einen Fall Wasser, in dem anderen Feuer, ein andermal eine Pflanze, ein andermal ein Mensch zustande. Es seien aber alles Atome, wie er sie nennt, und nichts anderes.
(Demokrit, 460–370 v.u.Z.)
(Nach Wilhelm Capelle (Hg.): Die Vorsokratiker. Kröner, Stuttgart 1938)

A

1. *Arbeitet heraus, welche unterschiedlichen Antworten die fünf Philosophen auf die Frage nach dem Ur-Grund geben.*
2. *Stellt Bezüge zwischen ihren philosophischen Annahmen und den Erkenntnissen moderner Naturwissenschaften über die Entstehung des Lebens auf der Erde her.*

Darwins Evolutionstheorie

Vor ca. 150 Jahren veröffentlichte Charles Darwin sein evolutionstheoretisches Werk „Über die Entstehung der Arten“, in welchem er darlegt, dass höhere Lebewesen aus einfachen organischen Strukturen durch Mutation und Selektion entstanden sind. „Alle organischen Wesen, die je auf dieser Erde gelebt haben, könnten von einer einzigen Urform abstammen“, vermutete er. Das galt auch für den Menschen. Die Vorstellung, dass der Mensch nicht nur ein Verwandter des Affen, sondern gar ein Nachfahre einer Mikrobe sein könnte, brachte Darwin viele Anfeindungen ein.

„Abgestammt von den Affen! Lass uns hoffen, dass es nicht wahr ist, aber falls doch, lass uns beten, dass es nicht allgemein bekannt wird“, so die Ehefrau des Bischofs von Worcester.

„Luca“ – gemeinsamer Urahn von Mikroben und Menschen

Q

Die Geschichte des irdischen Lebens beginnt vor etwa vier Milliarden Jahren. Die Erde ist gerade 500 Millionen Jahre alt. Unter der damals noch schwachen Sonne war unser Planet vermutlich zu einer Eiswüste erstarrt, die allerdings durch Einschläge riesiger Meteoriten immer wieder in ein feuriges Inferno verwandelt wurde. […]

Alle irdischen Lebewesen gehören zu einer von drei Domänen: den Bakterien, den ebenfalls einzelligen Archaeen* oder den Eukaryonten* mit Tieren, Pflanzen und Pilzen. Bevor sich diese drei großen Gruppen vor etwa 3,5 Milliarden Jahren voneinander getrennt haben, gab es einen gemeinsamen Vorfahren, von dem sie ihre Gemeinsamkeiten geerbt haben. Sein Name ist nach allgemeiner Übereinkunft Luca, das steht für „Last universal common ancestor“ – der letzte gemeinsame Vorfahre aller Lebewesen. Luca war wahrscheinlich ein recht simpel aufgebauter Einzeller. Inzwischen kennt man etwa 60 Gene, die er nahezu unverändert an die heutigen Lebewesen vererbt hat. […]

Nach Ansicht des amerikanischen Mikrobiologen Carl Woese handelte es sich bei Luca nicht um eine einzige Art, sondern um eine Art Urgemeinschaft primitiver Einzeller. Diese hätten noch nicht zwischen fremd und selbst unterschieden, so wie es heutige Einzeller tun. Gleichsam in freier Liebe könnten die Urzeller ihre Gene untereinander ausgetauscht haben. Aus dieser Urgemeinschaft könnten sich dann Gruppen herauskristallisiert haben, die getrennte Wege gingen. Erst von diesem Zeitpunkt an hätte es dann Vererbung und Selektion gegeben.

(Birgit Herden: Sie nennen ihn Luca. Süddeutsche Zeitung, 21.2.2009, S. 22)

A

1. *Erklärt, warum die Theorie von Darwin von den damals lebenden Menschen als Kränkung erfahren wurde.*
2. *Vergleicht die im Text dargestellten Forschungsergebnisse mit den Aussagen aus den vorangegangenen Seiten des Kapitels zur Entstehung der Welt und der Menschen.*

Der Mensch: Ein Werkzeug produzierendes Tier

Bereits im Mythos von Prometheus* wird die Bedeutung von Technik für die Entwicklung des Menschen hervorgehoben. Karl Marx (1818–1883) hat vom Menschen als „Werkzeug produzierendem Tier“ gesprochen. Durch den Einsatz von Technik unterwirft sich der Mensch die Natur und macht sich selbst zum Kulturwesen.

Technik als Zündfunke der Evolution

Q

Frage: Muss man womöglich alle Menschenaffen als Menschen ansehen, wie es kürzlich ein Kollege von Ihnen forderte?

Schrenk: So weit würde ich nicht gehen, obwohl es rein biologisch betrachtet gute Argumente dafür gibt. Was Menschen aber auszeichnet, sind Kultur, Technik, Kunst. Und da gibt es vor 2,5 Millionen Jahren einen höchst spannenden Punkt in der Entwicklungsgeschichte. Erstmals wurden Steine bearbeitet, um damit Nahrung zu zermahlen. Ein Prozess, der sonst innerhalb des Körpers abläuft, wurde nach außen verlagert. Ich denke, wenn es einen Beginn der Menschheit gab, war es dieser Moment.

Frage: Was war das Besondere? Auch Affen und Vögel nutzen Steine und Stöcke, um an Nahrung zu kommen.

Schrenk: Der Unterschied ist die systemische Unabhängigkeit von der Umwelt. Wir sitzen heute in diesem Raum mit elektrischem Licht und einem Aufnahmegerät. All das begann in diesem Moment vor 2,5 Millionen Jahren. Die zunehmende Unabhängigkeit von der Natur und die gleichzeitig zunehmende Abhängigkeit von Werkzeugen ist bis heute ein ur-menschlicher Konflikt. [...] Die Entwicklung der Technik war Zündfunke und Triebfeder unserer Evolution. [...] Der aufrechte Gang bildet den ersten von drei großen Abschnitten. Dann kam vor 2,5 Millionen Jahren das Werkzeug. Und als drittes die Entstehung von Sprache und Kunst vor etwa 40.000 Jahren. [...]

Frage: Ist der Mensch grundsätzlich verbesserungsfähig?

Schrenk: Perfekt sind wir jedenfalls nicht. Das ärgert mich auch an dem wieder erstarkenden Kreationismus, der Theorie von einem „Intelligenten Designer“. [...]

(Patrick Illinger: Interview mit mit dem Paläoanthropologen Friedemann Schrenk. Süddeutsche Zeitung, 11.2.2006, S. 24)*

A

1. *Arbeitet den im Interview angesprochenen ur-menschlichen Konflikt heraus. Welche Vor- und Nachteile bringt er mit sich?*
2. *Der spanische Philosoph Ortega y Gasset hat zwischen der Technik des Zufalls, der Technik des Handwerkers und der Technik des Technikers unterschieden. Findet dafür entsprechende Beispiele und versucht eine zeitliche Einordnung.*

Ü

3. *Recherchiert die wesentlichen Aussagen des „Kreationismus“ und positioniert euch dazu.*

Jüdisch-christliches Mensch-Natur-Verständnis

Im Alten Testament, im 1. Buch Mose wird die Erschaffung der Welt als Schöpfung Gottes dargestellt. Nach Himmel, Erde und Wasser entstehen die Pflanzen, die Tiere und schließlich die Menschen.

Macht euch die Erde untertan

Und Gott schuf den Menschen zu seinem Bilde, zum Bilde Gottes schuf er ihn; und er schuf sie als Mann und Weib. Und Gott segnete sie und sprach zu ihnen: Seid fruchtbar und mehret euch und füllt die Erde und macht sie euch untertan und herrscht über die Fische im Meer und über die Vögel unter dem Himmel und über das Vieh und über alles Getier, das auf Erden kriecht. Und Gott sprach: Seht da, ich habe euch gegeben alle Pflanzen, die Samen bringen, auf der ganzen Erde, und alle Bäume mit Früchten, die Samen bringen, zu eurer Speise. Aber allen Tieren auf Erden und allen Vögeln unter dem Himmel und allem Gewürm, das auf Erden lebt, habe ich alles grüne Kraut zur Nahrung gegeben.

(Bibel. AT. 1. Mose 1, 27-30)

Im 2. Kapitel des 1. Buch Mose wird die Schöpfung in einer anderen Reihenfolge dargestellt:

Der göttliche Auftrag

Es war zu der Zeit, da Gott Himmel und Erde machte. Und alle die Sträucher auf dem Felde waren noch nicht auf Erden, und all das Kraut auf dem Felde war noch nicht gewachsen [...]. Da machte Gott der Herr den Menschen aus Erde vom Acker und blies ihm den Odem des Lebens in die Nase. Und so ward der Mensch ein lebendiges Wesen. Und Gott der Herr pflanzte einen Garten in Eden gegen Osten hin und setzte den Menschen hinein, [...] dass er ihn bebaute und bewahrte. [...] Und Gott der Herr machte aus Erde alle die Tiere auf dem Feld und alle die Vögel unter dem Himmel und brachte sie zu dem Menschen, dass er sähe, wie er sie nennte; denn wie der Mensch jedes Tier nennen würde, so sollte es heißen.

(Ebenda. 1. Mose 2, 4-20)

1. *Nennt wesentliche Unterschiede zwischen den beiden Schöpfungsberichten. Verdeutlicht dabei vor allem den Unterschied zwischen „herrschen und untertan machen" einerseits und „bebauen und bewahren" andererseits.*
2. *Was bedeutet es für das Verhältnis Mensch – Tier, wenn der Mensch den Auftrag bekommt, den Tieren ihren Namen zu geben?*

Adam gab es wirklich

Zwischen Euphrat und Tigris glauben Archäologen den Ort gefunden zu haben, der im Alten Testament als das „Paradies" bezeichnet worden ist. Sie vermuten, dass hier, auf der Hochebene von Erzurum (Türkei), am Quellsee des Euphrat, auch die Ursprünge für die „Vertreibung aus dem Paradies" zu finden sind.

Inmitten des Paradieses

Q

Die Vertreibung aus dem Paradies ist die zum Gleichnis geronnene kollektive Erinnerung der Menschheit an eine der folgenreichsten Umwälzungen ihrer Geschichte. Nämlich des Wandels des Menschen vom Jäger und Sammler zum sesshaften Bauern. Diese neolithische Revolution* fand im sogenannten fruchtbaren Halbmond Mesopotamiens früher statt als anderswo auf der Welt. Hier wurde Wildgetreide erstmals kultiviert, hier formte sich der Mensch den Auerochsen zum Rind, hier gab er ihm Schaf, Ziege und Schwein als Stallgesellen. Das Zweistromland zwischen Euphrat und Tigris ist der Quell unserer Zivilisation. „Unsere Urahnen haben in dieser Region begonnen, sich die Erde untertan zu machen", so der Berliner Archäologe Klaus Schmidt. [...]

Noch sind sie stark, die Jäger, aber sie stehen schon „staunend vor den Toren des Paradieses, als sie in Adam den ersten Bauern erblicken", schreibt Schmidt [...].

Mit der Vertreibung aus dem Paradies kamen Mühsal und Schmerz. Eben noch sorgloser Jäger in wildreichen Auen, ist der Mensch nun verurteilt, „im Schweiße seines Angesichts zwischen Disteln und Dornen" seinen Boden zu bestellen. Die Bibel beschreibt die Zivilisierung des Menschen als Strafe. Es kommt der Besitz auf die Welt, es folgen der Streit um Land, Sklaverei und Krieg.

(Kai Strittmatter: Im Auge des Euphrats. Süddeutsche Zeitung, 30 8.2006, S. 8)

„Der Garten Eden",
Linker Flügel des Triptychons „Der Garten der Lüste" (1480–1505),
Hieronymus Bosch (etwa 1450–1516)

A

1. *Arbeitet Ähnlichkeiten sowie Unterschiede zwischen dem Zeitungsbericht und der Erzählung über der Vertreibung aus dem Paradies im Alten Testament (1. Mose 3) heraus. Berücksichtigt dabei auch die Darstellung des Konflikts zwischen Kain und Abel (1. Mose 4).*
2. *Stellt in einer Liste die Unterschiede zwischen den Lebensformen von Jägern und Sammlern einerseits und sesshaften Bauern und Viehzüchtern andererseits einander gegenüber.*

Technik als Voraussetzung oder Zerstörung des „Humanen"?

Das Jahrtausende währende Einwirken des Menschen auf die Natur mittels technischer Erfindungen hat Spuren hinterlassen. Die Beurteilung dieses Prozesses verläuft durchaus kontrovers.

Technik als Ur-Humanum

Q

Die Technik in ihrem Wesen und ihren ersten Ursprüngen hat ihren unbezweifelbaren menschlichen Ort. Sie ist ein Ur-Humanum, so alt wie der Mensch [...]. Der Mensch, der nicht wie das Tier von Natur in eine Umwelt eingepasst ist, sieht sich [...] darauf angewiesen, seine spezifisch menschliche „Welt" der elementaren Natur abzugewinnen und zu gestalten. Das Mittel [dazu] ist die Technik. [...] Technik, als Ausstattung des Lebens, ermöglicht mit der Errichtung eines spezifisch menschlichen Lebensraumes dem Menschen erst ein menschwürdiges Dasein. Sie befreit ihn von dem einfachen Überantwortetsein an die elementaren Kräfte der Natur und gewährleistet ihm statt eines bloßen Vegetierens das eigentliche „Führen seines Lebens". [... Sie ist] Befreiung des Menschen zu sich selbst.

(Wolfgang Schadewaldt: Die Anforderungen der Technik an die Geisteswissenschaften. In: Hellas und Hesperiden. Bd. 2. Artemis, Zürich/Stuttgart 1970, S. 463f.)

Der Mensch: kein denkendes Wesen?

Q

[Mir scheint], dass der Versuch der Natur, auf dieser Erde ein denkendes Wesen hervorzubringen, gescheitert ist. [...] Der Mensch ist in Anbetracht seines Gehirns von seiner Überlegenheit über alle anderen Lebewesen überzeugt; doch ist es zu bezweifeln, ob er in seinem Zustand des Selbstbewusstseins glücklicher ist als die stummen Tiere. Wenige tausend Jahre seiner Geschichte sind bekannt. Sie sind angefüllt mit [...] Ereignissen [und], doch [...] einförmig: Frieden wechselt mit Krieg, Aufbau mit Zerstörung, Wachstum mit Niedergang. [...] Vor etwa 300 Jahren wurden die moderne Naturwissenschaft und Technik geboren. Diese sind seitdem mit ständig zunehmender Geschwindigkeit gewachsen [...] und sie sind im Begriffe, die menschliche Welt in einem Grade umzugestalten, dass sie kaum wiederzuerkennen ist. Aber obgleich dieser Vorgang doch durch den Verstand bewirkt worden ist, wird er nicht durch den Verstand kontrolliert.

(Max Born: Literarische und naturwissenschaftliche Intelligenz. Klett, Stuttgart 1969, S. 179ff.)

A

1. *Arbeitet den Kern der beiden Auffassungen zur Bedeutung der Technik für die Entwicklung des Menschen und die Gestaltung seiner Umwelt heraus und stellt sie gegenüber.*

Natur und Mensch im Hinduismus und Buddhismus

Buddhismus und Hinduismus gehen davon aus, dass alle Wesen, also auch der Mensch, einem ständigen Prozess des Geboren-Werdens und Sterbens unterworfen sind. Da Leben als Leiden verstanden wird, ist es das höchste Ziel, diesen Kreislauf der Wiedergeburten zu durchbrechen und zum Nirvana zu gelangen.

Der Mensch im Kreislauf von Werden und Vergehen

Q

Die Ausgangserkenntnis eines gläubigen Buddhisten ist, dass alles Sein unaufhörlich vergeht und neu entsteht; jedes Wesen ist nur eine vorübergehende Zusammensetzung vergänglicher Daseinsfaktoren (Dharmas). [...] Diesem Gesetz der dauernden Veränderung [...] unterliegen alle Wesen in der Welt: Teufel, Dämonen, Tiere und Menschen, ja selbst die Götter. [...] Weil sich alles im ewigen Kreislauf befindet, kann es keine fest umrissene Schöpfung durch den einen Gott am Anfang der Welt geben [...].

Das Gesetz des Karma besagt, dass jede Tat, jede Handlung vergolten wird: die gute Tat wird gut vergolten, die böse Tat wird mit Schlechtem vergolten – und zwar in diesem oder in einem späteren Leben. [...] In einem hinduistischen Gesetzbuch heißt es [...]: „Ein Mann, welcher Unwahres redet, andere verklagt oder beleidigt oder unsinnig schwatzt, wird von einem wilden Tiere oder Vogel geboren. – Wer gerne nimmt, was ihm nicht gegeben wird, wer fremden Frauen nachgeht, wer tötet, wo es nicht vorgeschrieben ist, der wird von unbeweglichen Wesen geboren."

(Johannes Lähnemann: Weltreligionen im Unterricht. Bd. 1. Göttingen, Vandenhoeck & Ruprecht 1986, S. 240f.)

A

1. *Verdeutlicht die wesentlichen Unterschiede zwischen der buddhistischen Auffassung und der Schöpfungsgeschichte aus dem Alten Testament.*
2. *Welche Folgen hat die Vorstellung vom Kreislauf der Geburten (siehe S. 158 ff.) für das Verhältnis zwischen den Menschen und der Natur, speziell zu den Tieren?*

Schöpfer und Schöpfung im Islam

Die Vorstellung des Islam vom Verhältnis Welt – Gott – Mensch wird bestimmt von der Allmächtigkeit Allahs, der nicht nur alles, was existiert, geschaffen hat, sondern unentwegt weiterhin als Schöpfer tätig ist und somit unmittelbar in das Leben des Menschen eingreift und dieses bestimmt.

Zwischen den biblischen Schöpfungsmythen und den Ausführungen zur Schöpfung im Koran lassen sich sowohl Gemeinsamkeiten als auch Unterschiede feststellen.

Auszüge aus dem Koran

Q

Sehen die Ungläubigen denn nicht, dass der Himmel und die Erde eine einzige dichte Masse [...] waren die Wir spalteten [...], und dass Wir dann aus dem Wasser alles Lebendige entstehen ließen [...]? Und Wir setzten fest gegründete Berge auf die Erde, damit sie nicht mit ihnen wanke. Und Wir machten auf ihr breite Täler als Wege, damit sie sich zurechtfinden. Und Wir machten den Himmel zu einem wohlbehüteten Dach. Und doch kehren sie sich von Seinen Zeichen ab. Und Er ist es, der die Nacht erschuf und den Tag, die Sonne und den Mond. *(Sure 2)*

O ihr Menschen! Fürchtet euren Herrn, der euch aus einem einzigen Wesen erschuf und aus ihm seine Gattin und aus ihnen viele Männer und Frauen entstehen ließ. *(Sure 4)*

Er hat den Menschen aus einem Samentropfen erschaffen. [...] Er schuf die Tiere für euch. Sie liefern euch Wärme und anderen Nutzen, und ihr nährt euch von ihnen. Und ihr erfreut euch an ihrer Schönheit, wenn ihr sie abends eintreibt und morgens austreibt. Und sie tragen eure Lasten. [...] Und Er erschuf die Pferde und die Kamele und die Esel, damit ihr auf ihnen reitet und zum Schmuck. Und Er wird (manches) erschaffen, wo ihr (heute) nichts wisst. *(Sure 16)*

Allah ist es, der die Himmel und die Erde und was zwischen beiden ist in sechs Tagen erschaffen hat. Dann setzte Er sich auf den Thron. *(Sure 32)*

Der alle Dinge aufs Beste erschaffen hat. Zunächst formte er den Menschen aus Lehm. Dann bildete Er seine Nachkommen aus dem Tropfen einer verächtlichen wässerigen Flüssigkeit; dann formte Er ihn und blies von Seinem Geist in ihn. Und Er gab auch Gehör, Gesicht, Gefühl und Verstand. *(Sure 32)*

A

1. *Arbeitet die Übereinstimmungen und Unterschiede zwischen den Schöpfungsberichten des Alten Testaments und des Korans heraus.*
2. *Fasst in geeigneter Form (z.B. tabellarisch) alle bisher erörterten Vorstellungen über die Entstehung der Natur und des Menschen zusammen.*
3. *Erstellt unter Beachtung dessen, was ihr bereits wisst, einen eigenen Auftrag für die Menschheit.*

8.3 Natur: Bedrohung, Idylle oder Objekt der Begierde?

„Vermenschlichte“ Natur

Um seine Bedürfnisse immer besser befriedigen zu können, ist der Mensch auf Energie und Technik, also die Gaben des Prometheus*, angewiesen. Mit ihrer Hilfe bringt er die Naturressourcen in eine für ihn zuträglichere Form: Das gebratene Fleisch eines Tieres ist schmackhafter als das rohe, das aus Metall geschmiedete Werkzeug ist stabiler als Instrumente aus Knochen oder Stein. Was aber hat das für Folgen für das Verhältnis zwischen Mensch und Natur?

Q

Gefunden

Ich ging im Walde
So für mich hin,
Und nichts zu suchen,
Das war mein Sinn.

Im Schatten sah ich
Ein Blümlein stehn,
Wie Sterne leuchtend,
Wie Äuglein schön.

Ich wollt es brechen,
Da sagt' es fein:
Soll ich zum Welken
Gebrochen sein?

Ich grub's mit allen
Würzlein aus,
Zum Garten trug ich's
Am hübschen Haus.

Und pflanzt' es wieder
Am stillen Ort;
Nun zweigt es immer
Und blüht so fort.

(Johann Wolfgang v. Goethe)

Der Mensch begegnet in der Natur nur noch sich selbst

Früher war der Mensch durch wilde Tiere, durch Krankheiten, Hunger, Kälte und andere Naturgewalten bedroht, und in diesem Streit bedeutete jede Ausweitung der Technik eine Stärkung der Stellung des Menschen, also einen Fortschritt. [... D]ie von Lebewesen aller Art bewohnte Natur war ein Reich, das nach seinen eigenen Gesetzen lebte und in das er sich mit seinem Leben irgendwie einzuordnen hatte. In unserer Zeit aber leben wir in einer von Menschen so völlig verwandelten Welt, dass wir überall, ob wir nun mit den Apparaten des täglichen Lebens umgehen, ob wir eine mit Maschinen zubereitete Nahrung zu uns nehmen oder die von Menschen verwandelte Landschaft durchschreiten, immer wieder [...] nur noch uns selbst begegnen.

(Werner Heisenberg: Das Naturbild der heutigen Physik. In: Ders.: Gesammelte Werke. Bd. 1. Rowohlt, Reinbek 1968, S. 410ff.)

A

1. *Erstellt eine Collage mit Beispielen, welche die Gestaltung der Natur durch den Menschen verdeutlicht. Ist das „Natur“? Oder ist Natur nur das, was vom Menschen nicht beeinflusst worden ist? Gibt es in eurer näheren Umgebung noch vom Menschen unbeeinflusste Natur?*
2. *Erklärt den Unterschied zwischen „Natur“ und „Landschaft“.*

Natur als Idylle oder Bedrohung

Viele Menschen sehnen sich nach der unberührten, heilen Natur. Eine radikale Gegenposition formuliert der Philosoph John Stuart Mill (1806–1873).

Die Natur: eine heimtückische Mörderin?

Q

Um es ohne Umschweife zu sagen: fast alles, wofür die Menschen, wenn sie es sich gegenseitig antun, gehängt oder ins Gefängnis geworfen werden, tut die Natur so gut wie alle Tage. [...] Wenn wir den Begriff „Mord" einmal nur für das gelten lassen, was eine gewisse, dem menschlichen Leben vermeintlich gewährte Frist abkürzt, so mordet die Natur die überwiegende Mehrzahl aller lebenden Wesen, und zwar auf dieselben gewaltsamen und heimtückischen Weisen, mit denen die schlechtesten Menschen anderen das Leben nehmen. Sie pfählt Menschen, zermalmt sie, wie wenn sie aufs Rad geflochten wären, wirft sie wilden Tieren zur Beute vor, verbrennt sie, steinigt sie wie den ersten christlichen Märtyrer, lässt sie verhungern und erfrieren, tötet sie durch das rasche oder schleichende Gift ihrer Ausdünstungen und hat noch hundert andere scheußliche Todesarten in Reserve [...]. All das tut die Natur mit der hochmütigsten Missachtung aller Barmherzigkeit und Gerechtigkeit. [...] Dem Töten steht der Raub an den zum Leben notwendigen Mitteln nicht viel nach [...]. Ein einziger Orkan zerstört die Hoffnungen eines ganzen Jahres; ein Heuschreckenschwarm oder eine Überschwemmung verheeren eine ganze Provinz; [...] die Fluten des Meeres rauben wie Banditen die Schätze der Reichen und die geringe Habe der Armen, und unter demselben Plündern, Verwüsten und Morden wie ihre menschlichen Entsprechungen. [...] Da die natürliche Weltordnung voll von Dingen ist, die, wenn sie von Menschen begangen werden, als die größten Ungeheuerlichkeiten gelten, kann es keine religiöse oder moralische Pflicht für uns sein, unsere Handlungen in Analogie zum Lauf der Natur einzurichten.

(John Stuart Mill: Natur. In: Gregor Schiemann (Hg.): Was ist Natur? dtv, München 1996, S. 223–225)

A

1. *Vergleicht die Aussage des Bildes mit der des Textes von Mill.*
2. *Mill benutzt zur Charakteristik der Natur bestimmte Begriffe. Stellt diese in einer Liste zusammen und überlegt, ob ihr die Natur ebenso charakterisieren würdet.*
3. *Auf welche Art von Naturbedrohungen spielt Mill an, denen Menschen auch heute noch ausgeliefert sind?*
4. *Formuliert auf diese „Anklage" eine „Verteidigung" der Natur.*

Die Elbe: Biosphärenreservat oder Katastrophenfluss?

Naturkatastrophen hat es immer gegeben, doch sie scheinen mehr und heftiger zu werden. Diskutiert wird auch die Frage, welchen Anteil der Mensch daran hat.

Und dann kam „Ilse“

Q Die Katastrophe beginnt mit Ilse und Hanne. So heißen zwei ungewöhnliche Tiefs. [...] Bei einem Regensturm tropischen Ausmaßes stürzen am Montag, 12. August 2002, stündlich 30 Liter Regen vom Himmel. Die Wassermassen lassen die Elbe und ihre Nebenflüsse anschwellen. [...] In Deutschland sind über 330.000 Menschen betroffen, knapp eine Million bringt sich in Sicherheit, es gibt 21 Todesopfer. Das Elbhochwasser 2002 ist eine der größten Naturkatastrophen in Deutschland seit dem Mittelalter. [...] Droht ein Hochwasser wie das im August 2002 nur alle paar hundert Jahre oder häufiger? Was ist mit dem Klimawandel? „Wenn es zu einem Temperaturanstieg kommt, könnte die Zahl der Sturzfluten im Sommer steigen“, so der Katastrophenforscher bei der Allianz Re, David Maréchal.

(Süddeutsche Zeitung, 8.8.2012, S. 24)

Einsperren oder Laufenlassen?

Q Zwei Positionen stehen sich beim Hochwasserschutz an der Elbe gegenüber. Während die eine auf technische Lösungen und vor allem auf die Erhöhung und Verstärkung der Deiche setzt, bevorzugt die andere eine Rückverlegung der Deiche, um dem Fluss bei Hochwasser mehr Raum zu geben. Das zu enge Korsett der Deiche habe im Wesentlichen zu der Katastrophe 2012 beigetragen. Während früher in Deutschland 5 % der Fläche aus Flussauen, die regelmäßig überflutet wurden, bestand, sind heute von diesen Überflutungsflächen an den großen Flüssen nur noch 10 bis 20 % vorhanden.

(Frei nach Hannoversche Allgemeine Zeitung, 11.8.2012 und SZ, 13.8.2012)

A
1. *Recherchiert zu den Vor- und Nachteilen eines a) technischen bzw. b) ökologischen Hochwasserschutzkonzeptes.*
2. *Führt dazu eine Pro-Contra-Debatte durch.*

Flusslandschaft Elbe: Last und Segen

Weite Teile der Elbaue bilden das größte Biosphärenreservat des deutschen Binnenlandes. Biosphärenreservate haben das Ziel, Ökonomie, Ökologie und soziale Belange der Menschen harmonisch zu verzahnen oder zumindest ein Miteinander zu ermöglichen:

Exakt 401 Flusskilometer umfasst das Biosphärenreservat „Flusslandschaft Elbe" […]; über die Hälfte seiner Fläche entfallen auf Sachsen-Anhalt. […] Q

Modellhafte Nachhaltigkeit – das ist kein geringer Anspruch. Wie kann ihm der wirtschaftende Mensch in der „Flusslandschaft Elbe" gerecht werden? Betrachten wir zuerst den Fluss selbst. […] Biosphäre hin oder her, es wurde geschottert und geholzt, begradigt und vertieft, um den wenigen Schiffen eine ganzjährige Wassertiefe von 1,60 m zu garantieren. […] Der erhoffte Aufschwung des Güterverkehrs ließ sich so nicht herbeibauen, die Schiffe wurden von Jahr zu Jahr weniger. […] Unvereinbar mit den Zielen einer Biosphäre ist auch, dass die Behörden vielerorts vorsorglich Weiden und sonstige Ufergehölze roden, damit die Fluten im Falle eines Hochwassers schneller abfließen können. […] Stattdessen zielt ein vorbeugender Hochwasserschutz darauf, mehr Wasser in der Fläche zurückzuhalten. Vorbildlich zeigt dies die Biosphäre mit der Rückverlegung von Deichen im brandenburgischen Lenzen (mit dem BUND* als Partner) und bei Steckby (mit dem WWF*). Hier wurden viele Hundert Hektar einstiger Schwemmfläche wieder mit der Elbe verbunden. Und wie nachhaltig agiert der größte Flächennutzer, die Landwirtschaft, auf seinen 70 % der Biosphäre? Nun, die Verwaltung hätte gern mehr Ökolandbau (nur er verdient das Siegel „nachhaltig") und setzt mit Agrarprogrammen punktuelle Anreize. Doch sie verfügt weder über die Instrumente noch das Geld, um die gerade im Osten riesigen Agrarbetriebe auf den fruchtbaren Aueböden zum Umsteuern zu bewegen, „ein zentrales Dilemma, die Bauern brauchen uns hier weniger", so Guido Puhlmann, Leiter der Biosphärenreservatsverwaltung Mittelelbe.

(Severin Zillich: Flusslandschaft Elbe: Last und Segen. In: BUNDmagazin H. 4/2011, S. 26f.)

1. *Stellt die unterschiedlichen Erwartungen und Interessen hinsichtlich des Biosphärenreservats „Elbe" einander gegenüber.* A

Mensch – Müll – Meer

Die Reise der gelben Plastikenten

Im Januar 1992 verlor ein Frachter aus Hongkong auf seiner Fahrt zu einem Hafen in den USA bei stürmischem Seegang im Ostpazifik einige Container mit bunten Planschtieren aus Plastik. Ein Teil trieb nach Süden, andere wurden in Australien, Indonesien und Südamerika gefunden, eine große Anzahl trieb durch die Beringsee in Richtung Alaska, wieder andere tauchten im Nordatlantik auf; schließlich strandete 2003 eine Plastikente auf den Hebriden, und für den Sommer 2007 wurden die ersten Exemplare an den Küsten Englands erwartet.

(Nach Spiegel-online, 1.7. 2007)

1. Zeichnet eine Reiseroute der Plastiktiere.

Warum Plastik so schädlich ist

Wie lange bleibt eigentlich der Müll im Meer? Diese Frage stellten sich Lukas Pinkenburg und Tobias Hilbinger von der [...] Inselschule Wangerooge und ihr Lehrer, Peter Kuchenbuch. Sie recherchierten im Internet und waren baff, wie lange der Müll im Meer mitunter verbleibt, bis er zumindest optisch nicht mehr zu sehen ist. Plastikmüll kann bis zu 600 Jahre im Meer bleiben, bis er in seine Bestandteile zerfallen ist, stellten die Schüler fest. Der Plastikmüll bereite den Menschen auch danach noch Probleme, da er nicht ganz ungiftig sei, über die Nahrungskette zurückkommen könne, bemerkt Lukas Pinkenburg. „Für die Tiere im Meer ist er eine ständige Bedrohung, viele von ihnen kommen durch ihn zu Tode."

(Nach Nordwest Zeitung, 26.5.2007)

Schätzungsweise 20.000 Tonnen Müll landen jedes Jahr in der Nordsee. Hauptverursacher sind nach einem Bericht des Umweltbundesamtes (UBA) aus dem Jahre 2010 die kommerzielle Schifffahrt und die Fischerei. [...] Von 2001 bis 2006 wurde an ausgewählten Nordseestränden die Zusammensetzung des angeschwemmten Mülls untersucht. Pro 100 Meter Küstenlinie fanden sich durchschnittlich 712 Müllteile, davon bestanden 75 Prozent aus Plastik oder Styropor.

(Müllkippe Meer. NABU Bundesverband, Berlin 2011, S. 3)

1. Wangerooger Schüler haben für verschiedene Müllsorten eine Zeitleiste entwickelt, die zeigen soll, wie lange es dauert, bis sich diese jeweils im Meer aufgelöst haben (Papier, Holz, Styropor, Blechdosen, Textilien etc.). Recherchiert diese Daten und gestaltet eine eigene Schautafel mit den entsprechenden Müllbeispielen.

www.nationalparkhaus-wangerooge.de

Das NABU-Projekt: Meere ohne Plastik

Mehr als 6 Millionen Tonnen Abfälle gelangen jedes Jahr in die Ozeane. Umweltschutzverbände versuchen, dieser Entwicklung entgegenzuwirken. So hat der NABU im Sommer 2010 das Projekt „Meere ohne Plastik" gestartet, das vom Bundesumweltministerium und vom Umweltbundesamt finanziell mitgetragen wird. Unter anderem wird die Maßnahme „Fishing-for-Litter" unterstützt, bei der Fischer die Abfälle, die sich in ihren Netzen verfangen, an Bord sammeln und dann in den Häfen kostenlos und umweltgerecht entsorgen können.

Was können wir tun? Müll vermeiden, Meere schützen

Q

Jeder kann dazu beitragen, die Meere zukünftig weniger stark zu belasten. Fishing for Litter und lokale Sammelaktionen sind wichtige Initiativen, können regional den Zustand der Meere verbessern und dienen dazu, auch die Bevölkerung für das Thema zu sensibilisieren. Aber das Kernproblem der Meere als Müllkippe lösen sie vermutlich nicht. Deshalb muss bei allen Bemühungen und Initiativen die Abfallvermeidung im Mittelpunkt stehen. Hinter dem Wort Abfallvermeidung verbirgt sich mehr als die nicht gekaufte Plastiktüte. Abfallvermeidung beginnt beim Produktdesign, denn hier werden die Weichen für die Umweltverträglichkeit eines Produktes gestellt. Produkte sollten langlebig, schadstofffrei, reparierbar und gut wiederverwertbar sein.

(Problem Plastik. NABU Bundesverband, Berlin 2011, S. 21)

A

1. *Die Forderungen nach einem nachhaltigen Produktdesign oder umweltverträglichen Produkten könnten durchaus auf unterschiedliche Interessen von Produzenten und Verbrauchern stoßen. Formuliert diese widerstreitenden oder auch ähnlichen Interessen.*
2. *Entwickelt Kriterien, die für euch beim Kauf eines Produktes wichtig sind.*

Ü

3. *Fertigt eine Skizze, welche die Müllanteile pro einem Meter Küstensaum verdeutlicht.*

www.NABU.de/meeresschutz;
www.bmu.de;
www.umweltbundesamt.de

Teller oder Tank

Philosophen und Ökonomen gehen davon aus, dass es ein Grundbedürfnis des Menschen ist, die eigenen Lebensumstände kontinuierlich zu verbessern. Da im Gegensatz zum Tier ein Sättigungsgrad beim Menschen nicht instinktgeregelt ist, ist das Verlangen nach Konsum (und somit nach den damit verbundenen Gütern oder Dienstleistungen) in mehrfacher Hinsicht hemmungs- und grenzenlos. Und dazu braucht der Mensch vor allem eines: ENERGIE

A 1. *Beobachtet (siehe S. 219) euren Verbrauch und haltet in einem Protokoll fest, wie oft, wie lange und in welcher Form ihr an einem Tag Energie direkt genutzt habt (z.B. Duschen, Kochen, Gerätenutzung, Schulweg etc.).*

Ü 2. *Recherchiert den Zusammenhang zwischen Energieverbrauch und Klimabelastung.*

Bioenergie als Ausweg?

Der Belastung des Klimas durch den – mit dem steigenden Energieverbrauch der Menschen verbundenen – klimaschädlichen Ausstoß von CO_2 will die Bundesregierung mit einem deutlichen Ausbau des Anteils erneuerbarer Energien entgegenwirken.

Die Energie vom Acker

Q Die Energie vom Acker, so das Credo der Bundesregierung, solle in den nächsten Jahren zum wichtigen Eckpfeiler der deutschen Energiewende werden. Nachwachsende Rohstoffe aus Pflanzen, Holz oder Stroh würden in immer größerem Ausmaß fossile Energieträger wie Kohle, Öl und Gas ablösen. Schließlich galten sie bislang als klimaneutral und gut speicherbar. Schon heute hat Energie aus Biomasse einen Anteil von 6 Prozent an der Energieversorgung in Deutschland. Bis 2050 soll er sich laut Energiekonzept auf 23 Prozent mehr als verdreifachen [...]. Denn nach einer Vorgabe aus Brüssel müssen die EU-Staaten bis 2020 zehn Prozent der fossilen Kraftstoffe durch Biosprit ersetzen. [...]

Bundesumweltminister Peter Altmaier betonte, dass Bioenergie, besonders Biomasse, für die Strom- und Wärmegewinnung in Biogasanlagen sinnvoll sei. Diese sei „ein sehr vielseitiger und zuverlässiger erneuerbarer Energieträger".

(SZ, 20.8.2012)

A 3. *Recherchiert die aktuellen Bio-Energie-Daten für Sachsen-Anhalt.*

Im Tank der Reichen statt im Bauch der Armen?

Q

Verwüstung: Amerikas Farmer leiden unter der schlimmsten Dürre seit Jahrzehnten. Nicht unser Problem? Da alles mit allem zusammenhängt, kann sich die Welt auf einiges gefasst machen.
(SZ, 31.7.2012)

40 % der US-Maisernte landen im Tank und nicht auf dem Teller.
(SZ, 14.8.2012)

Mit einer Tankfüllung kann man eine Familie ein Jahr lang mit Brot ernähren.
(HAZ, 11.9.2012)

Alarmierend ist für Detlef Virchow, Agrarökonom von der Universität Hohenheim, dass sich der weltweite Getreideverbrauch für Bioethanol seit 2006 mehr als verdoppelt hat. [...] Die USA liegen dabei weit über dem weltweiten Durchschnitt. US-Landwirtschaftsminister Tom Vilsack sieht trotz der Dürre und ihrer verheerenden Folgen keinen Grund für einen Richtungswechsel. „Millionen von Arbeitsplätzen habe die Branche geschaffen".
(SZ, 11.8.2012)

Bioethanol verschärft die Konkurrenz zwischen Tank und Teller.
(SZ, 17.8.2012)

Auch in Indien, Russland und der Ukraine vertrocknet das Getreide auf den Feldern. [...] Die Angst vor neuen Hungerrevolten wächst. Als die Lebensmittelpreise 2007/2008 Höchststände erreichten, gingen die Menschen in vielen ärmeren Ländern auf die Straße. Stark verteuerte Lebensmittel gelten als eine Hauptursache für die Aufstände im arabischen Raum.
(SZ, 14.8.2012)

Niedersachsens Imker blicken schaudernd auf Maisflächen für Biogas: Bienen brauchen blühende Landschaften. [...] Weil die Bauern sich Profit durch Biogas versprechen, wuchern landauf, landab immer neue Maisfelder, oft in gigantischen Dimensionen. Verlierer dieses Trends sind die braun-gelben Nektartrinker: Sie gehen leer aus.
(HAZ, 15.8.2012)

A

1. *Stellt in einer Tabelle die Argumente für und wider den Einsatz von Bioenergie gegenüber. Versucht zu ergründen, welche Ziele/Interessen miteinander kollidieren.*
2. *Diskutiert den Satz: „Wer Energiepflanzen sät, erntet Hunger." (greenpeace)*

8.4 Aspekte nachhaltigen Handelns

Bewusster Konsum, aber wie?

Das Ziel der Produzenten in der Marktwirtschaft besteht darin, einen möglichst hohen Gewinn zu erwirtschaften. Die Erwartung der Konsumenten ist es, dass die gekauften Produkte ihren Zweck erfüllen, der nicht nur in der jeweiligen Funktion besteht, sondern auch psychische Erwartungen erfüllen soll: Konsum als Glücksverheißung ...
Das neue Handy des anderen weckt Bedürfnisse nach mehr, auch wenn das bisherige Gerät noch funktioniert. Und die Werbung steuert unterschwellig diese Bedürfnisse nach Neuem bis hin zur Kaufsucht. Doch das alles kostet nicht nur Geld, sondern geht auch zulasten der Umwelt:

Die Weltreise deiner Jeans

Q

Na, auch 'ne Jeans im Schrank? Die Hosen gehören inzwischen weltweit zu den beliebtesten Kleidungsstücken, aber kaum jemand weiß, wo und wie sie produziert werden [...]: Die Baumwolle für den Stoff wird in Indien auf großen Plantagen angebaut. [...] In China wird die Baumwolle mit Hilfe von Maschinen aus der Schweiz zu Garn versponnen. Seine Farbe erhält der Faden in Taiwan durch chemische Indigofarbe aus Deutschland. Danach wird er in Polen auf deutschen Webmaschinen zu Stoffbahnen verarbeitet. Das Schnittmuster und das Design werden z.B. in Schweden festgelegt. Aus Frankreich werden Washinglabel und Innenfutter geliefert. Dann erst werden die Jeans von Näherinnen auf den Philippinen zusammengenäht. Um den Stone-Washed-Effekt zu erzielen, werden sie anschließend in Griechenland mit Bimssteinen gewaschen. Nun sind die Jeans fertig für den Verkauf in Deutschland. [...]

Die Jeans hat also im Laufe ihrer Produktion schon eine Weltreise gemacht, immer auf der Suche nach den billigsten ArbeiterInnen und den geringsten Sozial- und Umweltstandards.

(KONSUMENSCH. Auf den Spuren nachhaltiger Produkte. Agenda-21-Büro Hannover 2011, S. 4–5)

A

1. *Erstellt einen virtuellen Koffer mit Aufklebern der an der Produktion von Jeans beteiligten Länder.*
2. *Wie viele Kilometer hat die Jeans bis zur Anprobe in einem Kaufhaus ca. zurückgelegt?*

P

3. *Tauschpartys und Internetbörsen sind seit einiger Zeit zunehmend nachgefragte Möglichkeiten, nicht mehr benötigte Kleidungsstücke zu tauschen. Swap-Partys sind „in". Veranstaltet in Absprache mit euren Eltern so eine Party.*

↗ *www.oxfam.de; www.fairwertung.de; www.agenda21.de; www.dailygreen.de*

Armes Schwein, ***oder:*** **Wen essen wir da eigentlich?**

Dass der Konsum von Fleisch immer mit dem Töten von Tieren einhergeht, ist dem Verbraucher normalerweise kaum noch bewusst. Stattdessen gibt es Wurstsorten mit Smiley-Gesicht ...

In den Magen, aus dem Sinn

Q

Der Fleischkonsum der Menschheit nimmt Jahr für Jahr zu. Im Jahre 2009 wurden mehr als 60 Milliarden Landtiere geschlachtet, neun Tiere für jeden [...]. Die globale Nachfrage zu decken ist nur mit Massentierhaltung möglich. [...] Man könnte das, was weltweit Milliarden Kühen, Hühnern und Schweinen widerfährt, einen Krieg von Menschen gegen Tiere nennen. [...] Diese Wesen sterben auf eine Weise, die jeden Schnitzelgenießer empören würde, wären im Keller des Nachbarn ein paar Katzen oder Hamster auf ähnliche Art umgekommen. Aber das Fleisch dieser Wesen schmeckt. [...]

Wo liegen die Grenzen zwischen Mensch und Tier? Wie empfinden Tiere Schmerz? Wie viel Schmerz können wir verursachen und uns trotzdem wohl fühlen?

(Süddeutsche Zeitung, 7.7.2012, S. 18)

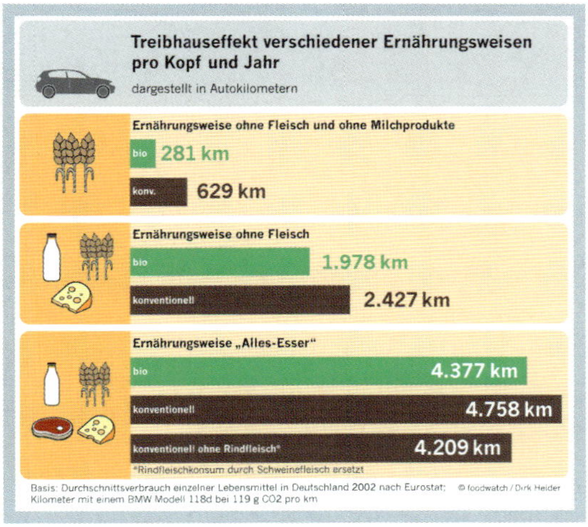

Woher kommt dein Schnitzel?

Q

Nutztiere werden zum Großteil nicht mehr auf Wiesen gehalten. Stattdessen werden die Tiere massenhaft und auf engstem Raum eingepfercht. Sie werden häufig mit billigem Soja aus Brasilien und Argentinien gefüttert, wofür große Regenwaldflächen vernichtet werden. Doch nicht nur Sojabohnen, auch Getreide wird verfüttert. Ca. 50 % der weltweiten Getreideproduktion landet in den Futtertrögen der Rinder, Schweine und Hühner. So wird aus etwa zehn pflanzlichen Kalorien eine Fleischkalorie. Im Jahr 2005 wurden ca. 40 Millionen Tonnen Futtermittel in die EU importiert. Wenn es einen Wandel im Fleischkonsum gäbe, [...] dann könnten statt Futtermittel direkt Nahrungsmittel für Menschen angebaut werden und so zusätzlich eine Milliarde Menschen ernährt werden.

(KONSUMENSCH. a.a.O., S. 22)

A

1. *Sucht gemeinsam nach Antworten auf die Frage, ob auch Tiere Schmerz empfinden, wo überhaupt die Grenze zwischen Mensch und Tier liegt.*
2. *Ist die Unterscheidung zwischen Haus-, Nutz- und Wildtier gerechtfertigt?*
3. *Fasst zusammen, welche Argumente gegen eine Massentierhaltung sprechen.*

www.waterfootprint.org; www.albert-schweitzerstiftung.de/nutztiere; www.vgtm.de

Veggietag: Ausdruck bewusster Lebensführung oder Einschränkung der Freiheit?

Pro Veggietag

Q Die globale Tierhaltung verursacht ca. 18 Prozent der treibhauswirksamen Gase – mehr als der weltweite Verkehrssektor. Würden alle 1,1 Mio. EinwohnerInnen der Stadt und Region Hannover pro Woche einen Veggietag einlegen, entspräche dies einer jährlichen Einsparung der Klimagase von rund 80.000 Autos. Der CO_2-Aufwand für 1 kg Rindfleisch entspricht dem von 70 km [...]. In Deutschland verzehren die Menschen ein Vielfaches der empfohlenen wöchentlichen Menge von 300–600 g Fleisch. Ein vegetarischer Tag pro Woche mit frischem Gemüse, Salaten und Getreide ist ein wichtiger Schritt zu einer ausgewogenen Ernährung. So fördert ein Veggietag Wohlbefinden, Gesundheit und den Ess-Genuss. Für die anderen Tage empfehlen wir bei Bedarf Fleisch aus artgerechter, nachhaltiger oder ökologischer regionaler Landwirtschaft. [...] Der Veggietag ist ein Beitrag für Klimaschutz, Gesundheit und nachhaltige Landwirtschaft sowie für Tierschutz und Verbrauchersicherheit.

(Broschüre „Veggietag Hannover". Hannover, H. 7/2012)

Contra-Argumente

Der Parteivorsitzende der FDP zum Veggietag:

Q Kennen Sie den Veggieday, also den vegetarischen Tag, auch beschlossen von den Grünen und umgesetzt von Rot-Grün in Bremen. Das bedeutet, dass in keiner Küche, keiner Gastronomie an einem bestimmten Tag dann Gerichte mit Fleisch gekocht und ausgeteilt werden dürfen. [...] Mit Freiheit hat das nichts zu tun, liebe Freundinnen und Freunde.

(Philip Rösler: Rede auf dem 62. Bundesparteitag der FDP 12./13.5.2011 in Rostock, www.fdp.de/files/1339, Rede Rösler)

A

1. *Verdeutlicht den Zusammenhang zwischen dem Fleischverbrauch des Menschen und der Belastung der Umwelt.*
2. *Beobachtet und protokolliert (siehe S. 219) euren Fleischkonsum über den Zeitraum von einer Woche.*
3. *Was spricht aus eurer Sicht für oder gegen die Einführung eines Veggietages in der Woche an eurer Schule oder in der Familie? Führt eine Umfrage (siehe S. 55) dazu durch.*

↗ *www.veggietag-hannover.de*

Von der Wachstums- zur Wegwerfgesellschaft

Bei zahlreichen Gegenständen unseres täglichen Gebrauchs ist das Wegwerfdatum faktisch vorprogrammiert. Die nächste Mode, auf Verschleißanfälligkeit hergestellte Produkte ... erhöhen den Umsatz der Unternehmen und vor allem: die Müllberge. Das gilt, Tendenz steigend, auch für Nahrungsmittel. Pro Jahr kippt jeder Bundesbürger allein zwei voll gepackte Einkaufswagen in die Abfalltonne.

Reif für die Tonne

Q

In unserer Überflussgesellschaft ist es selbstverständlich geworden, auch verderbliche Lebensmittel jederzeit und in großer Auswahl frisch angeboten zu bekommen. Die Schattenseite: Unmengen Essbares wandern täglich in den Müll. Die Verschwendung von Lebensmitteln gehört zum Alltag reicher Nationen. Doch ethisch ist es kaum zu vertreten, Millionen Tonnen Essbares wegzuschmeißen, während anderswo die Menschen Hunger leiden. Und dann die Umwelt: Fast jedes Nahrungsmittel hat eine lange Reise hinter sich, es wurde angebaut, geerntet, verarbeitet, transportiert ... Das kostet viel Energie und Ressourcen. Allein wir Deutschen werfen jedes Jahr 20 Millionen Tonnen Lebensmittel weg. [...] Das Problem beginnt bereits auf dem Feld: Normen für Größe und Aussehen verhindern, dass alle Ackerfrüchte in den Handel gelangen. 10 bis maximal 50 Prozent einer Ernte bleiben unverkäuflich. Groß- und Einzelhandel „filtern" ein zweites Mal. Nicht selten wandern ganze Paletten in den Müll, weil einzelne Früchte nicht mehr frisch erscheinen.

(BUNDmagazin, H. 3/2012, S. 28)

A

1. *Gebt Verbrauchertipps „Wider die Verschwendung". Was lässt sich auf die Situation in der Schule (Stichwort: Pausenbrot) anwenden?*
2. *„Im Supermarkt wähle ich die Produkte mit der längsten Haltbarkeit – selbst wenn ich davon ausgehe, dass ich sie in den nächsten Tagen verbrauche. Ist das legitim, oder soll ich eher zu Waren greifen, die bald ablaufen?", fragt ein Leser einer Tageszeitung in der Rubrik „Gewissensfrage". Formuliert schriftlich eine Antwort.*

Verzicht als Lebensstil?

Die Schülerinnen und Schüler einer 6. Klasse haben ihre Zimmer aufgeräumt und dabei ihre Spielsachen gezählt. Im Durchschnitt kam jeder von ihnen auf 170 Spielzeuge: Die meisten dachten übrigens, dass sie viel weniger hätten, da nur ein geringer Teil regelmäßig genutzt wurde. Zwei von ihnen haben eine Woche lang ausprobiert, ohne bestimmte Gegenstände oder Taschengeld auszukommen.

Verzichten als Selbstversuch

Q

Paul verzichtet eine Woche lang auf Nintendo, Handy und Hörspiele. Er resümiert: Bewusst verzichtet habe ich noch nie. Das Handy benutze ich sowieso kaum (1.Tag). Am meisten fehlt mir mein CD-Player, weil ich abends immer Harry-Potter-CDs zum Einschlafen höre. Jetzt muss ich lesen. Das ist anstrengender und ich schlafe schlechter ein (2. Tag). Vorhin war ich mit meinem Freund Schlittschuhlaufen. Da hätte ich gern mein Handy dabei gehabt, um Musik zu hören. So habe ich gehört, was mein Freund sagt (3. Tag).

Mir ist in der Woche bewusst geworden, wie oft man elektronische Geräte braucht, nämlich ziemlich oft. Ich freue mich darauf, wenn die Woche um ist und ich endlich wieder meine CDs hören kann.

Q

Anna verzichtet eine Woche auf ihr Taschengeld und damit auch aufs Einkaufen. Sie notiert: Der Tag war ein bisschen doof. Die Schule war ganz okay, aber nachmittags sind die anderen ins Kino gegangen. Ich war enttäuscht. Ich finde, wir hätten auch was machen können, wofür man kein Geld braucht, Rodeln zum Beispiel. Ich habe dann für die Schule gelernt, fühlte mich aber einsamer als sonst (3. Tag). Nach der Schule habe ich heute ein Buch gelesen: „Herr der Diebe". Darin geht es um eine Kinderbande. Die haben auch kein Geld. Da kann ich mich gut einfühlen. Nur dass ich nicht klaue (6. Tag).

In dieser Woche ist mir aufgefallen, dass man sich ohne Geld viel mehr mit sich selbst beschäftigen muss und sich nicht so bespaßen lassen kann. Vermisst habe ich, mit meinen Freunden ausgehen zu können (7. Tag).

(Frei nach SZ für Kinder, Ausgabe 9, 3/2012, S. 21)

A

1. *Erstellt eine Liste eurer Spielzeuge/elektronischer Geräte. Wie viele davon scheinen entbehrlich?*
2. *Vergleicht die Erfahrungsberichte und arbeitet Ähnlichkeiten bzw. Unterschiede heraus.*
3. *Wovon hängt es ab, ob „Verzichten" leicht- oder schwerfällt?*

P

4. *Führt einen ähnlichen Selbstversuch durch, eine Woche bewusst auf etwas zu verzichten. Beobachtet euch dabei (siehe S. 219), protokolliert eure Erfahrungen an den einzelnen Tagen. Formuliert einen abschließenden Erfahrungsbericht für die Schülerzeitung. Diskutiert eure Erfahrungen.*

Andere Formen des Gebrauchens

Es gibt verschiedene Möglichkeiten, seinen persönlichen CO_2-Abdruck zu reduzieren. Man kann Dinge gemeinsam mit anderen nutzen oder nicht benötigte Dinge verschenken oder recyceln: Handys zum Beispiel.

Das Handy als Schatztruhe

Q

Immer nur Nehmen, Nehmen, Nehmen und dann Wegschmeißen geht auf Dauer nicht gut. Das leuchtet sofort ein, aber richtig bewusst ist es mir erst dank einer Projektwoche in unserer Schule geworden. Es ging ums Thema Nachhaltigkeit, als uns auffiel, dass wir alle noch mindestens ein altes Handy in der Schublade liegen hatten. Handys sind voll von kostbaren Rohstoffen wie Gold, Silber und Palladium. Bei weit mehr als 72 Millionen ungenutzten Handys allein in Deutschland ist das ein enormer Vorrat an Wertstoffen, den wir einfach links liegen lassen [...]. Deshalb haben wir es uns zur Aufgabe gemacht, alte Handys zu sammeln und zu recyceln. Dazu stehen an unserer Schule und in vielen Geschäften in Hamburg Sammelboxen, die wir selbst gestaltet haben.

(reif – Das Jugendmagazin, H. 4, Bonn 2012, S. 25)

Teilen statt allein besitzen

Q

Wer mit dem Internet aufgewachsen ist, hat Teilen als etwas Selbstverständliches erfahren. Musik, Filme, Texte, das alles lässt sich ohne Qualitätsverlust verschicken, verschenken, mit andern gemeinsam nutzen. [...] So setzt sich die Erkenntnis durch, dass nicht die Produkte selbst wichtig sind, sondern der Nutzen, den sie bieten. [... D]as ist nicht nur vernünftig, es ist auch bequem. Wer mobil sein möchte oder zu sein hat, für den wird Eigentum schnell zum Mühlstein. [...] Wahrscheinlich hat die neue Freude am Teilen auch damit zu tun, dass man einfach ein bisschen gelangweilt vom Kapitalismus alter Prägung ist, und von der irrigen Annahme, dass das Leben ein schöneres wird, wenn man sich nur genug teuren Quatsch kauft. Es geht freilich nicht um die Verweigerung von Konsum. [...] Weniger Eigentum bedeutet erst mal nur, dass die Sehnsucht nach Erleben und Erfahren größer ist als die nach Besitz.

(Cornelius Pollmer: Meins, deins, seins. SZ, 25.8.2012, S. V2/2)

A

1. *Vergleicht die Ansätze und diskutiert deren Vor- und Nachteile.*
2. *Welche der genannten Möglichkeiten ist eher für Jugendliche euren Alters interessant, welche sind eher Empfehlungen für die Erwachsenen?*

Die Grenzen des Wachstums

Bereits in den siebziger Jahren des vorigen Jahrhunderts warnten Wissenschaftler vor den ökologischen Folgen eines unbegrenzten Wirtschaftswachstums. Dennoch betonen auch heutzutage Politiker, nicht zuletzt der Bundeswirtschaftsminister, die Notwendigkeit von Wirtschaftswachstum, um mehr Geld durch Steuereinnahmen in die hoch verschuldeten öffentlichen Kassen zu bekommen und weitere Arbeitsplätze zu schaffen. Doch jedes weitere Wachstum hinterlässt einen tieferen ökologischen Fußabdruck.

Q

Bei dem immens hohen materiellen Wohlstandsniveau, das die früh industrialisierten Länder in den zurückliegenden 250 Jahren erreicht haben, braucht auch dann keiner hungern und zu frieren oder unbehaust oder ungebildet zu bleiben, wenn dieses Niveau nicht weiter steigt oder sogar messbar sinkt. Wirtschaftete beispielsweise ein Land wie Deutschland heute innerhalb der Tragfähigkeitsgrenzen der Erde, betriebe es also keinen Raubbau und beteiligte sich nicht an der Zerstörung der Lebensgrundlagen, stünden pro Kopf der Bevölkerung etwa 40 Prozent der derzeitigen Güter- und Dienstemenge zur Verfügung.

Der großen Mehrheit ist das ein Horrorszenario, dessen Verwirklichung sie mit allen Mitteln zu verhindern sucht. Und es stimmt ja: Ein erstrebenswertes Ziel ist dies nicht, weshalb auch alle Anstrengungen unternommen werden sollen, durch mehr Wissen und Können den Wohlstand zu steigern. Nur, als Anfang der 1960er Jahre just jene 40 Prozent erwirtschaftet wurden, galt Deutschland als Wirtschaftswunderland und seine Bürgerinnen und Bürger als Wohlstandsbürger, die Ludwig Erhard zum Maßhalten aufrief.

Seitdem sind die Menschen nicht hungriger oder unbehauster geworden. Ihre Mägen und Truhen sind voller als jemals zuvor. Verändert haben sich lediglich ihre Einstellungen, ihre Mentalitäten. [...] Immer größere Teile ihres Verbrauchs dienen der Befriedigung unhinterfragter Gewohnheiten und persönlicher Eitelkeiten, der Selbstdarstellung und der Konkurrenz mit andern. Dafür wird die Erde ausgeplündert und die Gefahr eines Kollapses heraufbeschworen [...]. Wirklichen Verzicht braucht auf absehbare Zeit kaum einer zu üben, vor allem, wenn der materielle Wohlstand künftig gleichmäßiger verteilt wird als bisher."

(Meinhard Miegel: Welches Wachstum und welchen Wohlstand wollen wir? In: Aus Politik und Zeitgeschichte, H. 27/28/2012, S. 7)

„Ich kaufe wenig. Also das heißt, ich lasse meine Frau einkaufen"

A

1. *Der Autor kritisiert bestimmte Formen des Konsums. Nennt dafür Beispiele.*
2. *Der Volkswirt und Attac-Berater Niko Paech formuliert: „Viel Geld haben und nachhaltig zu leben, ist ein Unding." Erarbeitet Argumente für und wider diese Aussage.*
3. *Ihr seid in den Materialien mehrfach dem Begriff „Nachhaltigkeit" begegnet. Entwerft eine Mindmap zu diesem Begriff.*

Die Beobachtung

M

Als Methode wissenschaftlichen Arbeitens basiert die Beobachtung auf der sinnlichen Wahrnehmung, sie geht jedoch über Alltagswahrnehmungen hinaus.

Mit ihrer Hilfe können komplexe Sachverhalte (etwa Verhaltensmuster von Personen in konkreten Situationen) erfasst werden. Bei der Bestimmung des Beobachtungsziels muss beachtet werden, dass nur solche Gegenstände ausgewählt werden, die auch tatsächlich beobachtbar sind. Gefühle oder Handlungsmotive beispielsweise sind schwerlich beobachtbar.

Während bei Alltagsbeobachtungen oft nur Auffälligkeiten registriert werden, geht es beim wissenschaftlichen Beobachten jedoch darum, die ganze Komplexität von Sachverhalten zu erfassen. Deshalb bedarf es im Vorfeld einer genauen Festlegung, was zu beobachten ist *(Beobachtungsziel)* und eines geübten Beobachters, der auch scheinbar unbedeutende Details beachtet, festhält und sich nicht ablenken lässt.
Es ist festzulegen:

› *wer*
› *was*
› *wo*
› *über welchen Zeitraum hinweg*
› *wie (offen oder verdeckt)*

wird beobachtet?

Es gibt unterschiedliche Formen der Beobachtung:

› *Selbst-* (z.B. ein Tagesprotokoll über alle im Laufe eines Tages vollzogenen Aktivitäten) und *Fremdbeobachtung*
› *teilnehmende* (z.B. wer aus meiner Klasse spricht mich im Laufe eines Schultages an) und *nicht teilnehmende* Beobachtung (ein Außenstehender registriert, wer mit wem wie oft an einem Schultag kommuniziert)

Die Beobachtungen müssen sorgfältig protokolliert und nach Abschluss des Beobachtungsvorgangs systematisch im Hinblick auf die formulierte Aufgabe ausgewertet werden.

Ü

Beobachtet und protokolliert über den Zeitraum von drei Tagen, worin sich im Alltag die Gleichberechtigung bzw. die Ungleichberechtigung der Geschlechter (siehe auch S. 124 ff.) zeigt.

› *Legt zuerst fest, was ihr wo beobachten wollt. Verständigt euch dazu über die Aussagefähigkeit der von euch gewählten Beobachtungsobjekte hinsichtlich des gestellten Ziels.*
› *Führt die Beobachtung durch und haltet die von euch gefundenen Indizien fest.*
› *Ordnet dann die Indizien in einer Tabelle. Welche stehen für Gleichberechtigung und welche für Ungleichberechtigung?*
› *Fasst dann das Ergebnis eurer Beobachtung in einem prägnanten Satz zusammen.*

Anhang

Glossar

Ahimsa bedeutet Nichtverletzen und Gewaltlosigkeit jedem Lebewesen gegenüber.

Aigeus Einer Sage entsprechend ist er der König von Athen.

Aischylos (524–456 v.u.Z.) Schöpfer der antiken Tragödie. In seinen Werken werden wichtige mythische Überlieferungen thematisiert, so auch das Schicksal des ››› *Prometheus*.

All-Aussage Eine Behauptung über Merkmale einer bestimmten Klasse von Erkenntnisgegenständen (z.B. Stühle, Schwäne oder Menschen), die für sämtliche (alle) Objekte, die unter diese Klasse fallen, ohne Ausnahme gelten soll.

Apollon ist der Gott der Künste und des Lichts.

Archaeen (griech.): Von den Bakterien zu unterscheidende ursprüngliche Lebensform.

Askese ist die meist religiös begründete Einschränkung oder strenge Enthaltsamkeit von Essen und Trinken, Kleidung, Besitz, Sex, Schlaf oder Wohnung; Menschen, die danach leben, nennt man Asketen.

Athene Tochter des ››› *Zeus*, Schutzherrin der Helden, der Städte, des Ackerbaus, der Wissenschaft und Künste.

Atman ist nach hinduistischer Auffassung das unveränderliche und unsterbliche Selbst des Menschen, das man auch als Seele bezeichnen könnte.

Attika ist die südöstliche Halbinsel Griechenlands mit der Hauptstadt Athen.

Autonomie bedeutet aus dem Griechischen kommend übersetzt „Selbstgesetzlichkeit". Im Sprachgebrauch steht es aber auch für Unabhängigkeit und Selbstständigkeit und für ein Handeln, das dem eigenen Willen folgt.

Barebacker kommt aus dem Amerikanischen und heißt übersetzt „Reiter ohne Sattel". B. ist ein Teil der Schwulenszene. In ihr treffen sich Schwule (sowohl HIV-positive wie HIV-negative), um ohne Kondom Geschlechtsverkehr (mit dem vollem Risiko, sich mit dem HI-Virus zu infizieren) zu haben.

Barrierefreiheit liegt vor, wenn Gebäude oder technische Geräte so konstruiert sind, dass sie von Menschen mit Behinderung genauso leicht genutzt werden können wie von Menschen ohne Behinderung. Barrierefreiheit ist eine Voraussetzung für die freie Entfaltung der Persönlichkeit.

Bedürfnispyramide Der Psychologe Harold Maslow (1908–1970) entwickelte ein Modell menschlicher Bedürfnisse. Er ordnete diese stufenförmig in einer Pyramide an. Das Fundament bilden die Grundbedürfnisse. Auf den nächsten Stufen folgen Gemeinschaftsbedürfnisse, kulturelle und schließlich – in der Spitze der Pyramide – Selbstverwirklichungsbedürfnisse. Nach Maslows Auffassung bauen die Stufen aufeinander auf. Erst wenn die Bedürfnisse der vorigen Stufen erfüllt sind, entstehen die nächsten.

Berufsrolle Unter einer „sozialen Rolle" werden in der Soziologie besondere Verhaltensanforderungen an das Individuum, die durch dessen Platz im System der sozialen Arbeitsteilung bedingt sind, verstanden. Mit „Berufsrolle" sind folglich die spezifischen Verhaltensstandards, die der jeweilige Beruf mit sich bringt, gemeint.

Bilddiktat Ein Schüler aus der Klasse hält das Originalbild „Hauptweg und Nebenwege" von Paul Klee in der Hand, die anderen sehen es nicht. Er beschreibt seinen Mitschülern das Gemälde und diese versuchen es nach der Beschreibung (dem Diktat) nachzuzeichnen.

Brahma ist ein hinduistischer Schöpfergott, der mit ››› *Vishnu* und ››› *Shiva* eine göttliche Dreiheit bildet. Er wird heute nur noch wenig verehrt.

Buddha heißt „der Erleuchtete" und ist ein Ehrentitel für Siddhartha Gautama, den Begründer des Buddhismus.

BUND steht als Abkürzung für: Bund für Umwelt und Naturschutz Deutschland, eine Umweltschutzorganisation.

Bürgerliches Gesetzbuch Aus dem Jahre 1896 stammendes, für Deutschland in modifizierter Form bis heute geltendes Gesetzbuch, dass die privaten Beziehungen zwischen Bürgern rechtlich regelt. Dazu gehören etwa Regelungen über die Geschäftsfähigkeit, Regelungen zum Vertrags-, Eigentums- und Familienrecht.

Dharma heißt wörtlich „das, was trägt"; im Hinduismus bedeutet Dharma Gesetz, Recht, Ordnung, Wahrheit, Sitte, Tugend, Pflicht und auch Religion; im Buddhismus bezeichnet dieser Begriff die Lehre des ››› *Buddha*.

Distribution bedeutet aus dem Lat. kommend „Verteilung".

Erotik bezeichnet, abgeleitet vom griech. „Eros" = „Liebe", die Sinnlichkeit und die menschliche Verfeinerung des Sexualtriebs.

Eukaryonten (griech.) Zusammenfassende Bezeichnung für alle Organismen, deren Zellen einen echten Zellkern besitzen.

Freedom House Es handelt sich um eine internationale Nichtregierungsorganisation mit Sitz in Washington, deren Ziel es ist, das Modell liberaler Demokratie weltweit zu fördern. Sie veröffentlicht seit 1973 jährlich den Bericht „Freedom in the World".

Freiheitsrechte Die allen Menschen zustehenden Grundrechte, die mit der freien Entfaltung der Persönlichkeit zu tun haben, u.a. Meinungsfreiheit, Religionsfreiheit, Berufsfreiheit. In der Bundesrepublik Deutschland sind die Freiheitsrechte durch das Grundgesetz garantiert.

Fünf-Satz Der Fünf-Satz ist ein Argumentationsmuster, das sich gut an der eigenen Hand verfolgen lässt, da es aus fünf Bestandteilen besteht. Diese sind 1. die Behauptung („Ich bin der Meinung, dass ..."), 2. die Begründung („Denn ..."), 3. eine Erläuterung („Wenn beispielsweise ..."), 4. ein Fazit („Also ...") und 5. ein Appell („Daher sollte ...").

Glück Das Wort „Glück" bezeichnet im Deutschen sowohl den günstigen Zufall als auch einen Zustand des Wohlergehens, das *Glückhaben* oder *Glücklichsein*.

Hephaistos Gott des Feuers, der Schmiede und des Kunsthandwerks, (hinkender) Sohn von Zeus und Hera. Diese schämte sich wegen seiner Missbildung und schleuderte ihn nach seiner Geburt ins Meer, wo er jedoch von Töchtern des Okeanos gerettet und neun Jahre lang gepflegt wurde.

Hesiod war ein griechischer Dichter, der etwa um 700 v.u.Z. lebte. In seiner „Theogonie" schuf er ein Gesamtsystem der griechischen Götterwelt, indem er die überlieferten Mythen miteinander verknüpfte.

HI-Virus (HIV) HIV ist eine Abkürzung für „Human Immunodeficency Virus", auf deutsch: menschliches Immunschwäche-Virus.

Homer gilt als der bedeutendste griechische Dichter der Antike. Seine genauen Lebensdaten sind nicht bekannt, man geht davon aus, dass er in der zweiten Hälfte des 8. Jh. v.u.Z. lebte. Die bis heute bekanntesten Werke Homers sind die Erzählungen „Iliás" und „Odyssee".

Intention Die der Handlung zugrunde liegende Handlungsabsicht, die über die (moralische) Qualität der Handlung entscheidet.

Institution Darunter versteht man öffentliche Einrichtungen, die das gesellschaftliche Zusammenleben regeln. Unter anderem zählen dazu juristische Gesetze und staatliche Einrichtungen.

Karma bedeutet „Tat" oder „Handlung" und bezeichnet in Hinduismus und Buddhismus das Gesetz der Ursächlichkeit. Jede Tat hat eine Ursache und Folgen für die Zukunft. Das Karma hängt eng mit der Lehre von ››› *Samsara* zusammen.

Kastenwesen bezeichnet im Hinduismus die Einteilung der Menschen in verschiedene Gruppen (Kasten): Brahmanen (Priester), Kshatriyas (Krieger und Adlige), Vaishyas (Handwerker und Händler) und Shudras (Arbeiter). Neben diesen vier Kasten gibt es noch Kastenlose; das Kastenwesen wurde 1949 offiziell abgeschafft.

Kommunitarismus Am Ende des vorigen Jahrhunderts zunächst in den USA entstandene Richtung der modernen Ethik und Sozialwissenschaften, die sich als Korrekturbewegung zu einem überzogenen Individualismus in modernen (westlichen) Gesellschaften versteht. Ein übergreifendes Anliegen besteht darin, die Verantwortung, die Menschen im Rahmen von Gemeinschaften haben, herauszustellen.

Konsens Zustimmung, Übereinstimmung (der Meinungen) zwischen den Beteiligten in Hinsicht auf einen Sachverhalt.

Logos (griech. reden, sprechen) meint Erklärungen mithilfe von Begriffen, Worten, Gedanken, der menschlicher Vernunft.

Makrosoziale Ebene In der modernen Soziologie ist dies die (Analyse-)Ebene der großen Gruppen, der gesellschaftlichen Verhältnisse. Ihr Pendant bildet die Ebene unmittelbarer zwischenmenschlicher Beziehungen (mikrostrukturelle Ebene).

Meditation meint ein konzentriertes Nachdenken oder sinnende Betrachtung, eine meist religiös motivierte Versenkung mit dem Ziel, das Einswerden mit einer Gottheit oder einen vollkommenen Glücks- und Ruhezustand zu erreichen.

Messias (hebr. „Gesalbter") bezeichnet im Judentum den im Alten Testament angekündigten Heilsbringer; im

Christentum ist es ein Ehrentitel Jesu Christi (Christus: griech. „Gesalbter").

Metapher ist ein Sprachbild. Der Begriff Metapher kommt aus dem Altgriechischen *meta pherein* und bedeutet sinngemäß „etwas woanders hin tragen". Die Bedeutung eines Wortes wird dabei woanders hin getragen. Aufgrund einer Ähnlichkeit (z.B. Kribbeln) wird von einem Bildspender (flatternden Schmetterlingen) das Bild zu einem Bildempfänger (Verliebter) getragen, wenn z.B. beim Verliebtsein von „Schmetterlingen im Bauch" die Rede ist.

Moksha heißt „Erlösung" und bedeutet im Hinduismus die Befreiung aus dem ››› *Samsara*.

Monotheismus kommt von „mono" (griech. allein[iger]) und „theos" (griech. Gott). Monotheistische Religionen sind solche, die – im Gegensatz etwa zum Hinduismus, der viele Götter kennt – nur einen einzigen Gott anbeten. Judentum, Christentum und Islam sind monotheistische Religionen.

Mutter Teresa war eine katholische Ordensschwester und Missionarin. Sie lebte von 1910–1997. Sie wirkte vor allem im indischen Kolkata. Für ihre Hilfsprojekte gegenüber Armen und Kranken wurde sie 1979 mit dem Friedensnobelpreis geehrt.

Mythos Aus dem Griechischen kommend, bezeichnet M. die Darstellung von Ur-Erlebnissen, die in Erzählungen oder Bildern überliefert werden und wesentliche (häufig religiöse) Erfahrungen des Menschen mit seiner Wirklichkeit wiedergeben.

Neolithische Revolution Übergang von der aneignenden Lebensform (Jäger und Sammler) zur produktiven Lebensform (Ackerbau und Viehzucht).

Nirvana heißt wörtlich „Erlöschen" oder „Verwehen". Das N. ist das Erlösungsziel der Buddhisten, und bedeutet das Eingehen in einen Zustand, der frei von Hass, Gier und Unwissenheit ist.

Paläoanthropologie Erforschung der stammesgeschichtlichen Entwicklung des Menschen anhand von Fossilienfunden und anderen Daten, die Auskunft geben können über die Geschichte der menschlichen Entwicklung.

Palikanon, auch Tripitaka genannt, ist eine aus drei Teilen bestehende Sammlung der frühesten buddhistischen Schriften.

Partikular heißt, aus dem Lat. kommend, „Teil". Als partikuläre Interessen werden solche bezeichnet, die nicht alle Menschen bzw. das gesellschaftliche Ganze, sondern nur einen Teil betreffen. Das Wort wird auch zur Bezeichnung von Sonderinteressen und Sonderrechten benutzt.

Prometheus gehört zu den Titanen und ist ein Bruder von Epimetheus und Atlas. Als Strafe dafür, dass er vom Olymp das Feuer stahl, um den Menschen das Überleben zu sichern, ließ Zeus ihn an den Kaukasus ketten, wo ein Adler täglich von seiner Leber fraß. Als Kulturbringer wurde er besonders in Athen mit Fackelzügen kultisch verehrt. Von ››› *Aischylos* stammt die Tragödie: „Der gefesselte Prometheus".

Psychoanalyse ist ein von Sigmund Freud (1856–1939) und Josef Breuer (1842–1925) entwickeltes Verfahren, bei dem psychische Störungen (Neurosen) durch das Bewusstmachen von unbewussten und verdrängten Erlebnissen geheilt werden können.

Ritus/Ritual (Pl. Riten) nennt man einen religiösen Brauch bzw. eine kultische Handlung, deren Form, Gestik und Sprache genau festgelegt sind.

Samsara heißt „Wanderung" oder „Umherwandern" und bezeichnet im Hinduismus den Kreislauf der Wiedergeburten.

Sangha bezeichnet die Gemeinde bzw. den Orden des ››› *Buddha*.

Shiva ist der hinduistische Gott der Zerstörung, der mit ››› *Brahma* und ››› *Vishnu* eine göttliche Dreiheit bildet. Seine Anhänger bilden eine der zwei Hauptrichtungen des Hinduismus.

Sinnkrise Eine Sinnkrise bezeichnet einen Zustand höchster Unzufriedenheit mit dem eigenen Leben, seinen Zielen und seinen Werten. Damit einher geht die Suche nach Neuorientierung, nach neuen Wegen und Lebenszielen.

Sophokles (497–406 v.u.Z.) Neben ››› *Aischylos* und Euripides (480–407 v.u.Z.) der dritte große Tragödiendichter der Antike; bekannt wurde er vor allem durch seine Stücke „Antigone" und „König Ödipus".

Spirituell bedeutet übersinnlich oder geistig und bezeichnet einen Raum von „verborgenen Erfahrungen" (z.B. Gott oder das Göttliche), die nicht mit Vernunftmitteln allein erschlossen werden können.

Stalking bezeichnet eine Form der besitzergreifenden (obsessiven) Liebe, bei der der/die Geliebte ständig überwacht, verfolgt und belästigt wird. Die Überwachung und Verfolgung des Liebesobjektes erfolgt auch dann, wenn dieses die Liebe des Stalkers nicht erwidert.

Suizid aus dem Lat. kommend von *sui* = sich selbst und *cidere* = töten. Bezeichnet die vorsätzliche und beabsichtigte Tötung seiner selbst (Selbsttötung). Umgangssprachlich wird der *Suizid* auch als Selbstmord bzw. als Freitod bezeichnet.

Symbol (griech. = das Zusammengebundene) bezeichnete in der Antike in zwei Teile zerbrochene Tontafeln, die als gegenseitiges Erkennungszeichen genutzt wurden. D.h., die Tontafel besaß eine versteckte Bedeutung. Bis heute bestehen S. aus einem sichtbaren und einem unsichtbaren Teil. Der sichtbare verweist den, der ihn zu deuten weiß, auf den unsichtbaren. Ein Autoaufkleber mit einem Stock, um den sich eine Schlange windet, der sog. Äskulapstab, verrät, dass hier ein Arzt im Einsatz ist.

Virtuell ist ein Gegenwort zu „real". Virtuell ist etwas nicht tatsächlich Existierendes, sondern etwas Vorgestelltes, Erdachtes.

Vishnu ist der hinduistische Gott des Erhaltens und Bewahrens, der mit ››› *Brahma* und ››› *Shiva* eine göttliche Dreiheit bildet, seine Anhänger bilden eine der zwei Hauptrichtungen des Hinduismus.

Vorsokratiker eine Gruppe von (vor Sokrates lebenden) Philosophen (ca. 650–500 v.u.Z.), die statt einer mythologischen Weltdeutung die Frage nach einem Ur-Stoff oder Ur-Prinzip als Grundlage aller Existenz bewegt.

WWF steht als Abkürzung für „World Wide Fund For Nature", eine der größten internationalen Naturschutzorganisationen mit einem Netzwerk von Mitarbeitern in über 100 Ländern der Erde.

Zeus oberster Gott auf dem Olymp, Gatte der Göttin Hera, die oft Anlass hatte, auf ihren Mann eifersüchtig zu sein, da er zahlreichen anderen Frauen nachstellte (häufig in anderer Gestalt, z.B. als Stier) und auf eine stolze Zahl berühmter Kinder herabblicken konnte (z.B. Herakles).

Bildtitel zu Seite 8

Der Bildtitel lautet: René Magritte, *Die Beschaffenheit des Menschen*. Es entstand im Jahr 1935.

Bildverzeichnis

S. 8: René Magritte, La condition humaine, © VG Bild-Kunst, Bonn 2017 (l); Konstantin Kamenetskiy/123rf.com (ur); S. 9: Blaj Gabriel/123rf.com (ol); Scott Griessel/123rf.com (or); Copestello/123rf.com (ul); S. 12: Martin Konopka/PantherMedia; S. 14: Frans Hals, 1648 (Foto: André Hatala); Heinz-Jürgen Landshoeft/PantherMedia (u); S. 15: Pshenichka/Fotolia.com; S. 17: Ralph Edney; S. 18: Elena Ivanova/123rf.com; S. 19: imago/Steffen Schellhorn; S. 20: Stephen Hawking, britischer theoretischer Physiker und Astrophysiker (Foto: 20100); S. 21: Marcin Sadlowski/PantherMedia; S. 22: imago/Jens Koehler; S. 23: Igor Zakowski/123rf.com; S. 24: sylverarts/123rf.com (l); Igor Zakowski/PantherMedia (r); Malgorzata Slusarczyk/123rf.com (u); S. 25: Bowie15/123rf.com (o); Designfgb/123rf.com (ur); S. 31: Holger Behrens/PantherMedia; S. 33: maximp/123rf.com (Glas); S. 35: Konur Koldas/123rf.com; S. 36: S_Franky/pixelio.de (HG); Robert Kneschke/PantherMedia (Junge); Determined/Fotolia.com (Bücher); Christian Schwier/PantherMedia (Mädchen); Iakov Filimonov/123rf.com (Edvard Molnar/123rf.com) (Baum); Ottomar Anschütz; S. 38: Klaus Eppele/Fotolia.com; S. 39: Giordano Aita/PantherMedia; S. 40: © Sven Frotscher, Halle; S. 42: Phovoi R./PantherMedia (o); Agencyby/123rf.com (m); MEV-Verlag, Germany/Peter Horn; S. 43: Iryna Rasko/123rf.com; S. 44: Uwe Dreßler/aboutpixel.de (Silhouette); Dl1on/123rf.com (Farbfleck); line-of-sight/Fotolia.com (Bauarbeiter); Robert Kneschke/PantherMedia (Putzen); S. 45: „Das Schlaraffenland" (1567), Pieter Bruegel d.Ä.; S. 46: Bobo/Fotolia.com; S. 47: © Sven Frotscher, Halle/S.; S. 48: © The Munch Museum/The Munch Ellingsen Group/VG Bild-Kunst, Bonn 20117; S. 49: Dietmar Senf, Leipzig 1998; S. 50/51: Petair/Fotolia.com; S. 53: Stockyimages/123rf.com (or); Diavolessa/Fotolia.com; S. 55: Emir Simsek/PantherMedia; S. 56: Artag/123rf.com (Farbklecks); Rick Becker-Leckrone/123rf.com (ol); Ralf Thielicke, 2011 (or); Natalia Bratslavsky/123rf.com (ul); S. 57: Jorgen McLeman/123rf.com; S. 58: Denis Cristo/123.rf (3, o); Konur Koldas/123rf.com (u); S. 59: imago/Friedrich Stark; S. 60: Andreas Schindl/123rf.com (o); S. 61: artag/123rf.com (Fleck); S. 62: Igor Verzhikovskij/123rf.com; S. 64: Okalinichenko/Fotolia.com; S. 65: Christos Georghiou/PantherMedia; S. 68: Nullplus/istockphoto (l); Roxana Gonzalez /123rf.com (m); Eckhard Eibner/PantherMedia; S. 70: Kadir Barcin/istockphoto.com (l); fotoDESIGN, Paul Parzych Hemer/Fotolia.com (ml); Gerhard Redmann/pixelio (mr); Martin J. Small/SoulStealer.co.uk (r); S. 72: Anton Brand/123rf.com; S. 74: Patrick Guenette/123rf.com; S. 75: kzenon/istockphoto.com (ul); Steindy/Österreich (ol); NatUlrich/Fotolia.com (r); S. 76: antoshkaforever/123rf.com; S. 77: Galina Pankratova/123rf.com; S. 81: imago/Susanne Hübner (l); imago/epd (r); S. 82: unter Verwendung eines Bildes von Ken Benner/123rf.com; S. 83: Nejron/123rf.com (o); Cienpies Design/123rf.com (u); S. 86: Kirsty Pargeter/PantherMedia; S. 87: Hatza/123rf.com; S. 90: Nvpswitzerland/GNU-Lizenz; S. 92: Dmitriy Shironosov/PantherMedia; S. 93: Olaf Herschbach/PantherMedia; S. 94: Cathy Yeulet/123rf.com (ol); Dieter Schütz/Pixelio.de (or); Marco Barnbeck/Pixelio.de (mr); Rainer Sturm/Pixelio.de (ul); Günter Wolters/ PantherMedia (ur); S. 96: unter Verwendung eines Fotos von Scott Griessel/123rf.com; S. 98: Scott Griessel, Gennadiy Poznyakov (klein)/123rf.com; S. 99: Robert Kneschke/PantherMedia; S. 100: Dmitriy Shironosov/PantherMedia; S. 101: eyezoom1000/Fotolia.com; S. 103: Hans-Jörg Nisch/Fotolia.com; S. 109: Andersonrise/123rf.com; S. 110: Dietmar Senf, Leipzig; S. 112: unter Verwendung eines Fotos von Viorel Sima/Fotolia.com; S. 114: Zarija Lesjak/123rf.com; S. 115: Yuri Arcurs/123rf.com; S. 118: Galina Peshkova/123rf.com; S. 119: Jacek Chabraszewski/123rf.com; S. 120: Takayukiworld/123rf.com; S. 121: Pogonici/Fotolia.com; S. 123: Ajay Bhaskar/123rf.com; S. 125: unter Verwendung eines Fotos von Kritchanut/123rf.com; S. 127: Jens Brüggemann/123rf.com (o); Monika Wisniewska/PantherMedia; S. 128: Olena Afanasova/PantherMedia (l); Anna Yakimova /123rf.com; S. 129: Macor/123rf.com; S. 131: www.girls-day.de; S. 132: Schwarwel/Fotolia.com; S. 133: Bündnis 90/Die Grünen Baden-Württemberg/CC BY-SA 2.0; S. 134: F. Hartmann, Anton/commons.wikimedia.org; S. 136: Artem Povarov/123rf.com; S. 138: picture alliance/Sven Simon; S. 139: Bündnis 90/Die Grünen Baden-Württemberg/CC BY-SA 2.0 (l); Uwe Hiksch/CC BY-NC-SA 2.0; S. 140: Dimitriosp/123rf.com; S. 141: unter Verwendung eines Bildes von Bohdana Bergmannova/123rf.com (o); Tykhyi/123rf.com; S. 142: Dietmar Senf, Leipzig; S. 144: Udo Kruse/Fotolia.com (or); S. 146: picture-alliance/dpa (ol); ullstein bild/globalmoments (or); Peter Horn/MEV Verlag (ml); ullstein bild /AP (mr); Massimiliano Leban/123rf.com (ur); S. 147: Thomas Butsch, Leipzig (ml); S. 149: Alexander Elman/123rf.com; S. 150: Susan Stevenson/123rf.com (ol); Evan Sharboneau/123rf.com (m); Suzanne Tucker/123rf.com (ur); ginasanders/123rf.com (ul); S. 152: Michael Baudy/Pixelio.de; S. 158: Piyal Kundu/cc-by-sa (or); S. 161: Alexandra Buss/PantherMedia; S. 163: Tim Hester/123rf.com; S. 165: Harry Huber/PantherMedia; S. 166: Manfred Schütze /Pixelio.de (ml); imago/Roland Mühlanger (ul); S. 168: Tetiana Vitsenko/PantherMedia (ol); Nicholas Piccillo/PantherMedia (or); © Heinz Wolf, Ruhla (ml); JMG /Pixelio.de (mr); Klicker/Pixelio.de (ul); © rockabella/photocase.de (um); Anja Schulz, Bad Lauchstädt (ur); S. 171: Alessandro De Leo/123rf.com; S. 172: brzus/123rf.com S. 175: Duncan Noakes/PantherMedia (l); Gelpi José Manuel/PantherMedia (m); Oleksii Akhrimenko/PantherMedia; S. 176: Christine Langer-Püschel/PantherMedia; S. 177: Roman Sigaev/Fotolia.com (ol); Monkeybusiness Images/PantherMedia (or); © Thomas Lammeyer/PantherMedia (ul); Paulwip/Pixelio.de (um); © Lutz B./PantherMedia (ur); S. 178: © Elvira G./PantherMedia; S. 181: Denis_pc/Fotolia.com (2.v.o.); S. 182: CFalk/Pixelio.de (o); Mondbogen/cc-by-sa (ml); Rainer Sturm/Pixelio.de (mr); Tomizak/Pixelio.de (ul); Wikitanvir/cc-by-sa (ur); S. 183: Denis_pc/Fotolia.com; S. 184: ellirra/123rf.com; S. 186: Furfur/cc-by-sa (o); S. 190: Vadim Ponomarenko/123rf (Strommast); Mike Charles/1213rf (Pferd); CAROL33/Fotolia (Strand); goodluz/123rf (Familie); Ina Van Hateren/123rf (Schafe); 36clicks/123rf (Leuchtturm); Claudio Rossol/123rf (Lava); S. 191: Viola Böhme/PantherMedia; S. 192: Heinrich Friedrich Füger (1751–1818); S. 193: Franz Xaver Simm (1853–1918); S. 194: Lucas Cranach der Ältere (1472–1553); S. 195: Jeffrey Thompson/123rf; S. 198: Edyta Pawlowska/123rf; S. 199: Julius Schnorr von Carolsfeld (1794–1872); S. 200: Hieronymus Bosch (etwa 1450–1516); S. 201: Frank Röder/PantherMedia; S. 202: Bhaktivedanta Book Trust; S. 203: GNU-FDL cc-by-sa Tomislav Kraljević; S. 204: Günther Gumhold/Pixelio; S. 205: Andreas Zöllick/Pixelio; S. 206: © Klaus Stuttmann, Berlin. S. 207: © Biosphärenreservat Mittelelbe: S. 208: Tatjana Rittner/123rf; S. 209: NABU/A. Hentschel; S. 211: © GREENPEACE, 2013; S. 212: Eckehard Gruen; S. 213: © foodwatch/Dirk Heider S. 214: © PETA Deutschland; S. 215: © GREENPEACE, 2013; S. 216: Gelpi José Manuel/PantherMedia; S. 217: © Wissenschaftsjahr Zukunftsprojekt Erde/BMBF/Mike Auerbach; S. 219: Stephanie Hofschlaeger/Pixelio;

Illustrationen – Uta Wolf/atelier up, Leipzig: S. 11, 27, 29, 32, 34, 41, 66, 88–89, 104–106, 116–117, 137, 148, 172, 197, 210;

(S. = Seite; o = oben; m = mitte; u = unten; l = links; r = rechts; ol = oben links; or = oben rechts; ul = unten links; ur = unten rechts; om = oben mitte; um = unten mitte)

Alle übrigen Abbildungen: Archiv Militzke Verlag. Sollte es uns, trotz größter Sorgfalt, nicht in allen Fällen gelungen sein, den richtigen Rechteinhaber der Abbildungen zu ermitteln, werden berechtigte Ansprüche selbstverständlich über die üblichen Vereinbarungen abgegolten.

Abkürzungen

v.a. – vor allem
u.a. – unter anderem
d.h. – das heißt
z.B. – zum Beispiel
i.d.R. – in der Regel
der Verf. – der Verfasser
v.u.Z. – vor unserer Zeit
H. – Heft
a.a.O. – am anderen Ort